听障大学生工作室制育人模式

尚晓丽 等 ◎著

中国纺织出版社有限公司

内 容 提 要

听障大学生是我国高等教育的重要组成部分，做好听障大学生的智育德育等工作对改善残疾人问题、促进社会和谐具有重要意义。本书探讨了听障大学生工作室育人制度的理论与实践，回顾了听障大学生教育教学制度的发展状况，介绍了国内外优秀的高等教育制度、方法，分析了高校开展听障大学生育人工作的重点与难点。此外，本书还从听障生的特点出发，创新性地提出了"特技+专业+创业"工作室制听障大学生人才培养模式，有利于优化听障大学生教育教学方法，提升教育教学质量水平。

图书在版编目（CIP）数据

听障大学生工作室制育人模式 / 尚晓丽等著. -- 北京：中国纺织出版社有限公司，2022.8
ISBN 978-7-5180-9751-7

Ⅰ. ①听… Ⅱ. ①尚… Ⅲ. ①听力障碍—大学生—创业—研究 Ⅳ. ①G762②G647.38

中国版本图书馆CIP数据核字（2022）第139192号

责任编辑：张 宏　责任校对：高 涵　责任印制：储志伟

中国纺织出版社有限公司出版发行
地址：北京市朝阳区百子湾东里A407号楼　邮政编码：100124
销售电话：010—67004422　传真：010—87155801
http://www.c-textilep.com
中国纺织出版社天猫旗舰店
官方微博 http://weibo.com/2119887771
三河市宏盛印务有限公司印刷　各地新华书店经销
2022年8月第1版第1次印刷
开本：787×1092　1/16　印张：11.25
字数：204千字　定价：88.00元

凡购本书，如有缺页、倒页、脱页，由本社图书营销中心调换

前言

《听障大学生工作室制育人模式》是尚晓丽作为负责人承担的中央支持地方高校发展人才培养项目"'工作室制'聋人高校双创育人模式研究"的阶段性研究成果。本著作共由五章构成。第一章是总体介绍，第二章至第五章主要围绕"德育引领、平台支撑、聋健融合、学用创服"展开撰写。

德育引领：对"工作室制"双创育人模式中听障生的德育教育进行研究。"工作室制"听障大学生高校双创育人模式坚持立德树人根本任务，在学生能力培养同时更加注重学生德育教育，对工作室特技导师和思政导师双导师制育人模式进行深入研究。

平台支撑：对"工作室制"双创育人模式中校政企协同育人平台机制进行研究。工作室双创育人培养模式要坚持"校政企共同体"协同建设，促进"校政企"三方共用共享、共管共治，从而推动特技工作室建设发展。

聋健融合：对"工作室制"双创育人模式中聋健融合教学模式进行研究。让听障大学生与同龄健听大学生一起参加活动或者接受教育，促使听障大学生适应高校学习生活，发挥潜能，获得最大的发展机会和空间，促进身心全面发展，以实现人生价值的最大化。促进听障大学生综合素质和社会适应能力的提升，使他们毕业后更容易融入社会，更受用人单位的欢迎，以达到回归主流社会的目的。

学用创服：对"工作室制"双创育人模式中"学用创服"创业模式进行研究。"学用创服"中的"学"是让学生学有一技之长，"用"是培养听障大学生为应用型人才，"创"是通过特技工作室来提升学生创业能力，"服"是学生利用所学知识和技能提升服务社会的能力。结合听障大学生特点，依托听障大学生特技工作室优势平台，以专业技能所需的能力为目标，以听障大学生创业就业能力为导向，对听障大学生工作室"学用创服"创业模式进行深入系统的研究。

本著作由尚晓丽、邹山丹、孙威、刘静四人完成，其中第一章由尚晓丽和刘静共同完成，第二章由孙威独立完成，第三章和第四章由邹山丹独立完成，其余部分均由尚晓丽独立完成。

编写此著作只是本书编委的一次尝试，由于学识有限、经验不足和时间仓促等方面的因素，书中一定会有一些不足之处甚至错误的地方，欢迎专家、读者朋友们提出意见和建议，我们一定虚心接受并加以改正。

著者

2022 年 8 月

目录

第一章　新时代下的听障大学生育人模式 ……………………………………… 1
　　第一节　听障大学生育人模式的现实困惑 ……………………………………… 1
　　第二节　听障大学生创新创业能力培养的必要性 …………………………… 16
　　第三节　听障大学生工作室制育人模式的探索 ……………………………… 26

第二章　德育工作是听障大学生教育的铸魂之举 ………………………… 33
　　第一节　德育引领是高校"立德树人"工作使命所在 ……………………… 33
　　第二节　听障大学生德育工作的推拉因素探究 ……………………………… 42
　　第三节　听障大学生工作室制中德育引领探索 ……………………………… 52
　　第四节　工作室制双导师互助推进听障大学生德育引领 …………………… 61

第三章　构建听障大学生创新创业教育实施平台 ………………………… 65
　　第一节　大学生创新创业教育的经验借鉴与启示 …………………………… 65
　　第二节　听障大学生创新创业平台建设的原则与举措 ……………………… 77
　　第三节　听障大学生创新创业平台运行的机制与保障 ……………………… 92
　　第四节　听障大学生创新创业平台实施的特色与路径 ……………………… 97

第四章　聋健融合，创新残疾人高等教育人才培养模式 ……………… 108
　　第一节　设置科学合理的创新创业课程体系 ………………………………… 108
　　第二节　建设创新创业应用型师资队伍 ……………………………………… 127
　　第三节　建立产教一体化、多层次创新创业实践体系 ……………………… 131

第五章　听障大学生工作室制育人模式的探索与实践 ………………… 138
　　第一节　听障大学生岗位胜任力培养的有效路径 …………………………… 138
　　第二节　听障大学生创新创业教育提升路径研究 …………………………… 148
　　第三节　听障大学生工作室制人才培养模式具体实践 ……………………… 157

参考文献 …………………………………………………………………………… 168

第一章

新时代下的听障大学生育人模式

随着我国对残疾人高等教育的日益重视，我国残疾人高考多数采取招生院校单独考试的方式进行，大量的残疾人拥有了上大学的机会，听障大学生在残疾大学生中的比例是比较大的，进入高校的人数也相应较多。对于这些孩子，我们不仅要让他们享受到高等教育，而且要享受到高质量的高等教育，为此我们必须得重视听障大学生群体的培养模式。由于编委所在高校只招收听障大学生，所以本书我们只和大家交流听障大学生的育人模式。

第一节　听障大学生育人模式的现实困惑

很多听障大学生高校对于学生育人模式是有一定的现实困惑的，这并不奇怪，因为当前对此类问题的研究并不算多。所以，我们本节主要从听障大学生的思想教育问题、听力障碍者高等教育结构分析、教育与社会融入、教育和个人价值实现几个方面尝试解答一下这些困惑。

一、听障大学生思想教育问题

（一）听障大学生思想特点

听障大学生属于大学生群体的一部分，《关于进一步加强和改进大学生思想政治教育的意见》明确提出要"加强和改进大学生思想政治教育，提升其思想政治素质"，因此，高校要重视听障大学生思想教育。另外，《"十四五"特殊教育发展提升行动计划》明确要求"全面提高特殊教育质量，促进残疾儿童青少年自尊、自信、自强、自立，实现最大限度的发展，努力使残疾儿童青少年成长为国家有用之才"。即对当前听障大学生思想教育管理工作提出了新要求。

  为了全面深入了解高校听障大学生的思想特点，笔者采用问卷调查的形式收集听障大学生的相关信息，包括人生态度、价值观、生活观、就业观等不同维度。人生态度主要调查听障大学生是否具有人生计划和理想；价值观主要调查其是否具有正确的价值观念；生活观从羡慕的对象和具有的舒适活动两个方面展开调查；就业观主要调查其就业的倾向、信心等。对在校听障大学生随机发放五百份问卷进行相关情况调查，数据分析显示：在人生态度方面，64%的听障大学生理想和信念不够坚定。55%的听障大学生对人生感到迷茫，对未来没有憧憬，当然也缺乏对个人未来的规划。在生活观方面，大多数听障大学生崇拜的对象是明星偶像之类，反而对我国的科学家和政治家，以及其他对国家有着重要奉献的杰出人物却不了解。还有关于就业观方面，调查发现只有少量的听障大学生对就业抱有希望和信心，尤其是看到已就业的听障大学生的情况，这更加增加他们信心。但大多数的听障大学生对就业不抱乐观态度，认为整个大环境的就业机会少，而且适合他们自身条件的工作更少。总体来说，听障大学生的人生态度、价值观、生活观、就业观等同社会发展过程基本相符合，思想主流呈现出积极、上进，但是听障大学生这些思想特点仍然存在一些矛盾。

  此外，对闲暇时间的活动安排调查发现，大多数听障大学生休闲娱乐活动方式以上网为主，且认为上网就是用来刷抖音、玩游戏，只有少量的听障大学生表示上网是为了查阅相关的学习资料。与此同时，听障大学生主要使用微信进行社交。

（二）影响听障大学生思想特点的原因

1.听障大学生掌握知识少

  听障大学生作为特殊群体，具有多种身份——既是在校大学生，又是残疾人。听障大学生自身存在的一些诸如丧失听力或者无法言语表达等问题势必会影响到他们正常的学习进度。因此，相较于健听大学生，听障大学生所学和所掌握到的知识内容更少。知识的缺乏是导致听障大学生对人生价值观念的理解不透彻，认识也不够深刻全面的原因之一。例如，调查发现大多数听障大学生崇拜的对象是明星，原因则是被明星的外在条件所吸引，而不是被其优秀的内在品质所打动。由此看出，由于教育的封闭性，不能很好让听障大学生树立远大的人生理想。除此之外，听障大学生容易理解与自身生活联系紧密的价值观念，若与自己联系不紧密的内容理解起来则比较困难，而且对这些相对陌生的观念不能产生认同感，也并不乐于接受这些内容。再加上听障大学生受教育程度的局限，没有足够的知识和能力进行正确地判断，而且还极易受到外界影响，于是导致听障大学生思想具有片面化，以及粗浅化。

2. 听障大学生受网络影响大

目前，随着科技的不断进步，互联网等新媒体逐渐兴起，互联网已逐步成为当代大学生学习的主要手段之一，并持续不断改变着大学生的学习方式。同样，听障大学生也深受互联网的影响。互联网的普及使听障大学生的交流变得便捷，尤其是视频功能的出现让听障大学生与人交流更加高效快捷。而且互联网提高了听障大学生学习效率，使其掌握丰富的学习知识，从而拓展了听障大学生的知识面，加深其对知识的理解。在听障大学生看来，互联网还可以忽略听力障碍者这种特定的身份标识，实现了网络虚拟环境中的身份平等，让听障大学生在与健听大学生交流的时候不再感到自卑。但是，我们不能只看到网络给听障大学生带来的便捷，还要关注网络对听障大学生产生的不利影响。例如，当前我国关于网络方面的法律保障不够完善，网络技术水平较弱，网络信息监管不到位，有些不健康的思想文化极易对敏感的听障大学生产生负面影响，而且目前对听障大学生正确使用网络这方面缺乏有效的引导。

3. 听障大学生思想教育缺乏

当前，虽然关于大学生思想教育的研究比较多，但是思想教育内容仍存在空洞、流于形式、缺乏针对性等问题。特别是关于听障大学生思想教育方面更是如此。一方面，听障大学生思想教育工作尚未有成熟经验可参考。目前，对听障大学生进行思想教育主要以展示图片和文字资料为主，这样会导致听障大学生接受的思想教育比较浅薄，直接影响到听障大学生的思想教育工作成效。另一方面，对听障大学生开展的思想教育与其生活实际相脱离，思想教育没有很好结合听障大学生自身特点和实际需求，这就容易让听障大学生认为所学的思想教育内容与自己无关，对自身发展也没有任何帮助，也不能有效解决他们生活中的现实问题。长久下去，最终导致听障大学生思想教育工作流于形式。

（三）德育引领的听障大学生思想教育

听障大学生思想教育贯彻立德树人理念，始终用德育引领听障大学生思想教育发展方向，同时重视德育智育对听障大学生的作用和意义。学校在培养听障大学生能力的同时更加注重学生德育教育，要把思想政治教育课程始终贯穿听障大学生人才培养整个过程。对听障大学生开展德育工作，原有以下好处。

第一，有利于社会的和谐发展。德育坚持以人为本的原则，给予了听障大学生与健全大学生同样的重视程度，帮助听障大学生获得更多的教育环境、生活设施等方面便利措施，更有利于团结这个特殊群体。开展德育工作也显示出国家关注听障大学生这个群体，增强其思想道德修养，进一步消除其被社会边缘化的思想观念，帮助听障大学生建立积极心态，实现自我的人生价值。

第二，有利于促进听障大学生全面发展。对听障大学生开展思想教育能够满足其精神需求，调节听障大学生负面心理负担，促使他们身心健康发展。此外，德育工作还可以提高听障大学生的政治觉悟和主人翁意识，增强其责任感，保障自身相关权益。总之，能够帮助听障大学生坚定理想信念，使其朝着正确的人生道路前进。

开展德育引领的听障大学生思想教育要坚持目标导向、民主和谐、激励支持等原则，尤其是专门针对听障大学生的全纳教育原则。全纳教育原则要求人们平等对待特殊人群，用包容、理解的态度对待他们，不能孤立排斥他们，要以友善平和的态度和行为对待听障大学生。在学校中不能以学习好坏、身体残缺与否来评判听障大学生。全纳原则内涵包括"五观"原则，即人权观、民主观、平等观、教学观和价值观。通过五个原则来提高听障大学生的心理承受能力，增强其社会适应能力，实现身心全面发展。把全纳原则用于普通高校听障大学生的思想教育原则当中，可以帮助高校更好地管理教育听障大学生，从而达到育人的目的。除此之外，开展德育引领的听障大学生思想教育工作要全面开展课程思政教学，组建残疾人高等教育课程思政建设教学团队，团队教师由听障生特技导师、听障生辅导员和思政导师等人员构成。

二、听障大学生高等教育结构分析

（一）听障大学生学习困难主要因素

1. 汉语基础薄弱

大多数听障大学生由于自身存在生理障碍，于是积累的词汇量普遍比其他健听大学生少。词汇量与语法知识的欠缺会导致听障大学生在进行语言和书面表达时常出现明显的词汇和语法方面错误。尤其是给听障大学生授课的教师能够切身体会，在上课的时候就会发现听障大学生在表述的时候出现语句混乱的情况。例如"今天成绩好取得，我开心""我两岁的时候，家里困难生活"等。通过这些简单的词语和句子表述来看，我们可以发现听障大学生在使用汉语时存在着语序颠倒混乱，词语搭配不恰当，整个句子语法结构不完整，以及往往没有遵循语法规则导致其前言不搭后语，表达不清楚等问题，这些问题归根结底在于听障大学生汉语基础薄弱，其掌握的词汇量不够，语法知识系统学习缺乏，因此，不能很好理解书本知识和别人说的内容。久而久之，就会出现学习困难的问题。

2. 依赖手语获取信息

手语是听障大学生常用的一种交流工具和学习载体，是听障大学生的第一语言。它是非言语交际的一种方式，对于先天性听力损失严重儿童来说，手语是在其语言发展的关键时期形成的一种独特的交流方式，能够帮助听力障碍儿童进行正常学习和生活。与此同时，手语对于听障大学生来说也有很大意义和帮助，使其能够理解教师传授的知识，进而顺利完成学业任务。在日常写作中发现，擅长使用手语的听障大学生在其文章中看不到语句混乱且词汇短缺的现象，他们能够使用准确的词汇和语序来表达自己的思想。而对于手语水平一般的听障大学生来说，书面语表达往往不是那么尽如人意，时常是表达不清楚，让别人不能看懂其所想要表达的意思。例如，一名听力受损严重的听障大学生把"老师和学生在教室里"写成了"老师和学生，教室上课"。听障大学生应该认识到，他们的书面表达能力与手语具有正向相关关系，所以加强两者的练习能起到事半功倍的效果。事实证明，在听力受损的特殊群体中，真正的双语平衡人员，不仅擅长书写语言，而且擅长手语。

听障大学生由于其独特的语言系统，自然形成了一个特殊的群体，他们相互分享自己的经历和兴趣，获得快乐和知识。他们不会用言语表达，但他们会使用手语。例如，某高校听障大学生外出写生两周。当他们回到学校后，老师让他们写下自己的所见所闻。很多听障大学生表示他们写不出来，因为他们积累的词汇量缺乏。这足以说明，听障大学生离开汉语后，只使用自己的第一语言——手语，就能够完成交流和沟通的目的。这在一定程度上造成了他们对手语的依赖和对书面语的忽视。此外，无论是教师自己使用手语还是书面表达，起始语言能否被听障大学生理解和学习仍然是一个问题。看懂教师或口译员手语的听障大学生比例特别少，尤其是按照汉语的语序，用手语表达意思。听障大学生学习思想政治教育理论课时，由于其涉及的专业术语多，陌生词汇量大，还有许多抽象词汇，这些词汇超出了听障大学生的理解范围。上课的时候，听障大学生在接受教师手势信息时，接受的信息不够全面，往往忽略一些重要的内容手势。另外，听障大学生手语词汇量仍然不足，很多内容不能够用手语表达。那么教师依靠用手编词或用手指字母代替，这使得听障大学生很难理解其准确意思，在这种交流情况下，听障大学生只能靠猜去理解内容。长久下去，这会导致他们对所学知识的理解不完全，接收的知识量越来越少，掌握的专业术语比较少，综合这些因素，听障大学生自身发展会受到影响。

3. 缺乏阅读与写作主动性和积极性

古人常说，"读万卷书，行万里路""开卷有益"。这表明读书对每个人都有好处，当然读书既适用于听力健全者，也适用于听力受损者。然而，在听障大学生进入大学之前，其学习方式是比较被动的，还需要教师的监督引导。听障大学生也习惯于这种有人监督的学习方式。进入大学后，听障大学生面对新的环境，感到一切都是那么新奇有趣，很多听障大学生被太多的有趣事物吸引，于是学习的兴趣也没有了，把更多的注意力放在其他事物上，导致学习热情下降，或者根本不学习。

面对这样的情况，合理的应对方式是激发听障大学生阅读兴趣，让其主动阅读，养成阅读习惯。第一，要及时引导，帮助听障大学生把注意力集中在学习上，尤其是要培养其学习兴趣和习惯，老师还可以布置阅读任务，因为大多数听障学生不会主动去阅读，那么，教师把阅读变成学生的学习任务，听障大学生就不得不去完成，久而久之，就会把阅读当作习惯，慢慢爱上阅读。第二，优秀的文学作品是听障大学生丰富语言的重要途径，阅读文学作品可以让听障大学生掌握大量的词汇，帮助其纠正语序错误。但对于汉语能力较差的听障大学生来说，文学作品往往不受欢迎，主要原因是他们不能阅读和理解。这也提醒高校教师，如果只是口头上让听障大学生阅读相关文学作品，而不去经常监督听障大学生是否落实的话，那么听障大学生很难有意识地去做。基于此，高校教师可以带领学生一起阅读，举办阅读小活动，使听障大学生真正爱上阅读。第三，等听障大学生养成阅读的好习惯的时候，教师还可以加强其写作能力培养，让听障大学生把自己的阅读体会和心得用文字记录下来，这样不仅能够帮助听障大学生积累词汇量，而且能够帮助他们厘清语序结构，从而提高听障大学生语言表达能力和书面写作能力。

（二）听力障碍人士高等教育人才培养模式问题

1. 人才培养目标定位不清晰

招收听障大学生的学校对生源有自己的要求，对听障大学生人才培养目标有自己的定位。当前，产业正在发生升级改变，尤其是新型服务业发展迅速，这就使得就业市场人才需求发生变化，对听障大学生提出新的时代要求。然而，听障大学生高等教育的人才培养目标不够明确，学校没有根据实际教学目标进行听障大学生培养定位，同质化现象严重，一味模仿其他学校的教学方式，导致学生培养出现偏差，培养目标缺乏企业或行业需求考虑，也未明确人才培养技能需求。另外，与市场转型的速度相比，听障大学生教育转型升级往往滞后，这也导致听障大学生人才输出与社会岗位不匹配，听障大学生人才培养不能有效地与实际应用相结合。

2. 人才培养的内容课程体系不健全

当前，听障大学生人才培养的内容课程体系存在教材、教学内容、课程体系三个方面的不足。

首先，听障大学生培训教材与以往的理论教材基本相同，未能根据时代变化做好更新。21世纪以来，网络信息技术全面普及，现代服务岗位应运而生，但听障大学生教育没有及时转型，听障大学生人才培养的数量和质量无法与社会需求形成有效的联系。与传统的就业模式相比，听障大学生就业方式在网络信息技术的支持下更加便捷高效，无论是工作内容还是工作方式都具有明显的动态性。其次，就目前听障大学生人才培养现状来看，对听障大学生开展的教学活动过于注重理论而忽视实践。单纯的课堂教学很难培养听障大学生的"软技能"，教学上存在一定的滞后性，没有涉及"如何做得更好"的内容，导致听障大学生人才创新意识不强，创新创业能力较低。最后，课程体系未能突出听障大学生自身特点，导致听障大学生课程内容与健听大学生的课程内容存在同质化现象，而且两者之间的培养方式大同小异，不利于听障大学生的发展。

3. 人才培养的师资缺乏、教学方法单一

听障大学生人才培养的关键在于"双师双能"的师资队伍建设以及灵活的管理模式。目前，"双师双能"教师力量薄弱，师资数量不足，负责听障大学生人才培养的教师不具有深厚的特殊教育专业知识、丰富的实践经验和较强的科研创新能力，而且已掌握的理论知识尚不足以应用于实际教学。此外，符合听障大学生人才培养要求的教师数量有限，为了解决师资短缺的问题，学校大力引进符合要求的教师，或者聘请有实践经验的企业人员担任兼职教师。当然，这些补助措施所能带来的深度教学非常有限。同时，教师采用的教学方法单一，教师主要以手语形式向听障大学生传授知识，缺乏应用其他的教学方法，导致听障大学生接受的知识比较单一。

4. 人才培养组织评价体系不完善

一是听障大学生人才培养评价标准滞后，人才培养体系有待完善，与普通高校的规范化培养差距不明显。二是听障大学生人才培养评价手段单一。大多数高校对听障大学生的评价仍采用闭卷考试的方式，最终以分数来判断其是否优秀，单纯以量化评价的方式对听障大学生进行评价具有很大局限性，导致评价结果缺乏科学性和有效性，这根本不能充分反映听障大学生的专业应用水平、能力和综合素质。三是评价的主体不够全面，参与听障大学生人才培养的组织评价主体只有学校教师，而学校其他管理人员和社会人士以及听障大学生家长却没有参与评价，导致评价主体单一化。

5. 校企合作形式不够多样化

产业结构改革会带来大量新的就业机会，增加不同领域的就业岗位。同时也要求教育随之发生相应变化。听障大学生教育的目的是将听障大学生人才培养与产业相结合，但现在高校校企合作形式单一，只是产业与教育的简单相加，而不是产业与教育的充分融合，所以导致听障大学生相关实践经验缺乏。而且目前校企合作还没有形成统一和谐的系统推进态势，所以听障大学生人才培养机制也只是刚刚起步，行业还没有全面对接听障大学生人才培养的全过程，使听障大学生人才培养模式、课程设置、教学质量和人才培养质量并不完全符合相关企业需要。

（三）校政企园"四位立体"的创新创业教育协同育人平台

1. 重视平台支撑，实施校政企协同育人

听障大学生创新创业教育模式需要融入校、政、企、园协同发展，加大校企合作力度，按照企业岗位实际要求，积极采用企业项目管理模式，重视平台支撑作用，建立学校与企业相结合的教学共享共用平台。同时，政府是促进双方合作的中坚力量，要注重发挥政府的管理与支持作用，同时政府又要积极扮演好监督者和服务者的角色，积极形成资源共享、合作管理、有效治理的三方，从而推进育人平台完善和发展。除此之外，学校要重视听障大学生创业教育平台建设，要加大资金投入力度，以及多接受社会有效资源，建设适合听障大学生创新创业的园区，让听障大学生有创新创业的实践地方，增强其创业能力。另外，学校积极探索以学校、政府、企业、园区合作实践教育基地为纽带的区域创业教育协同发展机制。

2. 建设开放式创新创业园区

学校要为听障大学生建设开放共享式的创新创业园区，并且园区是适合听障大学生实际需求的。这样的创新创业园区包括创业培训、综合培训、实操训练等。另外，鼓励听障大学生按照自身专业知识和能力，再结合兴趣与特长组建团队，入驻到园区。并且园区给听障大学生提供了很多优惠扶持政策，如给听障大学生提供"零成本"措施，还安排创业知识和实践经验丰富的教师指导听障大学生，同时配备专职管理人员，帮助听障大学生解决遇到的难题等。此外，结合园区创业经验形成多方位全面的创新创业听障大学生人才培养模式，提升听障大学生培养质量，加大听障大学生就业的机会，把听障大学生培养成为未来成功的企业家。

3. 建立校政企园四位一体合作机制

如今，有很多高校举行了关于"听障大学生创新创业园"启动仪式。大多数领导和园区负责人受邀参加听障大学生交流会，在此基础上，成立了听障大学生创新创业同盟。在这种情况下，高校和新型产业园逐渐加强合作，为听障大学生营造积极创业环境，提供一些就业渠道。同时，学校开展了听障大学生创业教育研讨会，组建有丰富知识和创业经验的教师，以"创造听障大学生美好未来，园区合作，培养创新创业人才"为主题，邀请政府和企业参加会议，一起交流听障大学生创新创业教育经验，政府和企业向学校表达了所需听障大学生人才类型，听障大学生应该掌握的知识和技能。最终，经过不懈努力形成并完善了校政企园一体的协同创新创业教育平台。

4. 多元化指导服务系统

为进一步提升听障大学生创新创业能力，提高其毕业后就业率及就业层次和水平，学校给听障大学生提供了全方位、全过程创新创业指导和激励措施帮助。例如，创建听障大学生就业创业服务网站，听障大学生在创业过程中可以随时上网查阅相关创新创业内容，了解最新创业信息；建立创新创业交流中心、创新创业咨询室、创业心理辅导室、律师事务所、创新创业导师专家团队等。此外，构建了完善的多元化指导服务系统，一方面，形成创业人才培养体系和模式，促进听障大学生创业能力提升；另一方面，高校、政府、园区联合其他临近城市共建大学生创业基地，引领听障大学生积极创办企业，打造听障大学生创新创业示范效应，形成虹吸效应，可以吸引周边多所高校听障大学生进入创新创业园参观交流。

三、听障大学生教育与社会融入问题

（一）我国残疾人社会融合现状

近几年来，国家开始不断重视残疾人教育事业发展，残疾人权益不断得到保护，由最初注重残疾人物质生活水平提升转变为更加注重残疾人自身能力的培养以及人生价值的实现。经过长期的发展，不管是残疾人教育方面还是残疾人生活保障方面都取得很大进步，而且残疾人在逐步融入社会中。这一切归功于中国特色社会主义全面发展，推动残疾人事业发展也是整个中华民族伟大复兴的战略之一。当前，中国残疾人法律保护机制不断完善，无障碍环境建设稳步推进，关爱残疾人的和谐社会氛围日益浓厚，越来越多的人关注到残疾人这个特殊群体，给予残疾人更多的理解和帮助，也以接纳、宽容的心态去面对残疾人，还能够与残疾人建立良好的友谊关系。然而，我们不能回避当前的社会融合发展仍存在很多问题，需要将其进一步改善，解决好这些矛盾才能有效满足残疾人日益增长的美好生活需求。考虑到残疾人自身特殊情况，国家和个人要给予残疾人必要的法律保障和特殊照顾，从根本上有利于残疾人更加平等地享受权利和履行义务。

1. 关于残疾人法律法规覆盖全面

完善的法律法规是残疾人公民权利的切实保障，也是推进和落实残疾人社会融合工作的关键所在。到目前为止，我国残疾人法律法规体系比较完善系统，主要包括主体法律、在具体领域对残疾人权益实施保障的法律、行政法规，以及该领域其他规章、规范性文件、地方性法律法规中对残疾人权益保障有关的内容，国家出台的关于残疾人保护法律有《中华人民共和国残疾人保障法》《残疾人教育条例》《残疾人就业条例》《无障碍环境建设条例》等，在民法、刑法、婚姻法、教育法等重要法律规范中也都有涉及残疾人权利保障的具体规定。总体而言，中国已基本建立了从"普遍指向残疾人权益"到涵盖残疾人就业、教育、社会保障、社会福利、医疗康复等领域的全面法律体系。从法律、行政法规中关于残疾人权益的一般性、原则性规定，到地方法律、法规和政策中因地制宜满足残疾人权益的具体规定，都取得了很大进展。同时，国务院残疾人工作委员会、中国残疾人联合会为残疾人事业发展提供了有力的组织保障和事业支持。在执法和司法实践中，中国还努力积极推进残疾人权益保护工作。

2. 设施建设与信息通达

建设适合残疾人生活的无障碍设施，是为残疾人消除物质层面的障碍，为残疾人平等行使生存权和发展权提供基本前提，也是加快残疾人社会融入的催化剂。从《无障碍环境建设条例》颁布实施以来，经过多方力量协作，使残疾人"平等参与、融合互助"理念深入人心，残疾人事业得到全社会关注，残疾人无障碍设施建设得到重视和改善。除此之外，与残疾人自身有关的环境、信息支持和服务，公共区域无障碍设施建设也在不断发展。基础设施是无障碍环境的一部分，是为残疾人服务的物质基础。改善残疾人无障碍环境是实现其社会权利的关键，能有效保障残疾人权益，消除与外界接触屏障，实现人与人之间平等，改善残疾人的生活质量。

3. 融合发展与社会语境良好

人人都生活在社会这个大环境中，没有人能够离开这个环境而独自存在，残疾人社会融合就是给残疾人创建良好的社会环境，实现残疾人自我建构，让残疾人感受到社会环境是平等融洽的，宽容和谐的，能够让残疾人真正生活于其中。当然社会环境创建离不开残疾人自身意识和环境意识的确立，残疾人应该树立积极的社会融合意识。当然，这些意识的确立需要健全完善的教育支撑，尤其是融合教育。所谓融合教育就是所有残疾人都能有机会进入普通学校就读，可以接受义务教育、职业教育、高等教育、成人教育等。融合教育是实现残疾人融合的主要手段和方法，是残疾人真正实现人生理想和价值的重要保障，其关键地位不容忽视。

（二）高等融合教育对听障大学生社会融入的作用

融合教育提倡人士与健听人士在一起学习，这样做的好处很多。一方面，可以让健听大学生理解听障大学生的不易，从心底深处接纳听障大学生，培养健听大学生的爱心和助人意识，使健听大学生和听障大学生建立融洽的友好关系，进一步营造团结协作、和谐的良好班风，让听障大学生和健听大学生能够一起学习，共同进步。另一方面，为听障大学生提高更多的机会，因为听障大学生和健听大学生交往，前者不管是生活还是学习上能够获得后者更多的帮助，而且更有利于听障大学生树立自信心，克服种种心理障碍。这样可以最大限度地促进教育公平。

通常听障大学生有两种方式进入高校学习。一是通过普通高考的方式，被录取的学生与普通大学生一起学习；二是参加单考被高等特殊教育的高等学校录取，这类院校通常设有高等特殊教育专业，承办培训残疾人的任务。由于听障大学生进入高等教育的机会不断增加，在一定程度上，高等融合教育对听障大学生社会融入起到了长足推动作用，提高听障大学生社会适应能力，真正保障听障大学生受教育权，推动社会公平化发展。目前，全国 22 个学院和大学具备了特殊教育学院，如天津理工大学、绥化学院等。这有力说明听障大学生高等融合教育在不断发展。

（三）聋健融合双创育人模式促进学生社会融入

聋健融合双创育人模式的培养主体是听障大学生，其根据听障大学生的发展需求，制定系统性的育人方案，包括具体目标、内容、方法和措施等方面。聋健融合双创育人模式构建中，融合教育和双创教育两者教育目标相同，没有本质差异，共同实现育人效果，提高听障大学生社会融入程度，培养听障大学生创业意识，有效提升创业能力，让听障大学生真正融入社会，实现高质量就业。聋健融合双创育人模式还具有开放性。能够提升听障大学生教育教学质量、人才培养效度，符合听障大学生发展模式。由于外在环境日益更迭，社会不断发展，所以要求我们的教育也要与时俱进，要求由传统教育转变为新兴教育，这种教育是开放、灵活、真正适合每个学生发展的。聋健融合双创育人模式就是适应这种开放性教育而形成的，其符合听障大学生培养要求，切实满足听障大学生发展需要。

聋健融合双创育人模式促进学生融入社会的主要途径有：一是以素质教育为核心。高校开展的融合教育要重视听障大学生多方面知识和能力的培养，尤其是双创能力及高尚品质的培养，能力培养离不开素质教育，学校培养听障大学生创新创业人才，使其掌握一定的素质教育理念和相关技能，才能更好融入社会中。聋健融合双创育人模式就是以融合教育作为导向，为双创育人确立正确的方向，推进聋健融合教育实施的有效性，促进听障大学生人才创新创业能力培养。同样如此，双创育人模式反过来又可以推进聋健融合教育发展,真正有利于推进听障大学生融入社会,融入他人,从而确保聋健融合双创育人模式不断更新完善。二是优化听障大学生创新创业实训基地,这也是构建聋健融合双创育人模式的关键措施。首先,借助于聋健融合教育理念,创建适合听障大学生的实践基地,将社会主义核心价值观、红色文化等主流价值渗透于听障大学生创新创业育人思想中,引领正确价值观,充实其学习内容,为培养创新创业能力提供条件。其次,建立听障大学生双创成果转化机制,为其科研活动提供基础,加强成果转化速度并提升其效果,提高听障大学生主人翁意识。此外,加强企业与聋健融合教育密切联系,创新学校与企业合作方式,利用合作深度推进聋健融合双创育人模式的开展,鼓励听障大学生到真实工作环境中体验,让听障大学生能够发挥所学知识和技能,将双创理论知识运用于实践。

四、听障大学生教育与个人价值实现问题

(一)我国残疾人高等教育现状

我国残疾人高等教育始于 1985 年。这一年,残疾人基金会和原教委决定并发布了相关文件,要求全国各地在招生工作中不能拒绝能生活自理的残疾学生,尤其是在相同的道德、智力基础上,更不能不予录取。我国最早在全国范围内招收肢体障碍学生的学校是山东滨州医学院。1988 年,我国有 21 名残疾学生考入高等学府。同年,长春大学在全国范围内对听障学生对单考单招政策。后来有很多学校陆续招收高中毕业的听障学生以及视障学生,2003 年,北京市成人高考经教育部和北京市教委批准,开始实施残疾人单考单招政策。其首先引入了残疾人成人教育的特殊政策,很多类残疾也被纳入该政策的实施范围。同时,我国大部分省市的残疾人职业学校与高等学校进行合作办学,招收更多的中等职业教育后的残疾学生。2005 年,广播电视大学成立了残疾人教育学院。自此之后,其在多个省市开设大学,还设立了残疾人教育机构,以及教学地点,通过现代远程教育方式,开展残疾人高等教育,总人数超过七千人。2006~2010 年期间,有三万多名残疾学生进入普通高校学习。到 2011 年底,经教育部批准,中国实行了单一入学政策来专门招收残疾人的高等院校已经达到 20 所,在校生人数日益增加,每年高校招生计划约为一千人。目前,我国残疾人高等教育发展表现以下特征:

1. 单考单招政策体现教育公平与公正

受教育权利是残疾人士的基本人权之一,并且受到相关法律法规保障。单考单招能够使更多残障考生进入到大学,接受高等教育,有利于实现教育公平,确保残疾人同他人教育起点平等。除此之外,残疾人能够有机会接受高等教育,这也说明我国社会发展不断进步,法律保障意识增强,人们受教育意识提升。与此同时,国家和社会重视残疾人教育事

业，保障残疾人受教育权，真正贯彻以人为本的发展基本理念。

2. 残疾人受高等教育机会增加

在20世纪80年代的时候，通过对全国残疾人调查发现，仅有很少的残疾人接受过大学教育，这个比例仅为0.3%。第二次全国残疾人抽样调查发现，这个比例增加到1.47%。例如，当时北京市接受高等教育的残疾人比例为1.4%，较之前增长了五倍左右。据不完全统计，2006~2010年期间，全国高校共招收残疾人三万人左右，比之前明显增加。残疾人高等继续教育发展较晚，2003年才开始招收残疾人。然而，它发展迅速，注册在籍学生近万人。到了2010年，残疾人入学率达到26%，其总人数在大学生人数中也处于乐观状态，个中缘由不外乎国家逐步重视残疾人高等教育，残疾人有了进入高等教育院校的学习机会，并且目前我国高等教育大体满足残疾人基本学习需求。

3. 不断提高残疾人高等教育经费

残疾人高等教育实施成本很高，这个成本一般是普通高等教育四倍左右。成本高表现在日常教学中，如个别化教学，手语翻译，心理指导；建设资源中心、资源教室等。同时，由于因病致贫，很多残疾学生家庭状况不是太好，其父母收入低，家庭总收入难以负担起学费，残疾大学生的学费都是由国家统一支付。因此，随着国家对残疾人高等教育重视程度提高，其经费投入力度也在逐步加大。人民日报报道，截止2021年，国家财政性教育经费支出占国民生产总值比例连续8年逾4%。国家财政对残疾人高等教育经费投入大，接近普通大学生的三倍。另外，根据残疾人高等教育经费划拨标准，国家还在继续通过不同方式不断提高残疾人教育经费。

（二）我国听力障碍人士高等教育中存在的问题

1. 听障大学生单考单招录取相关工作需要完善

自长春大学实行残疾人单考单招政策以来，全国各地市高校也紧随其后，但是各高校的考试大纲、考试时间、考试地点不同，而且招生形式等方面也有很大不同，这就导致单考单招政策不能顺利实施，直接影响到听力障碍人士高等教育的健康发展。经调查研究发现，听障大学生参加考试的考试复习大纲并没有做到统一，命题方式不一样，考试时间地点未统一规定，评分标准也不统一，复习内容仍然是基础教育范畴，这些问题不利于教师对学生进行教学也不利于教育机会平等。高校自行其是就不能确保考试过程和评分过程的公平性，那就谈不上教育公平了。

2. 听力障碍人士高等教育概念与范畴需统一

听力障碍人士高等教育是指听力障碍人士在高等教育机构接受教育，完成一定的修业年限并取得相应学历证书的过程，属于我国高等教育体系的一部分。查阅相关资料发现有的期刊论文把听力障碍人士高等教育称为高等特殊教育、特殊高等教育，有些则把其称为残疾人高等教育、听障大学生高等教育等。复杂多样的名称难免会让人混淆。高等特殊教育概念使用最广泛、最受认可，但外延过大，笔者倒认为听力障碍人士高等教育概念更加符合、贴切。

3. 听力障碍人士高等教育行政事务缺乏有效管理

听力障碍人士高等教育面临着行政管理与工商管理相分离的局面。教育部高等教育学生事务司负责听力障碍人士高等教育考试和招生工作，残疾人高等教育和职业教育却没有相关的部门或局负责。同样，各地教委也没有专门负责听力障碍人士高等教育部门。因此，把听力障碍人士高等教育纳入高等教育发展中是一件不易的事，而且不利于对教师培训统筹规划。另外，听力障碍人士高等教育的内容尚未明确，这主要是体现在师生比例、学校办学规模、经费投入多少、教育硬件设施等方面。这些也没有统一的宏观指导和管理。上述问题对听力障碍人士高等教育发展都产生了不小影响，尤其是影响高校教学质量提升。

4. 听力障碍人士面临就业困难问题

近些年来，就业形势日益激烈，普通毕业生的就业竞争压力大，听障大学生就业压力更大。听障大学生就业机会少，就业率不理想，就业工资待遇差。究其根本原因在于，一是国家和地方政府制定的关于听障大学生就业政策比较匮乏，对其支持力度也不够，实际操作性不强。二是用人单位存在歧视观念，不录用听障大学生。三是听障大学生个人就业需求不同，符合自己兴趣和专业的岗位匮乏。四是听障大学生没有强大的心理素质，对自己缺乏自信和正确的认识，期望值过高。

5. 听力障碍人士高等教育师资匮乏

听力障碍人士高等教育学校普遍存在的问题是专业教师缺乏。听力障碍人士高等教育特殊性要求教师不仅要有大量的特殊教育理论知识，了解特殊教育的基本原则，还要掌握丰富的实践技能，熟练地掌握手语能力，有能力和听障大学生交流。针对教师人数不足问题，目前有以下几种解决措施：一是实施教师证书制度，鼓励在职教师获得手语资格证书和专业证书，以及服务对象(听力障碍人士等)的职业资格证书；二是采取"2+1"的模式，在成为教师之前，要先学习两年特殊教育理论，掌握扎实的专业知识，再进行一年的社会实践，最后再走上教师岗位。

6. 听力障碍人士高等教育法律保障体系不完善

我国教育部、卫生部、中残联等部门制定了很多保障残疾人高等教育的政策，但是仍存在立法不完善，保障性不强等局限。法律保障体系不完善体现在现有法律多以条款及意见和通知的形式为主。另外，条款里宣誓性语言偏多，实践性不强，多以"号召""鼓励"为主，而对关键问题未作出具体规定，这就导致法律保障力度不强，而且缺乏应具备的强制性。此外，残疾人义务教育纳入我国教育体系整体规划。但是，残疾人高等教育并没有强调必须开办，只是说按照需要可以举办。而且相比残疾人基础教育享有政府扶持补贴，残疾人高等教育并没有这些经费支持政策。比如，根据《残疾人教育条例》规定各地应当要把残疾人高等教育纳入到地方整个教育发展总体规划中，但是关于如何开展，是否采纳，最终如何安排，这些都缺乏具体规定。

（三）构建"学用创服"为目标的听障大学生高校双创育人模式

"学用创服"中的"学"是让听障大学生掌握一技之长，"用"是把听障大学生培养成为应用型人才，"创"是通过特技工作室来提升听障大学生创新创业能力，"服"是让听障大学生利用所学知识和技能去服务社会。"学用创服"工作室创业模式能够让听障大学生了解学习的目的，学习的内容，具体如何学习，整体提高听障大学生创新创业能力，以及就业和服务社会的能力。那么该怎么做呢？构建"学用创服"为目标的听障大学生高校双创育人模式主要途径如下：

1. 建立听障大学生工作室制人才培养制度

根据听障大学生自身实际以及发展需要，建立听障大学生工作室制人才培养制度，实施听障大学生"专业+特技+创业"工作室制人才培养模式，尤其是合理调整好听障大学生工作室制人才培养制度内容，注意人才培养目标的准确性，实施计划完整性，注意学校、政府、企业之间的联系和合作，定时修订完善人才培养方案，注重听障大学生工作室制课程体系建设，整合相关教学内容，打造一批精品课程。同时，注意按时修订教学大纲，与时俱进调整完善相关内容；多开展实践教学，锻炼听障大学生的实践操作能力；除此之外，进行教学模式和方法创新，提高教学质量；还要注意使用评价手段，注重听障大学生工作室制人才培养评价机制建设等。

2. 建立听障大学生特技工作室运行管理制度

切实保障听障大学生特技工作室有效运行，在工作室遴选、工作室运行管理、教师和学生管理、设施管理、安全问题管理、环境建设等方面都要建立健全管理制度。例如《听障大学生工作室选驻制度》《听障大学生特技工作室导师管理办法》《听障大学生特技工作室学生管理办法》《听障大学生特技工作室运行管理办法》等制度；将竞争机制引入到特技工作室建设中，不断提高建设质量与水平，如《听障大学生工作室考核和奖励实施办法》《听障大学生特技工作室准入、退出制度》等制度。

3. 提升听障大学生教师双创能力和水平

完善的听障大学生高校双创育人模式构建离不开教师丰富知识和扎实技能。因此，学校要重视听障大学生教师双创能力建设。具体措施如下：一是可以给教师提供大量外出学习和交流机会，让教师多学习别人优秀做法。还可以经常召开听障大学生教师教学研讨会，鼓励教师主动分享教学心得，以及良好的教学实践经验，让教师在合作学习的过程中相互进步，从而提高教师队伍整体水平。二是要让教师多关心爱护听障大学生，让他们感受到教师对其关心和帮助。教师还应培养良好的教师职业道德素养，把关爱听障大学生这种理念始终贯穿育人全过程，基于此，构建适合学生发展的知识结构；建立"学用创服"为目标的教师教学团队。三是建设听障大学生创新创业教育教学改革创新团队，以及教师创新创业科研创新团队。教改团队和科研创新团队也具有重要作用，帮助教师在听障大学生工作室教学中创新教法和学法，协力打造出一批适合听障大学生的精品课程，不断推动听障大学生教学研究，关注特殊教育前沿理论，注重成果转化。

第二节　听障大学生创新创业能力培养的必要性

一、听障大学毕业生职业适应的现状

（一）听障大学毕业生职业适应自身因素

1. 对职位薪金待遇期望过高

听障大学生是听力障碍人士群体中文化程度较高的群体，他们接受了高等教育，掌握了较其他听力障碍人士更多的科学文化知识。因此，听障大学生对自己未来就业还是抱有乐观态度，且预期也高。然而，有时候理想和现实还是存在一定差距，由于听障大学生对我国目前劳动力市场和用人单位需求不了解，以及对就业压力和就业环境不了解，再加上适合听障大学生就业的选择本身就比较少，所以听障大学生毕业后不容易找到心仪职位，那么听障大学生不得不退而求其次，只能接受现实情况，降低求职预期，主动适应现实就业条件，符合工作要求。除此之外，很多听障大学生还抱有不正确想法，对个人就业情况过于自信，并且没有亲身了解就业市场真实情况，幻想自己能够做到工作随便挑，挣大钱。其实，现实情况并非如此，有的听障大学生毕业后不能及时有效找到与自身专业相关工作，而且很多适合自身的工作岗位少且缺少专业知识不能胜任。在这样的情况下，他们为了生存不得不选择与所学专业不符的岗位，在岗位中发现自身职业预期无法实现，理想和现实的差距让自己产生巨大挫败感，从而感到前途无望。

2. 对就业形势盲目自信

近几年来，随着我国不断重视高等特殊教育发展，招收听障大学生的高校日益增加。但是随着听障大学生人数总量不断增加，就业形势严峻，竞争日益激烈，此外，听障大学生自身还存在一些生理障碍，这些导致听障大学生在就业市场中缺乏优势。听障大学生就业难，就业率低成为既定事实。然而，听障大学生对自我认识不够到位，对外部就业环境情况知之甚少，有时候听障大学生还存在片面认识，他们自认为比普通听障人士多接受了四年高等教育，那么就掌握了他人所不具备的理论知识和专业能力，自信地认为自己就业有优势。还有一些听障大学生还没有毕业，家里人已经为他们安排好了，于是他们也不需要自己努力寻找工作。综上所述，这些导致听障大学生对就业环境、自身就业条件盲目乐观。但要注意的是，听障大学生相比于未接受高等教育的听障人士，确实在学历方面具有相对优势。但是，目前大环境下，就业形势严峻，就业竞争激烈，每年毕业的大学生人数有很多，健听大学生就业都很难。加之我国听力障碍人士高等教育水平与普通高等教育水平两者有差距，于是听障大学生就业特别难。

3. 不能够珍惜自己的就业机会

即使有的听障大学生能在当下竞争激烈的就业环境中找到工作，但他们也干不长久，经常出现跳槽的现象，虽然其中不乏有的听障大学生确实具备较强的工作能力，能够自主选择其他工作。但是，大多数听障大学生频繁换其他工作的想法不太成熟，换工作的原因可能只是被领导说了几句，或者不能接受长期加班或者较低的工资，于是就轻易放弃了工作机会。还有少数听障大学生在没有找到下一份工作的时候就盲目辞职，从而进入较长的在家待业期。正因为听障大学生对于已有的工作不好好珍惜，而且他们频繁地更换工作，长期下去，他们对自己就业方向感到迷茫，甚至对自我能力产生质疑。其实，在如今竞争激烈的环境下，听障大学生要想顺利就业，在校期间就需要不断充实自己，增强在就业中胜出的竞争力。因此，既然就业压力大，就业困难。听障大学生就应当珍惜已经获得的工作机会，不能因为外在微不足道的原因而随意辞职。尚未就业的听障大学生也不用气馁，脚踏实地，放平自己的心态，不能眼高手低，相信自己好好准备终究会找到心仪的工作。

（二）听障大学毕业生职业适应社会因素

1. 健听人士对听障大学生期望值偏低

受传统残疾观影响，部分健听人士从内心深处并没有真正接受听障大学生，也没有平等对待他们，理所当然地把听障大学生认为是残疾人士，怀着一种同情心、怜悯心像对待弱势群体一样对待他们。大多数用人单位的人力资源负责人一般不招听障大学生，即使听障大学生自身条件不错，因为人力资源负责人对听障大学生存在偏见，他们认为听障大学生求职者听不见或者不能说话，在单位里，又没几位健听人士掌握手语，所以健听人士与听障大学生求职者交流起来比较困难，而且单位领导又不能像对待健听人士那样要求听障大学生求职者，因此拒绝录用听障大学生求职者。虽然有听障大学生能够找到工作，但是其就业类型比较单一，而且大多数用人单位认为听障大学生不容易独立完成工作，那么就需要同事的帮忙，再加上听障大学生由于生理障碍，很难很好掌握扎实的理论知识和专业能力。所以用人单位考虑到特殊照顾听障大学生，就给他们安排比较轻松且不需要太多专业知识的工作。然而事实上，由于人的身心发展具有互补性特点，虽然听障大学生不能用言语表达和用声音感受外部世界，但是他们从小习惯依靠视觉去感知外部世界，所以他们的观察能力通常强于健听人士。而且有的听障大学生能够读懂唇语，他在理解健听人士的意思后，可以借助纸笔或者手机等渠道来表达他们的想法。另外，他们善于察言观色，能够看懂健听人士的面部表情，并通过面部表情回应他人。其实，健听人士可以通过简单的手势比划与听障大学生进行交流，例如，像吃饭、运动、学习这些简单的词语表达，基本上每个人都会用手势比划。其次，因为听障大学生接受过高等教育，所以掌握的知识还是比较多，具有较好的书写能力，健听人士同事可以借助书面语与听障大学生员工进行有效沟通。因此，如果是出于同情或者偏见歧视，又或者仅仅因为交流问题而拒绝录用听障大学生求职者，这些做法都是错误的，用人单位要杜绝此类现象，社会要营造公平环境，给听障大学生求职者提供合适的就业机会，让其在自己的岗位上能够发光发热，实现其自身的人生理想和价值。

2. 用人单位存在利用残疾证享受国家免税政策问题

在关于残疾人就业这方面，国家还是出台了很好的政策，例如，对招收残疾人的用人单位实行由税务机关纳税人安置残疾人的人数，限额即征即退增值税的办法。很多用人单位招收听障大学生员工不是出于考虑听障大学生自身能力符合或者各方面条件达到录用，而是为了享受国家的免税政策。用人单位把听障大学生求职者招进来，并没有认真考虑其能够适合并胜任哪个岗位，只是随便给听障大学生求职者安排一个轻松的工作，例如，让听障大学生求职者打扫卫生、端茶倒水等，或者将其看作廉价劳动力，让其进行一些体力活动。用人单位给听障大学生员工支付的工资也很少。除此之外，听障大学生员工晋升渠道和机会特别少，单位领导也不会考虑让听障大学生员工担任领导职务。而且在工厂流水线上班的听障大学生的工资水平明显要比其他健听人士的工资少很多，很多工厂老板却认为这种差距是很正常的，归根到底在于听障大学生是残疾人。在这样的片面认识下，有很多具有学历优势和扎实能力的听障大学生也不能称心如意地工作，当然也得不到升职的可能。

（三）听障大学生创新创业教育对职业适应的促进

1. 了解用人单位招聘渠道

加强听障大学生创新创业教育有利于帮助其了解招聘事宜，尤其是掌握几种常用的招聘渠道。一般根据应聘者的来源，招聘渠道分为内部和外部招聘。内部招聘指从单位里选择合适的人选，这有利于员工之间相互了解，还可以加深员工对单位的了解，知道单位的运行情况以及单位价值观和文化，当然，内部招聘还存在一些弊端，例如，容易产生高层领导和员工之间的不团结，还可能使得单位组织变得更加封闭。外部招聘指根据标准从单位外招聘人员。外部招聘有利于广选人才，同时有利于带来新思想和新思路。外部招聘的缺点不容忽视，例如，新成员需要花费大量时间适应公司环境，出现费时费力的问题。重视听障大学生双创教育，有利于听障大学生更加全面直接了解招聘渠道，及时掌握最新的就业信息；还可以让听障大学生准确掌握岗位需求，根据需求和专业，及时筛选就业选择，改变自己的就业方向，增加投递简历量，不断提高就业成功率。

2. 利用网络招聘方式克服沟通障碍

听障大学生由于自身生理特殊原因，不能够进行正常的言语表达和依靠听觉来感受外部世界，他们无法通过语言表达与用人单位进行沟通交流，出于这些问题，用人单位一般不会愿意录用听障大学生。除此之外，听障大学生毕业后在了解就业信息方面还处于弱势地位，他们不能像健听大学生那样快速、有效获取就业信息，比如，听障大学生对自己感兴趣且有就职意向的单位不能打电话进行咨询了解。"前程无忧""大学生人才网"等网络招聘平台的出现，为听障大学生求职者提供了便捷的方式，增加其就业选择空间，因此，这些求职平台逐步成为听障大学毕业生获取就业信息的重要途径。开展听障大学生创新创业教育，第一，有利于提高听障大学生使用这些网络平台的能力，帮助其及时了解就业形势，了解招聘信息，为听障大学生解决相关的就业问题。第二，听障大学生可以通过这些求职平台与用人单位进行线上沟通，让用人单位了解自身优势，增加进入面试机会。第三，听障大学生根据自身所学专业，整理相关用人单位与职位要求，了解是否符合用人单位招聘要求，再结合自身能力需求、薪金、发展空间等方面的情况，将自己的职业预期与用人单位进行匹配，从而找到一份合适的工作。

3. 帮助听障大学生掌握制作与投递简历的方法

网络招聘是用人单位在网上发布岗位需求信息，求职者根据岗位需求信息制作简历，网上投递简历，再由用人单位的人事专员对简历进行筛选的招聘方式用人单位人事部门每天审阅简历数量非常多，且速度相当快，听障大学生要注意用简练文字突出自身求职优势方面，争取获得面试机会。另外，就需要掌握制作简历的能力，提高制作简历的水平。因此，对听障大学生开展创新创业教育，高校教师可以教授听障大学生制作简历的相关方法，帮助听障大学生掌握求职技能，使其通过网络寻求相关的职位；帮助听障大学生挖掘自身潜力，匹配岗位需求；最后，制作出简洁大方且别具一格还能够符合用人单位需求的简历，增强听障大学生求职成功可能性。

教师在教听障大学生制作简历的时候，要告诉听障大学生填写简历要以诚信为主，在简历中如实填写相关信息，切勿脱离实际，或者故意为了提高就业成功的可能性就夸大自身能力。另外，注意写简历不是把全部经历和成就都堆积在简历上面，听障大学生要根据岗位要求罗列出主要内容。再有，听障大学生在填写简历时，必须告诉用人单位自身有某些生理障碍。比如，目前听力受损程度，是否能够简单言语表达等。有时候诚信做人更能为自己带来意想不到的好处，这一点对听障大学生也适用。

二、听障大学生创新创业能力培养的时代需要

（一）国家发展的时代需要

1. 有助于营造积极的创新创业氛围

国家的创新水平和综合国力的提升离不开教育，所以学校要对学生开展创新创业教育，又因为听障大学生是我国大学生中的重要组成部分，因此，我国创新水平的提升也离不开听障大学生创新创业教育的发展。对听障大学生开展双创教育有利于在整个社会营造积极的创新创业氛围，使全民逐步重视创新创业重要性；有利于在高校内形成创业文化和

精神，创建高水平的创业环境和基地；有利于鼓励听障大学生创业实践，培养高素质的听障大学生创业精英，从而对我国经济社会的可持续发展产生积极作用。

2. 引导听障大学生投身创业

由于知识经济加速发展，产业出现不断升级变化，随之就出现大量的创业机会，这也为听障大学生创业提供了契机。再加上听障大学生本身具有学历优势，掌握丰富的文化知识。因此，听障大学生也是我国重要的创业群体，是支撑社会发展的有生力量。

听障大学生毕业以后自主创业，一方面有利于解决自身就业难的问题，提高听障大学生就业率。另一方面有利于为社会提供一定的就业岗位，积极带动就业。并且听障大学生在创业过程中能够培养锻炼成为成功的创业者或者成为成功商人，这些都能成为我国经济的可持续发展力量。那么，要从哪些方面引导听障大学生创业呢？无外乎帮助听障大学生掌握创业知识，丰富创业实践经验，掌握创业技能，学会抓住商业机会，提高管理能力。

3. 创业教育可以改变就业观念

大学生就业人数年年递增，导致就业市场竞争激烈，学生就业压力大，高校大学生毕业后难以找到合适工作，尤其是近几年来，我国高校毕业生规模达到一千多万人，比之前增加一百多万人，毕业生人数规模和数量都创历史新高。因此，大力开展听障大学生双创教育，可以有效改变听障大学生传统就业观念，帮助听障大学生树立正确的就业观念，让听障大学生明白职业无高低贵贱之分，每个人只要爱岗敬业，脚踏实地，就能在自己工作岗位上发光发热，实现人生价值。

（二）教育发展的时代需要

为应对大学生就业形式严峻的危机，国家层面大力支持高校开展大学生创业实践活动，高校层面重视开展大学生创新创业教育。这样做的原因如下：

一是可以促进听障大学生双创教育和专业教育的融合。专业教育是培养听障大学生的主要途径，创新创业教育是听障大学生人才培养的拓展和加深，以及专业教育的有效补充，推动双创教育和专业教育有机结合，可以让听障大学生在双创教育中巩固加深所学的专业知识和能力，进而高校为社会培养大批的听障大学生专业人才。高校就需要重视教育融合发展，尤其是目标融合，将双创教育精神、能力纳入到听障大学生教育之中，实现课程教育体系有机融合，对听障大学生教育课程体系升级。对听障大学生开展创新创业教育，可以丰富和完善创新创业教育的最新理论和内容，以及实践、技术等方面内容。

二是可以提升高校负责听障大学生的双创教师的专业水平和能力。本来负责双创的教师就比较少，那么能够负责听障大学生双创教育的教师就会接受更多的挑战。因此，对听障大学生开展创新创业教育可以把教师培养成为优秀的双创教师，提高双创教育教师的实践能力和综合能力，提升教师的师德和认知水平，让双创教育教师更具有敬业精神，以构建听障大学生双创师资队伍，实现双创教师队伍专业化发展。此外，对听障大学生开展双创教育还可以丰富教师教学实践方法，让听障大学生亲身体验创业经验，通过相关就业实习，提高对双创教育的认识和理解，从而提升自己的创业能力。

三是符合高等教育自身发展的实际需要，能够充分发挥其办学优势。大学是促进国家经济发展的助力器，是社会发展的思想根据地，以及科学文化的创新基地，因此，对听障大学生开展创新创业教育，有利于完善听障大学生人才培养模式。具体来说：在人才培养上，其注重多方面的社会需求，从专业设置来看，开展创新创业教育可以深层次与听障大学生实际工作和生活紧密联系，从课程教学来看，可以建立新的教学模式，还能够创新多样化教学方法，所以，招收听障大学生的高校应该树立大局意识，充分利用自身优势，按照学校和听障大学生自身实际需要，不断完善听障大学生的人才培养模式，培养大量优秀的专业听障大学生人才。

（三）听障大学生自身发展的时代需要

首先，开展听障大学生创新创业教育，可以使其理解和掌握创新创业的相关知识，加深对创业的认识，真正理解创业的意义，具备创新创业能力，树立正确的创业意识。听障大学生具有正确的创新创业意识才能有效开展创业实践，这些正确的意识能够指导听障大学生的创业行为和态度，培养听障大学生创业信心，让听障大学生能够有能力解决就业问题或进行自主创业。其次，如今是知识经济时代，知识的掌握是促进创新能力提升的重要途径，而创新是衡量个人才能的关键指标。顺应时代需求，培养听障大学生的创新意识，提升创业能力，对未来发展具有重要的意义，可以帮助听障大学生顺利找到自己的就业方向和职业规划。再次，随着国家不断重视听障大学生高等教育发展，近几年来，随着越来越多的听障大学生开始进入高等院校学习，听障大学生人数日益增加，很多听障大学生毕业后就要面临巨大的就业压力，一方面适合听障大学生的就业机会少，很难找到合适的工作。另一方面，由于自身因素，例如不喜欢工作环境、嫌弃工资待遇低等，导致听障大学生失业问题经常发生，而对听障大学生开展创新创业教育，能够培养其顽强意志。要知道，创业的成败，不仅依靠双创能力和知识，还需要具有艰苦奋斗、不轻易言败的精神，在创业中遇到困难时要迎难而上、勇往直前，可以帮助听障大学生积极实现自我就业，为自己就业增加一份保障，进而减少听障大学生失业率，缓解市场就业压力，提高听障大学生就业竞争综合力。最后，能够帮助听障大学生增强其自身的创造力思维和创新创业能力。提高学生创业能力是开展听障大学生双创教育的任务之一，是保障听障大学生创业成功的关键因素之一。学校提供听障大学生相关双创知识，可以让听障大学生掌握大量的双创教育知识，加深其认识，激发其创新创业兴趣。目前，我们正处于知识型的社会，每个人要想取得成功，就必须掌握丰富的专业知识，尤其是在双创教育领域，就需要有丰富的创新知识，能够了解国家政策、企业管理等方面内容。

三、听障大学生创新创业能力培养的可行性

（一）听障大学生职业能力提升的路径

1. 全程渗透职业生涯规划指导

高校为听障大学生开设职业规划相关课程，教师指导听障大学生做好未来职业规划，帮助听障大学生制定职业发展目标，明确职业生涯规划的制定，要结合学生自身职业兴趣。兴趣是一个人热爱职业的前提条件，还要根据听障大学生的实际需求，有针对性地选择职业能力开发方式，这有利于激发听障大学生提升职业能力积极性，而且也能够为开展个性化的职业能力开发工作，为提升职业能力培养效果打下基础。如今，高校认识到职业生涯规划课程对听障大学生职业能力培养的重要性，还能提升其职业素养。职业规划需要与听障大学生已掌握能力相结合，即把听障大学生职业规划放在第一位，在开学的第一学期就要全程渗透职业规划课程，使听障大学生树立正确的职业理想。听障大学生可以依据职业发展目标，不断明确职业能力养成策略，从而有效避免出现盲目性与随意性。此外，职业规划必须贯彻听障大学生学习整个过程，根据其职业能力发展情况，及时做出有效调整，确保职业规划促进职业能力的提升。

2. 优化听障大学生课程体系

随着社会不断发展，对听障大学生职业能力提出新要求，要求高校能够有针对性地调整听障大学生创新创业教育课程体系，借助平时教学工作提升听障大学生职业能力。听障大学生创新创业教育课程体系优化主要有三个方面的内容：一是高校需要对公共必修课程进行优化。当前环境下，高校需要开展听障大学生创新创业教育，明确不同专业听障大学生职业要求，做好他们的职业规划；二是在优化课程体系的时候，学校要结合新环境下对听障大学生素质要求，控制公共基础课程数量，开设职业能力提升相关课程，尤其是注重学生制作简历能力、写作能力，计算机应用能力等；三是高校在安排课程时，注重创新创业教育补充，以用人单位人才需求制定订单式课程体系，凸显课程的育人功能。加大实训课程比重，规范实习实训标准，完善实习实训设施，使实习实训目标得以完成。

（二）听障大学生创新创业教育与创新人才培养的体系

1. 建立听障大学生创新创业的政策环境

为给听障大学生提供良好的创业环境，就需要在立法工作上面尽可能的进行细化和客观管理，利用细化法律化的方式对于听障大学生的创业工作进行相应的管理，保证听障大学生能够获得良好的就业环境。另外，多对听障大学生实行创业鼓励政策，并在必要情况下为听障大学生提供更多层次的帮扶措施。现行法律法规中应完善相关创新创业的立法工作，扶持听障大学生创业的法律法规条例等，使其做到有法可依、有法必依。营造适合良好的听障大学生创新创业政策环境，例如，针对初步开始创业的听障大学生，政府应给予资金补助，或者提供无偿贷款担保，提供创业思路指导、免费风险评估、免费培训和提供相关支持等，对已经从事个体经营、创新创业的听障大学生，应当依法给予税收优惠，免收管理类、登记类和证照类的行政事业性收费等，还要应该成立专门为听障大学生服务的法律维权机构，帮助听障大学生解决一些法律纠纷，产权问题等。同时还应该建立听障大学生创新人才培养的体系，让听障大学生掌握丰富的创新知识，增强创新意识，提高创新能力。

2. 建立听障大学生创新创业的社会人文环境

整个社会要改变以前对听障大学生偏见和歧视，这是为营造良好听障大学生创业环境的基本前提，听障大学生在创业的过程中如果得到社会的支持和帮助，就会为自身创业获取更多的便利，减少环境中不利因素，使其创业能够顺利开展。在这个过程中，党和政府就要发挥积极作用，利用示范效应，营造良好创业环境。大力宣传党和政府对他们的政策扶持，减少听障大学生自身因素对创新创业的制约。减少听障大学生自身制约因素的首要任务便是解决其心理问题。加大媒体对听障大学生创新创业全方位宣传报道力度，在社会中创造鼓励、支持、扶助的良好氛围。在对其进行特殊教育的过程中，应该注意引导，为其提供与健全人交流的机会，从而培养出健全的心理。专业能力的缺失是听障大学生创业过程中的一大阻碍，而这便要求高等特殊学校在教学方面进行调整，适当设置一些专业性较强的课程，在条件允许的情况下，可以安排学生进行实践操作，还可以请一些成功就业者进行经验方面的分享，在促进学生专业能力提升的同时兼顾心理方面的指导。

（三）听障大学生创新创业教育的核心问题

1. 贷款政策方面的不足

与发达国家相比，我国在包括听障大学生在内的残疾人就业方面的政策建设还不是很完善。在社会大力倡导创新创业时候，相关部门也与时俱进对残疾人创业提出了帮扶政策，但是这些扶持政策涉及的内容不是很全面，有些内容在一定程度上目前还处于缺失状况。因此，这也就导致听障大学生在创业实践中，不能得到切实有效的帮助，尤其是贷款方面的限制给听障大学生创业带来极大不便。由于听障大学生家庭给其花费就很大了，家庭条件水平低，很多听障大学生生活方面不尽人意，生活水平方面也不理想，所以听障大学生就没有更多的资金用来创业，造成其在创业过程中缺乏资金，鉴于以上因素，听障大学生获取资金的渠道更少，获取难度更大。另外，出于对规避风险的考量，以及对自身收入预期的不自信，听障大学生进行创业时通常会选择"小本经营"创业，但这种模式受到国家政策影响极大，如果不在政策受惠范围内，听障大学生是难以获取该贷款进行创业的。

2. 法律层面的不完善

社会整体环境对听障大学生创业来说是不利的，即使是在支持听障大学生创新创业大环境下，无论是社会带有对听障大学生的歧视和偏见，还是投资者逐渐提高的要求，对听障大学生创业来说，听障大学生的创业行为也显得举步维艰。另外，现行的法律法规对残疾人创业同样有所涉及，但其中缺少针对其创业实行的明确具体的规定。因此，听障大学生在进行具体创业时难以真正获得针对性创业政策支持，在遇到创业问题时往往难以通过法律途径获取援助。另外，虽然已经明确提出鼓励残疾人创业、就业，以及提高残疾人个体户享有税收方面的优待，但相关部门没有足够重视，听障大学生创业工作，也没有落实残疾人创业、就业相关政策文件，由此便使得听障大学生的就业状况更加困难。

3. 听障大学生自身存在的问题

（1）创新创业能力弱

听障大学生在接受的教育类型与普通大学生有所不同，最主要的区别就是在专业性方面，结合我国现阶段实行的特殊教育实际情况，可以认识到专业技术方面的教育依然是一片空白，而这也就导致听障大学生在毕业后，只掌握一些基本知识，而不具备专业能力，这显然不利于其创新创业基础构建；另外，由于实际操作经验不足，听障大学生在工作能力方面也显得比较低下。在诸多消极因素共同影响下，听障学生的创业能力也相对较低。

（2）听障大学生心理能力差

由于自身有一些生理障碍，听障大学生或多或少会存在一定的心理问题，其普遍表现为自卑心理。然而，在创新创业的过程中，不可避免会遭受挫折，即使是普通大学生创业群体中，也会有相当一部分难以承受创业过程中的压力而选择中途放弃，而挫折对于大多数听障大学生来说无疑是致命的，如果不能有效对应对，势必会打击其创业积极性，甚至会直接导致创业失败。

第三节　听障大学生工作室制育人模式的探索

一、听障大学生高校工作室制育人模式实施的可能性

（一）听障大学生高校工作室制人才培养制度建立

听障大学生高校工作室制育人模式顺利实施，需要依赖于听障大学生大学生"专业+特技+创业"工作室制人才培养模式贯彻落实。这就需要学校制定明确的培养目标，完善相关实施计划，加强学校、政府、企业之间的合作，充分利用政府和企业提供的便利条件；按时修改完善工作室制人才培养；建立听障大学生工作室制教学的课程体系，统筹了相关课程内容；根据社会对听障大学生人才提出的新要求及时修订教学大纲；给听障大学生组织相关的实践教学活动，使其在活动中运用知识以提高实践能力，学校还应该建设适量的实习基地，为听障大学生营造真实的就业环境，以提高听障大学生未来就业适应能力；另外，在教学模式和教学方法上注重创新，建设一支高水平、能力强的师资队伍。

（二）听障大学生特技工作室运行管理制度完善

切实保障听障大学生特技工作室有效运行，在工作室遴选、工作室运行管理、指导教师管理等方面健全管理制度，比如：《听障大学生工作室选驻制度》《听障大学生特技工作室导师管理办法》《听障大学生特技工作室学生管理办法》《听障大学生特技工作室运行管理办法》等制度；将竞争机制引入特技工作室建设中，不断提高建设质量与水平，比如：《听障大学生工作室考核和奖励实施办法》《听障大学生特技工作室准入、退出制度》等制度。

（三）听障大学生高校工作室制师资水平提升

一方面，学校提高教师更多的外出学习和交流，让教师通过学习不断提升专业能力，另外，学校经常召开教师交流会，提高教师教学能力和水平，促进教师专业发展。另一方面，教师具有仁爱之心，把关心爱护听障大学生放在第一位；具有较高的职业道德素养，坚持三全育人，始终把教书育人贯穿教学全过程。学校还应构建适合听障大学生发展的知识结构，打造了"教、创、研"全方位的教学团队。建设听障大学生创新创业教育教学改革创新团队，以及科研创新团队。开发听障大学生线上线下精品课程，加强教学研究，注

重实践成果创新，关注特殊教育理论前沿，不断更新教育理念。

二、普通高校工作室制教学模式的现状

随着我国社会的发展以及经济科技水平不断提升，国家开始加大对教育投入力度，对高等教育重视程度不断提高，因此，高等教育逐渐蓬勃发展，产生于高等教育的工作室教学也逐渐受到很多高校的重视。它作为一种强化听障大学生实践教学过程的主要措施，大多数高校把它看做是一种很好的教学模式，用来培养优秀大学生。工作室制教学模式有利于大学生的培养，不仅让大学生掌握扎实的理论知识，而且也提高了大学生的实践能力，从而有利于高校教学质量提升。但是，工作室制教学模式发展不完善，还存在一些问题，例如，办学定位方向不明确甚至有失偏颇、缺乏先进教育理念，该培养模式不适合大学生发展需要等方面问题，而且部分高校工作室教学并不能完全适应大学生的发展成长需要，也不符合以学生为主体的育人理念。我们不能忽视这些弊端，而是要找到合适方法去解决问题。这些问题可以具体分为以下几个方面，一是高等教育的工作室教学中有一些实践教学融入到了工作室，但工作室制定的教学目标却完全以注重大学生技能提升方面为主，过于注重培养大学生技能，而忽视了让其掌握系统理论知识，并且认为理论知识学习可有可无，无助于大学生的能力提升，这种想法根本违背科学工作室制教学模式构建与完善；二是高等教育的工作室教学工作，在于工作室负责人和教师团队的学术结构，把其作为教学依据，由此可以看出，工作室制教学模式注重的是教师需要，以教师的研究成果为主，该教学模式更多是利于教师发展需求，很大程度上忽视大学生的整体需求，并且没有考虑到大学生发展，以及提高大学生人才培养质量；三是高等教育的工作室仍然存在"精英式"教育影子，简单来说，就是工作室接纳的人数比较少，仅仅少数大学生有机会可以进入工作室学习，这就导致工作室制教学模式存在弊端，不能保障每位大学生都有进入工作室学习的机会，那么就不能实现教育公平。此外，工作室开设的实践课程也不是很多，即使开展的实践课程，其开设的学识也很少，再加上能够独立开展工作室教学的专业教师也比较稀少，因为很多教师不具备此类专业知识和能力，能够擅长工作室教学的教师少之又少。这些因素导致工作室教学无法满足学生个性化发展需要，不利于大学生成长发展。综上所述，以上的工作室教学已经无法适应当今社会对人才培养提出的需求，加之其缺乏教育专业性、开放性和创新性，也不适合学生的成长需求。因此，我们需要转变新的观念，结合市场和学生的实际需要来探索一种新的工作室教学模式。

三、听障大学生工作室制育人模式构建

(一) "以人为本"的听障大学生高校工作室制育人模式

"以人为本"理念提出是对价值的肯定，是一种指导人们行动的指南。"以人为本"，基础是尊重人性，也就是说以人性为本。关键是完善人格，以人格为本。实质是顺应人心，是以人心为本。人是现实中的人，人的行动是可以被观察到的。正因如此，把"以人为本"理念作为一切行动的理论依据，当然也成为高校听障大学生工作室制育人模式的重要方向。"以人为本"是听障大学生工作室制育人模式的核心指导理念，一个优质且完善的育人模式是要关注到每个人的，同样听障大学生工作室制育人模式需要真正关注到听障大学生的实际需要，有利于其自身发展。开展听障大学生相关教育工作是适应社会需要和发展的，同时也可以促进听障大学生自身发展，并且践行了"人人平等"理念，总之，它对于听障大学生的意义是不言而喻的。目前，社会不断快速发展，对听障大学生的发展提出来了新的要求。因此，高校听障大学生教育工作的内容和方式也应发生改变，万变不离其宗，坚持践行"以人为本"理念，高校听障大学生工作室制育人模式要坚持以人为本，贴近听障大学生生活实际，贴近不同学生群体，注重高校听障大学生教育工作的目的性和实效性，要准确理解"以人为本"科学内涵。以人为本的听障大学生育人模式就应该结合听障大学生生理和心理特点，通过创建听障大学生特技工作室，实现"基于工作过程导向"的教学方法，学生在通过企业角色分工体验，让理论与实践真正结合起来，以职业技能为核心，真正建立有效的实习实训平台，真正提升学生的创新创业能力，通过工作室的组建和运营全过程中发现问题，及时调整教学过程中存在的问题，充分挖掘出工作室在培养听障大学生双创能力过程中的优势作用。该模式依托听障大学生大学生特技工作室优势平台，以专业技能所需的能力为目标，以听障大学生就业创业能力为导向，全面构建融合教育模式，对提升听障大学生大学生的创新创业能力，提高听障大学生大学生的职业技能具有十分重要的意义。

(二) 听障大学生工作室制育人模式人才培养体系构建

听障大学生工作室制育人模式人才培养体系要适应社会经济发展，制定完善人才培养方案，建立听障大学生人才培养机制，相关部门要提供完善物质条件和组织保障，部门负责人要积极发挥领导作用，此外，制定人才培养实施具体方案，创新工作机制，制定工作规划，让学生的行动有据可依，为建设有特色的听障大学生工作室制育人模式提供支撑。由于受传统重理论教育观念影响，再加上自身生理障碍因素，以及与社会他人交流不便，大多数听障大学生都缺乏创业相关知识和能力，使其缺乏创业积极性和主动性。在社会高

速发展时代，高等教育进入了改革的时代浪潮中，高校要树立与时俱进的教育理念，重新认识听障大学生工作室制教育，致力于为听障大学生提供出更具有效率、更好的创新创业平台，考虑学校办学实际情况，提高听障大学生课外实践活动课程比重，传授给听障大学生更多的创业知识，帮助听障大学生树立良好创业理念，提高创业能力。目前，很多高校都建立起双创教育模式，再加上外部环境影响，各校的双创教育陆续都在推陈出新，不断向前发展。由于我国双创教育起步时间晚，发展缓慢，创新创业教育发展质量有待提高。因此，形成完善的创新创业教育体系，需要借鉴国内外高校的教育经验，让听障大学生能够实际演练创业，让其在实践中运用所学创业知识，从而提高创新创业教育质量，构建听障大学生工作室制育人模式人才培养体系。

（三）听障大学生工作室制育人模式社会支持体系构建

1. 营造育人文化，为听障大学生工作室制育人模式提供环境保障

工作室制育人模式要更新观念，创新创业文化，加大社会舆论影响力度，营造积极有利的环境氛围。加深对听障大学生创业教育全面的认识和理解，解决听障大学生就业问题。党中央十八届三中全会提出全面深化改革战略部署，提出市场在资源配置中起决定作用，还鼓励支持创新创业型人才创办企业，尤其是以创办私营企业等方式为主。因此，加强听障大学生工作室制育人机制势在必行，要加强校级之间交流与合作，多学习其他院校听障大学生工作室制育人模式，并借鉴国外残疾大学生创业教育的先进经验，结合我国听障大学生教育的实际情况，精心打造高校的创业教育文化氛围。

2. 建立专门机构，为听障大学生工作室制育人模式提供组织保障

认真履行教育部创业教育相关要求，在学校设立负责听障大学生教育工作的专门机构，为听障大学生提供有力的组织保障。可以成立专门的听障大学生工作室制（教学部），招聘专职的特殊教育专业教师，把创业类相关课程纳入听障大学生通识教育范畴，要求听障大学生必须学习，学校还可组织其他相关部门牵头成立听障大学生创业教育管理委员会，负责全校听障大学生教育的指导工作。另外，学校还应成立听障大学生工作室制育人研究中心、指导服务中心等机构，加强对听障大学生工作室制管理和研究。

3. 建立考核评价体系，为听障大学生工作室制育人模式提供机制保障

同许多教学与培训一样，需要健全而完善的考核评估体系，才能确保听障大学生的教学质量和培训效果，进而不断健全和完善听障大学生工作室育人模式。在建立听障大学生工作室制育人模式评估体系时，要考虑评估有效性，不能仅使用"创业率"等短期行为指标，而是要制定"学生发展"等长远目标。采用定量和定性指标相结合的方式，远期指

标与近期指标相结合，行为指标与结果指标相结合，促使评价指标多元化和科学化。

四、听障大学生工作室制育人模式的实践探索

（一）人才培养机制改革

在高校创新创业教育中，重理论、轻实践的现象非常普遍，因此，高校听障大学生双创教育需要协调技术岗位、工作岗位之间关系，加强两者之间的联系。关于高校听障大学生双创教育质量评价内容，就应该把双创教育当成立德树人的关键点，将其纳入听障大学生人才评价指标，让听障大学生人才培养指标体系化，加快人才机制改革，建立听障大学生工作室制育人模式。首先，创新听障大学生相关课程体系，要让听障大学生专业教育与创新创业教育充分结合。听障大学生培养目标要坚持科学定位，把服务面向社会发展当成前进指南，听障大学生培养要立足于培养技能人才，符合用人单位需要目标。紧密结合听障大学生实际成长需求，面向全体听障大学生，打造跨专业、多层次听障大学生培养系统模式。以逐渐递进、相互融合、统筹规划方式进行，保持听障大学生培养课程体系完整化，加强听障大学生培养创新课程与专业课程在理念逻辑和方式上的联系，妥善协调好听障大学生培养通识教育课程、职业技术课程、岗位课关系。根据听障大学生自身知识能力及兴趣倾向差异情况，修订听障大学生人才培养方案与管理措施。除此之外，还要加快听障大学生创新创业教育优质课程信息化建设步伐，推出一批适合听障大学生学习的精品在线视频开放课程，以及更多的视频开放课程，拓宽听障大学生学习的渠道，使其成为听障大学生发展助推器。科学调整听障大学生专业课程的设置，在传授专业知识的过程中加强创新创业教育。同时根据听障大学生自身生理特点开展有针对性、有创新性、有时效性的教育培训。结合听障大学生专业特点，教师要更新其课堂教学模式，提供形式多样的实践教学体系。课程安排按照贯彻"工学结合、理实一体化、教学做合一"模式进行实施，以便增强听障大学生课堂教学与实践的针对性、实用性，实行课上课下联动，校内校外协同，构建创新创业教育体系，构建听障大学生培养创新创业支持体系，构建创新创业孵化体系。

（二）聋健融合教育环境构建

构建聋健融合教育环境对听障大学生的发展有着重要意义，融合教育环境可以让听障大学生在这种平等、尊重、和谐融洽的学习氛围里与健听大学生交流合作、分享学习资源，从而有利于增强聋健融合教育的实效性，真正实现教育意义和作用。主要通过以下几种方式来构建聋健融合教育环境：

首先，开展特殊教育专题班会，这是学校对听障大学生开展思想政治教育的阵地，同样也是宣导特殊教育的主要途径。学校在开展听障大学生德育工作时，应多组织特教专题教育活动，在活动过程中注意引导听障大学生尊重他人、关爱他人，使其养成良好的思想品德。另外，可以积极邀请特殊教育行业专家进校举办相关的讲座，给听障大学生介绍残疾大学生类型、存在问题，分享残疾大学生积极向上、自强不息的案例，鼓励听障大学生积极乐观面对生活，努力学习科学文化知识，不断完善自我，早日实现自我的人生理想。另外，在特殊教育专业教师的指导下，教师设计、准备与开展有关专题教育活动，再慢慢变成听障大学生在教师的指导下组织、开展相关活动。

其次，实施聋健融合文化教育，影视赏析既可以作为休闲娱乐活动，又可以作为文化知识学习的重要途径。让听障大学生观看关于特教题材的影视教育可以使其直观学习相关知识，达到特殊教育宣导效果，并且有利于构建聋健融合教育环境。学校要有针对性地选择积极向上且优质特殊教育影片，包括《海洋天堂》《阿甘正传》等，利用课后作业等形式组织听障大学生观看，并且在观看完之后要求其写观后感，让听障大学生能够从影视教育中学会理解他人，带领他们领悟影片所包含的真谛，从而增强听障大学生的道德认同感。

最后，组织聋健融合教育读本阅读活动。委托特殊教育专业人士精心挑选一批与聋健融合教育相关的读本，包括《弟弟的世界》《啄木鸟女孩》以及《罗圈腿的小猎狗》等，主人原型涵盖自闭症、视障、听障以及肢体障碍等不同类型障碍，通过读书日、晨读、戏剧表演和小组讨论等形式，让听障大学生阅读书籍并分享读书心得。此外，还可以开展特殊教育专题宣传工作，学校利用宣传栏、班级墙报、微信公众号等方式开展特殊教育专题宣传工作，让学生了解有关特殊教育的内容。为了进一步提升宣传效果，学校可以借助新媒体手段宣传，让健听大学生能够真正理解、关心、接纳听障大学生这个群体。

（三）协同育人平台的构建

构建协同育人平台，健全多元主体共同参与的育人模式。提高应用型本科院校协同育人的效果，就要构建完善的协同育人平台，健全相关的组织与管理机制，使参与协同育人的各方主体多元化。校企协同育人平台的主体构成分别是学校、企业，同时也离不开人才培养方案、人才培养质量评价结合。这四个因素建立联系，彼此之间资源共享，学校与企业合作，根据自身实际需要制定人才培养方案，制定人才质量评价指标体系，共同实现协同育人的目标。一方面，从学校资源来看，我国高校经过长时间的发展，打牢了坚实的基础，具备充足的资源。人才培养是高校的根本任务，师资又是培养人才的重要力量。因此，教师不仅要掌握扎实的专业知识，而且应具备过硬的教学能力，无论是理论完备性和还是知识系统性，两者都应具备较强优势，形成了学校的最重要资源。教师不仅让学生掌握知识，而且还能够对所教知识再创造，通过一定的科学研究来丰富知识，从而建立完善的知识体系。学校把人才培养作为学校发展的根本任务，制定了完备的人才培养方案和课程体系。此外，随着实验教学、实践教学、仿真实训、模拟等教学方式的不断推进，学校也在这些方面获得了巨大的进步，各类国家级、省级实验中心，仿真实训或仿真模拟实验室等也在快速发展，为学校的实践教学积累了丰富的实验与实践资源。由此看出，学校人才培养离不开这些资源的支撑，还是学校人才培养的重要保障。另一方面，从人才培养方案来看，随着社会对人才提出新需求，人才培养方案的制定、调整也发生相应变化，目前要考虑制定什么样的人才培养方案是符合学校和学生需要的，依据培养方案培养出合格和优秀人才。在人才培养方案的调整与修订中，要坚持以促进学生发展为出发点，树立长远的人才发展观念，切实保证学生需要。人才培养方案中要始终贯彻协同育人的理念，一是协同育人在人才培养方案调整与制定中可以直接对接企业的人才需求；二是体现学校对人才培养的重视，真正实现理论与实践相统一，教学与应用结合，通过校企协同育人平台的搭建，校企共同厘清人才培养目标，构建人才培养特色。

第二章

德育工作是听障大学生教育的铸魂之举

社会意识是社会的精神现象，形成于既有社会存在下的人的实践活动之中。历史唯物主义者历来旗帜鲜明表达社会存在对社会意识具有规定性作用，亦即社会意识的生成从属于社会存在的状态。这一理论破除了社会意识过往的虚假的独立的所谓"绝对精神"的外观。但具有科学精神的历史唯物主义者并非机械地界定社会意识单一的被限定性的命运，反而承认社会意识具有相对的独立性，而且更强调要重视并发挥社会意识的反作用。教育是有效的意识建构的社会活动，也是塑造社会意识的最为重要途径。德育活动是社会意识教育的重要构成部分，是重中之重。因此，中国高等教育必须始终坚持立德树人的新时代教育根本任务的理念。

第一节 德育引领是高校"立德树人"工作使命所在

中国的教育工作要为国家培养出符合时代发展要求的人才，更要为我们党培养出拥有坚定的马克思主义理想信念的人才。

一、德育工作是中国高等教育的特色内容

教育是民族振兴和社会进步的基石，而德育是确保教育质量的一个有效途径。有才而无德是教育最失败的表现。

（一）德育及相关概念

《中国大百科全书》(教育卷)中对"德育"的界定如下："教育者按照一定的社会阶级的要求，有目的、有计划、有组织地对受教育者施加系统的影响，把一定的社会思想和道德转化为个体的思想意识和道德品质的教育。"另一部关于教育内容的大辞典中对德育内涵的解释则强调了在我国社会主义德育工作包括"思想教育、政治教育、道德教育"，并且通过德育工作要使受教育者形成一定思想品德。我们从这两个比较权威著作的释义中可以分析出德育活动的相关要素，包括德育的主体、德育的客体或德育的对象、德育的内容，德育的目标等。第一，明确德育的主体是教育者，一般而言指教育活动的组织者或教育实践的实施者。在高等院校中，德育活动的主体主要包括思政课教师、辅导员、团委、学工处等相关思政教育的教师。随着课程思政理念的提出，高校专业课教师在教育教学活动中也承担着一定的德育引领的作用，可视为广义的德育主体。第二，明确德育的客体是受教育者，一般而言是指教育者开展教育活动对应的工作的实施对象。在高校中，大学生是德育活动的教育对象。这个对象既具有接受教育的因素，也是有相对独立的思维活动与意识建构能力的群体，是一类比其他受教育者更为活跃的人群。第三，明确了德育活动的内容，一般而言，在不强调范围的时候，德育指向广义角度，即包括思想教育、道德教育和政治教育的内容。第四，明确了德育活动的目标。通过德育工作，把社会认可的思想道德转化为受教育者自身的思想意识。

高校德育活动是在一定的目标的指引下进行，在按照相应的教育计划来实施，在不断完善组织方式的条件下推进。它体现了党和国家对培养什么样大学生的重视和为达成培养目标所进行的工作设定和努力。

（二）德育是高校落实立德树人根本任务的有效途径

教育活动的根本问题和永恒课题是"培养什么人，怎样培养人"的问题。自党的十八大以来，党在民生发展方面提出"努力办好人民满意的教育"，从教育内涵式发展方面党和国家对高校立德树人教育工作提出新要求。2017年2月，《关于加强和改进新形势下高校思想政治工作的意见》发布。该《意见》指出：中国高校加强和改进思想政治工作，"事关办什么样的大学、怎样办大学的根本问题"。高校要为社会培养出"又红又专、德才兼备、全面发展的中国特色社会主义合格建设者和可靠接班人"。因此，加强和改进思想政治工作不仅对中国教育内容的发展意义重大，而且从中国整体发展来说，它本身就是一项意义极其重大战略工程。

"百年大计，教育为本"。而教育的根本是以树人为先，树人的根基则以立德为先。为进一步有效推动高校立德树人的根本任务的落实。近年来，教育部对高校的德育工作不断进行细化与完善。从教师队伍、课程设置、教材编写等各个方面加强建设。当前，为配合系统性、持续性、环绕性的德育工作，在高校教学中不仅开设、开足、开好专门思政课程，而且还明确提出把思政课程也纳入到德育工作的组成内容中来。

高校德育工作开展的效果直接关系到大学生能否在校园中健康成长、能否筑牢人生的价值底蕴，关系到中国特色社会主义伟大事业的走向，关系到中华民族伟大复兴能否顺利实现。中国高等教育必须坚持走中国特色社会主义的教育发展道路。为此，必须坚持党对高校教育工作的领导，高校要做好学生的德育工作。从课程体系角度说，要开全、开好思政课，这是中国高等教育坚持社会主义办学方向的基本保证，还要建设和课程思政，推动高等教育全过程育人。

（三）中国特色高等教育必须坚持马克思主义德育观

1. 马克思恩格斯的德育观

马克思恩格斯从历史唯物主义根本立场出发，运用辩证思维方法对资本主义社会的政治思想、道德、法等意识问题进行了分析与批判，指出资本主义社会意识的虚假性、欺骗性，揭露了资产阶级法哲学的"平等"本质，阐释了马克思主义的德育观。

第一，德育是人类社会活动的产物。社会存在决定社会意识，对社会意识具有质的规定性。德育活动所包含的内容，是社会上层建筑的重要组成部分，是社会意识在社会教育活动中的具体表达。德育活动作为社会教育活动的一个重要内容，是一种社会精神现象的建构活动，它有机反映了社会存在的基本状况。马克思从人的现实性角度出发，指出"人的本质是一切社会关系的总和"。这里的"社会关系的总和"就是全部的、整体性的社会存在。在《共产党宣言》中，马克思和恩格斯针对资产阶级歪曲教育活动的言论进行驳斥，他们针锋相对地指出，"你们的教育……不也是由你们进行教育时所处的那种社会关系决定的吗？"在这里，他们两人明确指出了资产阶级所推进的教育活动深刻而完全地反映着资本主义社会关系的全部要求。同样，人类社会的德育思想都是社会发展到特定历史阶段的精神产物，客观反映着人类社会进入这个阶段要在精神领域达成的"映像"。但是，任何时期的德育思想观念作为该阶段的精神活动的产物并非只存在消极、被动的反映，反而因人自身的各项因素以及社会环境场域等而具有一定的独立性，并反过来作用于社会存在。

第二，德育活动具有时代性阶级性特点。历史唯物主义和辩证唯物主义是马克思主义学说的理论思辨基础，也是我们分析问题、改造世界的理论基石。德育活动从本质来说是人类社会发展到一定阶段的产物，而后反映着某一时代阶段的要求，整体展现出这个时代的社会关系诉求。前面关于德育的概念就已经指出，德育活动是按照一定的阶级的要求来进行设计与开展。在这里，必须承认，教育活动首先是服务于特定阶级的目标要求的。"统治阶级的思想在每一时代都是占统治地位的思想。"这种思想是社会物质关系在社会占据统治地位进而在观念上的表现出来，是用思想观念的形式显现出来的社会物质关系。德育作为社会上层建筑的组成部分，其内容、目的和方法等都是由社会经济基础决定的，即由各种社会关系所决定，而这些社会关系总归是要由特定的生产力发展状况所决定。资本主义及之前的阶级社会，相应时代的统治阶级为维护自身利益，运用各种方式加强对社会成员的教育，用以维护既存的、有利于其既定统治的社会秩序与社会关系。只不过，这些社会的统治阶级总是会把自己的特殊利益描述为社会的普遍利益，虚假地把含有阶级思想的教育活动膜拜为体现全社会共同价值的思想教育活动。而无产阶级及其政党则旗帜鲜明的表达出教育的阶级性立场。他们提出，作为社会"新人"的无产阶级就是要"使教育摆脱统治阶级的影响"。无产阶级斗争的使命内在地包含着要摆脱资产阶级教育的影响，伴随着革命和胜利的到来，使教育真正变为服务于无产阶级和人民群众的斗争工具和建设条件，为实现人自由而全面地发展创造条件。

2. 中国共产党教育理念一贯坚持马克思主义德育观

马克思主义德育观是以科学理论为基础的教育活动观。党的历任领导人都非常重视理论对实践的指导作用，重视教育在人民思想中的引导作用。同时，马克思主义德育观是在社会主义实践探索中总结出来的有效的原则方法。继承以往的成功经验是人类社会继续发展的最有效途径。在新民主主义革命时期，即便在生产、生活极端困难的情况下，中国共产党领导建立的根据地都在想方设法开展教育工作，而学校教育是有目标的。抗战期间，中国共产党创办的中国人民抗日军政大学的教育理念就强调学校的工作都是为了转变学生的思想。

《关于改进和加强高等学校思想政治工作的决定》强调了社会主义办学方向，指出高校毕业生是不是德才兼备，能不能满足社会主义建设的实际需要，这是衡量高校办学成效的基本标志。高校"必须把改进和加强思想政治工作作为自己的重要任务"，面对新形势、新问题，必须与研究青年学生的特点结合起来，切实改进德育工作方法，提高思想政治工作水平。

面对着当前复杂的国际形势和国内环境，学校培养的人才必须具有崇高的信仰和坚定的信念。要用传承了中华民族优秀传统底蕴的中国特色社会主义文化来推动学校的德育工作。青年是我们祖国的未来，是中华民族的希望。新时期，中国高校必须做好大学生思想政治工作，为中国特色社会主义事业培养出德才兼备的高素质的社会主义接班人。

中国特色社会主义德育观是马克思主义中国化理论成果的重要组成部分。

二、德育是"五育"工作内容之首

教育工作是不断提升人的发展的过程，改革开放以来，中国社会整体发展不仅提高了接受高等教育人群的范围，而且也对教育质量的提高提出了更高的要求。随着素质教育理念的推行，随着提高高等院校教育质量目标的提出，我国教育事业发展更加注重对学生的德、智、体、美、劳的培养。

（一）"五育"及其相互之间的关系

德育。德育是一个内涵丰富的概念，包含了从意识到行动诸多内容、过程和结果——从道德品质、思想观念、政治素质等知识性要素的获得到人生信念、行为举措等内化性活动的形成。进入高等教育阶段，高校工作按照思政教育改革目标要求开展教育活动。在理论知识方面，要加强教育和学习，"重点引导大学生系统掌握马克思主义基本原理以及马克思主义中国化的理论成果"，引导大学生了解"四史"等；能力方面，要培养大学生"运用马克思主义立场观点方法分析和解决问题的能力"，增强认识和把握社会发展规律的能力，提高认识"三情"——世情、国情、党情的能力；情感方面，要引导大学生树立共产主义远大理想和中国特色社会主义共同理想，深刻理解"三个为什么"，引导学生培养和自觉践行社会主义核心价值观等。新时代，高校在德育工作中要引导大学生系统地掌握马克思主义科学的理论和思维方法，牢固地树立正确的世界观、人生观、价值观，真正地成为能够肩负起新时代中华民族伟大复兴历史重任合格的建设者和接班人。

智育。智育活动作为社会上层建筑的内容也是伴随社会发展而不断获得发展。作为教育活动的一种，智育是教育者通过制定教育目的与计划，有组织地对学生传授系统的科学文化知识、并且努力促进其智力发展的教育活动。从人力资源角度讲，智力是人获得各种素质的基础性条件，是人顺利完成各种社会活动必须的基本能力。没有对应的智力就不能培养出相应的人才，也不能完成对应的工作。智力本身涵盖了诸多要素，包括"观察力、记忆力、注意力、思维和想象能力"。智育，让学生习得各种科学知识，进而使学生掌握继续获得知识的能力，其本质是一种具有创造精神智慧获得能力的培养。2017年9月，中共中央办公厅、国务院办公厅在《关于深化教育体制机制改革的意见》中指出高等学校"要全面提高人才培养能力。""才"即为才能，是智力培养与发展的结果。该《意见》强调，在培养学生基础知识和基本技能的过程中，要强化学生关键能力的培养。这些能力包括"认知能力""合作能力""创新能力"以及"职业能力"等。中国高等教育智育的基本工作任务是系统传授给学生科学知识和技能，从而建构起完整的的知识体系；大力培养学生的思维能力，从而养成终身学习能力；培养科学进步的学习态度，并且鼓励学生积极进行探索、不断尝试创新的精神。

体育。学校开展体育教育是"实现立德树人根本任务、提升学生综合素质的基础性工程。体育是通过进行合理的体育教育和科学安排体育锻炼活动，从而达到增强学生体质、提高体育素养的目的，并增进学生健康的教育工作。身体是人才培养的肌体因素，是人作为个体实现发展的客观、现实的基本载体。2020年10月，《关于全面加强和改进新时代学校体育工作的意见》指出，学校体育是"提升学生综合素质的基础性工程"。新时代加强学校体育工作，要"坚持健康第一的教育理念"。没有一个健康的身体，其他活动难以开展。即便能够开展，也会受到各种条件限制、各种因素的制约，影响教育活动的普遍效果。该《意见》明确指出，通过体育锻炼，能够帮助学生享受到运动乐趣，能够增强学生的体质、健全学生的人格，并且在体育运动锻炼中锤炼学生的意志。在这里，国家已经把学校开展体育活动产生的作用从过去单一的提高身体素质这一层面，提升到体育锻炼对人发展的思想、心理、人格养成等方面的多方面、综合作用的维度。体育教育是高校培养合格大学生的课程体系的重要组成内容，以促进大学生身体锻炼为主要手段，从而推动学生实现坚毅性格的养成。

美育。美育是"审美教育、情操教育、心灵教育，也是丰富想象力和培养创新意识的教育"。这一教育活动能提升学生的审美素养，激发出学生的创新创造活力。美育是推进社会成员素质教育的目标之一，深层核心是指向人的心灵健康，是教育推动人实现全面发展的必然要求，也是国家建设高水平的人才培养体系的重要保障。自改革开放以来，美育重回教育活动构成元素。2019年教育部专门针对高校的美育工作提出了明确要求，指出：学校的美育是"培根铸魂的工作"，美育工作能够"提高学生的审美和人文素养"，学校在开展美育活动时要"遵循美育特点，弘扬中华美育精神"，要通过学校美育工作"以美育人、以美化人、以美培元"。这些理念在2020年中共中央办公厅、国务院办公厅专门印发美育工作意见中被再次强调。而且在高等教育阶段，美育工作要强化学生的文化主体意识，要为国家培养出"具有崇高审美追求、高尚人格修养"的高素质的大学生人才。此外，还对美育工作者的思想政治素质的提高提出了要求，从而助力社会主义人才的培养。因此，高校美育工作要努力与当前教育改革发展的要求相适应，满足大学生对丰富优质的美育资源的需求。

劳动教育。劳动是人类所特有的基本社会实践活动，也是人们创造价值的唯一源泉。劳动是人们创造和积累社会物质财富、精神财富的过程。学校劳动教育是有计划、有目的地组织学生参加日常劳动活动，在劳动中让学生动手进行实践、接受劳动锻炼、磨炼坚强意志等的活动。在劳动教育中，学校要发挥劳动的育人功能与作用，培养学生热爱劳动、热爱劳动人民的思想与行动。学校推进劳动教育的目标是对学生进行正确劳动价值观的培养，促使学生具备"必备的劳动能力"、培育学生"积极的劳动精神"、引导学生养成"良好的劳动习惯和品质"。日常劳动的内容主要包括"生活劳动、生产劳动和服务性劳动"，学校应根据不同的年龄阶段，围绕不同的领域开展差异化的劳动教育。2020年7月《大中小学劳动教育指导纲要（试行）》对劳动教育提出了明确的要求。从高校角度推进劳动教育，要在加强马克思主义劳动观教育的基础上，以创新创业为重点，结合学生的学科专业方向开展劳动教育。高校通过劳动教育使大学生掌握通用的劳动科学知识，在日常生活中巩固良好生活习惯，强化日常服务性劳动和公共服务意识与奉献精神，并且重视参加生产性劳动锻炼，在生产实践中把劳动创造的价值以物化成果的形式呈现出来。劳动教育是新时代我们党对教育发展提出的新要求，是高校必须开展的教育活动内容之一。

"五育"之间的关系。在分别明确当前"五育"工作的基本理念的基础上，我们还需要认识理解"五育"之间的相互关系，这是教育整体性、系统性的要求，也是教育工作推动实现人全面发展的必然要求。马克思在1866年8月底为即将在日内瓦召开的国际工人协会代表大会起草《临时中央委员会就若干问题给代表的指示》一文。其中谈到儿童和少年的教育与劳动问题时，他从当时的实际情况和解决问题的角度指出，"我们把教育理解为以下三件事"，即"智育""体育""技术教育"。而且，对青少年，应该按照不同的年龄阶段"循序渐进地授以智育、体育和技术教育课程"。这里需要明确两点：其一，马克思这个教育内容虽然和我们现今阐述的理念并不完全相同，但指出了对青少年进行教育的内容的多样性。其二，这里面虽然没有谈德育与美育，但马克思主义阶级观点在阐述上面这个教育思想时就直接指出："最先进的工人完全了解，他们阶级的未来，从而也是人类的未来，完全取决于正在成长的工人一代的教育"。他早已从政治立场、阶级立场阐释教育的思想立场问题。马克思说"劳动创造了美"。马克思恩格斯的美育观是一种大美观，他们把美和美育活动与社会发展状况联系起来，与人的本质联系起来，与人的发展联系起来。马克思举例说，钢琴演奏者使"我们的个性更加精力充沛，更加生机勃勃"，于是激发人们产生"新的需要"，进而催动人们用更大的"努力来从事直接的物质生产"。他们从历史唯物主义主义的视角去审视人类社会的教育活动，从人的全面而自由的发展来衡量教育工作。

从马克思的发展视角看，"德智体美劳"的发展是全面发展的人的基本素质要求；从教育的现代性要求看，"五育"是教育工作面向现代化发展的目标指向，更是教育活动现代性的价值体现；从社会主义发展的实践角度来讲，是高等教育完成立德树人、全面内涵式发展的要求的组织路径，是培养全面发展的社会主义建设者和接班人的必然要求。"五育"中德育是铸魂之举，指引着大学生人生发展的根本方向；智育是才能之基，构建着大学生社会活动能力的基本条件；体育能够激起大学生奋发向上的精神意志和培养顽强拼搏的人格品质，具有"以体育智、以体育心的独特功能"；美育能够提供审美判断的精神支持，是丰富大学生精神的重要源泉，能够起到纯洁道德的作用；劳动教育是我国"全面发展教育体系的重要组成部分"，更是大学生在社会实践中对其所接受的全部教育成果的综合检验和直接体现。"五育"从学生的生理因素、心理因素，再到社会实践参与因素等方面形成教育的有机性整体工作。总之，"五育"是一个相互联系、相互渗透、相辅相成的整体活动。

（二）德育优先协同推进

教育工作追求的真与善的恒定之念是德育优先思想的意蕴所在。"真者"，"自然不可易也"。真，即掌握事物的本质与规律，是人对事物的表达或界定符合其本身属性的客观、正确的反映。追溯教育的出发点，就是以既有知识、经验为学习者解释事物，阐述规律，从而提高其实践能力。"真"是育人的目的与前提，德育的精神核心之一就是对"真"的信仰与追求。学做真人也是著名教育学家陶行知先生教育理念。教育追求的"真"有真理、有真实、有真诚，有真学问、有真本领。叶圣陶、夏丏尊先生曾对诚信教育的问题进行过说明。他们讲人格教育的第一个要素就是诚实教育问题。社会上之所以有许多罪恶的现象与问题都产生于与诚实相对立的虚伪。由于待人不诚实，在社会中就出现了欺诈与凌虐的现象；由于待己不诚实，自身就出现了失节与败行的现象。真正需要传导、弘扬的是光明正大的品德，引导建立坚强意志，从而使人达到通向最完善的境界。教育活动追求的"真"与"善"体现的是对教育应然价值的期待，是教育在现实基础上所追求的社会实践的最高目标，是通过社会活动对外在伦理各种规范的构建，促进人们自主形成社会德行的过程。因此，从应然性的思考与设计角度来说，必然要求德育优先。

德育优先的实现，表现在教育实然性的落实与加强。之所以强调德育优先，是因为德育工作是我们党在长期革命、建设发展的实践中的有效经验总结，也是我们党在领导改革开放过程中所形成的巨大的政治优势和优良传统。德育规定了我国教育发展的总方向，体现着党和国家对人才培养的总要求；规定了我国高等教育工作的根本使命，是高校教育工作的中心环节。高等教育的德育工作是高校贯彻落实党的教育方针的重要载体，是高校培养高质量人才的重要工作内容，对高校工作起着导向和保障作用。德育工作致力于培养学生人格素养、思想品德、政治意识等最基本的个体品格，体现社会对高等教育工作的最根本目的的要求。当前，高校德育工作贯穿智、体、美、劳动教育实的各个组成部分，是高校教育工作的灵魂所在，它对大学生健康成长起到不可替代的作用。

德育优先是强调德育对于推进大学生的整个内涵式发展的素质教育而言所具有的先导性的地位和引领性的作用。这种优先主要体现在三个方面：一是德育位于五育之首的首要地位；二是德育在人的教育过程中起主导方向的作用；三是在教育实践中要推动德育工作的持续有效开展。同时需要明确，德育优先，并非德育唯一，放弃其他教育的工作内容。强调德育优先，也要明确德育功能限定性内容与作用，不能替代其他教育工作。开展"五育"工作是中国教育全面发展的基本要求，德育要与智育、体育、美育和劳动教育协同推进，互相补充。

三、德育引领是培养合格听障大学生的必然要求

社会文明程度的提高，不仅表现为健全人受教育机会的增加，还表现为残障人士有更多的机会接受各个层次的教育。

（一）听障大学生教育是中国高等教育走向普及化的表现

受教育者的范围与社会发展进程密切相关。残疾人教育发展状况从全体人员的发展这个维度展现该国的社会文明程度，在一定程度上反映着一个国家教育活动的发展水平。听障生走进高校，接受高等教育是中国社会发展程度提高、社会发展的受益面扩展的典型表现，也是中国高等教育从大众教育走向普及教育的重要表现，是教育公平的表现。2015年习近平在参加全国两会工作期间指出："扶贫先扶智，……对残疾人等特殊群体要采取特殊帮扶政策。"残疾人获得教育领域的延伸、接触健全人群机会的增加，尤其是接受教育年限的延长都是对残疾人进行帮扶的重要举措。国家和社会有责任为他们提供机会共享中国社会发展的物质文明和精神文明成果。

为维护残障人员的合法权益，保障他们平等参加高考的权利，2017年4月7日《残疾人参加普通高等学校招生全国统一考试管理规定》发布并实施。这个《规定》是对2015年发布的试行规定的修订，对包括听力残疾人员在内的考生在参加高考时为他们提供合理、便利的条件与支持。2022年3月1日教育部发布的信息显示：2021年全国各种形式的高等教育在学学生总规模人数为4 430万人，高等教育的毛入学率达到57.8%，其中普通本科在校生1 893.10万人，年度普通本科招生444.60万人。2021年各种形式的特殊教育在校生91.98万人。2016~2019年，全国共有4.39万名残疾考生被普通高校录取，其中2019年录取12 362人。这些高校的绝大部分专业均招收听障学生。

（二）听障大学生也是中国特色社会主义事业的接班人

中国的听障大学生是中国社会这个大家庭中的成员，在接受高等教育的基础上提升了马克思主义思想高度、掌握了相应领域的从业技能，为毕业后融入社会奠定思想基础和文化基础，为在社会中发挥专业特长创造条件。他们热爱祖国、拥护党的领导、支持国家政策，他们也同中国社会其他亿万普通大众一样为中国社会发展做出自己的贡献。通过德育活动，提升听障大学生的社会道德意识、思想境界、政治立场，从而为社会培养出身残志坚的社会主义建设者和接班人。

（三）德育工作是听障大学生教育必要内容

人的全面发展是马克思主义的社会发展价值在实现人的发展目标方面的终极追求。听障学生走入大学校园，不仅要让他们掌握基本的专业方面的技能，获得谋生手段的学习机会和经验的积累；而且还要使高校的德育活动产生更高、更深刻的引领与作用。通过马克思主义基本原理结合中国社会实际来开展听障生德育工作，高校可以进一步推动听障大学生树立正确的世界观、人生观、价值观。通过增强学习，听障生获取中国共产党为什么"能"、马克思主义为什么"行"、中国特色社会主义为什么"好"的信息，从而培养其政治意识并坚定其理想信念。与其他健听生相比，听障大学生如果仅仅局限在学习和掌握单一的劳动技能，他们的未来更容易陷入单向维度的发展，成为一个片面的、仅仅是社会生产构成环节的"人手"或"劳动者因素"。精神世界的富足是社会美好生活的内容的展现和思维升华的延伸，思想领域的引领是更高层次的教育与更深层次的人格塑造，对听障大学生进行德育就是要实现对其思想政治、道德风尚等精神领域的塑造。

第二节　听障大学生德育工作的推拉因素探究

听障大学生的德育工作是在现实的高校总体德育环境与具体德育活动的共同作用下开展的。了解分析德育工作的推拉因素，是进一步有针对性地提高听障大学生德育工作的重要前提条件。

一、听障大学生德育工作的客观状况

在对几届听障大学生的年度调查和学期初及学期末访谈的基本情况进行汇总，并且查阅近年大学生相关的机构、团体、组织的数据信息分析总结来看，目前高校德育工作取得了比较显著的成绩，但也存在一些不足之处。

（一）听障大学生德育工作取得的效果

成效主要体现在以下几个方面：

其一，听障大学生整体具有积极向上的世界观、人生观、价值观。现在的大学生由于成长过程中接触的信息比较广泛，相比于过去的学生思想更加多元、人生态度也比较成熟，对自身发展充满信心，对自己的责任也比较明确。2022年北京冬奥会期间，1.9万名志愿者，35岁以下青年占94%，1.4万名在校大学生是主力军。虽然生理方面的缺陷限制了听障生的一些贡献行为选择，但他们绝大多数人的三观非常端正。

其二，在大学生责任担当这个话题中，听障生也不甘落后。几乎百分之百的听障大学生认为自己有担当，其中很大一部分同学认为自己很努力去承担责任、担当使命。努力成长、追求进步是人生价值的体现。作为年轻人，多数听障生的社会责任感比较强烈，对社会发展充满期待，认为世界在青年人的参与下会变得更加美好。

其三，听障大学生道德认知普遍提高、道德行为表现较好。在道德认知的个人品德、家庭美德、职业道德、社会公德四个维度中，听障生与当代大学生道德认知水平整体攀升状态成同向发展趋势。对个人诚信品德要求方面，绝大多数学生认为诚信是为人处世的最基本的道德要求；在人与人、人与社会、人与自然交往中是否应该秉持友善这种态度，绝大多数的同学也给出肯定的答案；在调节家庭生活与家庭成员之间关系的家庭美德认知要求方面，孝顺父母是几乎是全体大学生作出的一致性选择结论，教育认可度极高；家庭恋爱观要求方面，八成以上听障大学生明示要有家庭责任观，要有恋爱道德标准；在职业道德要求方面，大学生在回应考试方面的要求时任务应以文明理念来对待，且绝大多数听障大学生能够比较诚实应对考试活动；对个人敬业道德要求方面，绝大多数听障生也认同在本职工作岗位上应该有敬业精神；在学业中的表现方面，必须获得毕业资格认证是学生的底线，要努力学习专业知识，做一个合格的大学生是对自己最起码的要求；在社会公德认知要求方面，大学生基本认同每一个人的社会公共空间活动或参与社会活动中要遵循基本原则，要先做到"律己"，从而可以要求"律他"。听障大学生这些道德认知表明：整体上大学生在是非问题上的立场符合社会主流性要求，表达明确、清楚且认知坚定、务实。虽然在道德实践中偶尔会出现思想道德缺位的状况或行动，但对基本道德规范和准则认可度整体较高，思想道德观念健康又积极，在标识性的行动中也基本准守社会思想道德要求。由此可见听障大学生主流的道德品质发展较好。

其四，听障大学生热爱祖国、热爱中国共产党。对于爱国教育问题，超过95%的大学生认为有必要。这表明，大学生的爱国主义认知中非常明确，反映出大学生已经意识到爱国对于一个国家存在、发展、进步的必要性及重要性。自2010年中国GDP跃居世界第二位，中国经济获得持续稳定的增长，占世界经济总量比重不断上升。2020年世界银行公布2019年全球GDP数据：总量为87.75万亿美元。其中，美国占比24.42%，总量排名第一；其次，中国总量占比16.34%。并且中国对世界经济发展的贡献也不断增加。根据2020年中国国家统计局的公报显示，2019年中国经济增长对世界经济增长贡献率为30%。显示出中国的成长与中国的全球价值。这些发展信息与资料都给予听障大学生以极大的希望与信心，让他们在中国发展实践的数据中看到祖国发展的巨大成绩和光明前景。

其五，对其他国家有更客观、更理性的认识与评价。随着通信技术手段的发展，尤其是短视频平台的快速迸发，听障大学生了解世界的渠道更多也更便捷。国外视频的增多不仅让我们能够更多了解其他国家的状况，也进一步让他们有机会、有途径深入认识这个世界上的其他国家。进入大学后，经过老师的教育引导，思维锻炼与提升，理性因素在思想活动和实践活动中有了更多的发展。面对各种信息，开始尝试用科学的思维方式、全面的信息汇集来认识和评价世界及其他国家，不再完全受那些所谓的公知人士的思想禁锢而人云亦云。号称民主、自由著称于世的西方发达国家的做法，大大颠覆了通过时事资讯了解西方社会的大学生过去对发达国家的曾经的认知与认可。听障大学生对世界、贵各国有了更客观、更真实的评价。

（二）听障大学生德育工作尚存不足之处

近些年，随着党中央和国家对德育工作的重视的加强，高校德育工作取得上述成果是教育工作者共同努力的结果，也是德育工作的题中应有之意。但我们不可否认，高校德育效果还存在一些问题，主要表现如下：

其一，听障大学生个性主张强烈直接，生活价值取向更加务实。绝大多数听障大学生有着自我做主的人生规划，他们性格非常自信，甚至超越健听生的自信；他们行为非常直接、决定非常迅速；他们个性张扬但却并非完全特立独行。听障生对大学生活进行基本规划时，绝大多数大学生选择要丰富专业知识、注重学业发展。自主选择主动参加校园活动的听障大学生大约占比二成；自主寻找参加社会工作实践的意愿与行动的占比超过六成。二者说明听障大学生比较务实，希望能够早些接触社会环境，积累真实的社会经验。还有一部分听障生表示大学期间完成基本学业外就是放松生活，还没有到去社会进行激烈竞争的时候。有的介入社会过多，影响了大学专业学习；有的与社会接触过少，毕业后容易陷入盲目困境中。

其二，听障大学生对时政关注度不够，政治参与积极性不高。现实社会中那句话说得很好：我们不是生活在一个和平的世界，我们只是生活在一个和平的中国。和平环境下，国家在不断发展，社会较为平和、稳定，人们生活比较安逸，由此人们对社会发展的思考、建议、争论甚至冲突等意识与行动相对比十年前的矛盾凸显期要少得多。对是否关心国家大事这一问题的调查研究中发现，不到三分之一的大学生表示"关心"，会借助网络平台了解新闻事件。而出乎意料的是近一半的听障大学生表示"基本不关心"，或者回答没有时间或精力去了解这些问题。还有一成多的大学生表示"偶尔关心"，但并不非常关注结果。只仅仅有不到一成的大学生表示"非常关心"，会注意跟进新闻报道的信息资讯等。网络平台分散了听障大学生的视线，央视新闻的受众群体在青年人中的比重日益降低。听障生虽然通过网络平台可以知晓一些新闻、事件，但这些信息由于分散、不聚焦，容易被他们所关注娱乐方面的信息推送所隐藏或覆盖。于是，时政热点昙花一现。除少数听力校正较好的学生对时政新闻比较感兴趣，对时政事件发生的起因，发展的经过，可能出现的结果以及最终结果形成相对完整的追踪听障生简直是凤毛麟角。

其三，听障大学生网络依赖性比较严重，容易受碎片化的网络信息影响。"互联网+"时代，网络已成为大学生学习、社交、娱乐的重要平台。在校期间，非学习状态下，非毕业班听障学生，每天上网时间超过3小时的占比一半以上。由此可见，网络活动几乎占据了他们大学在校生平时的空余时间，这是学校教育难以掌握和控制的环节。必须承认，包括网络内容、网络语言、网络导向等等在内的网络环境和文化是听障大学生课余生活的主要源于素材。当前情况下，网络对听障大学生产生的影响远远超出社会其他因素的综合影响。伴随网络平台的多元化发展、网络主体与主题的去中心化、网络信息咨询的爆炸化，互联网交互作用的时间与空间限制被破除，产生了多元化、碎片化信息。碎片化的信息在提供了各种搜索信息资料的同时，也对听障大学生的辨析能力提出了更高的要求。如果不能正确区分信息的价值标准，就会受到网络推介的不断影响。互联网的出现、网络的应用对及时、有效地教育规范和引导听障生提出新的要求，给高校对听障大学生网络行为、网络语言、网络道德进行德育引导带来了新的挑战。

（三）开拓高校听障大学生德育工作系统新环境

全球化的深入发展、市场经济的统一推进，社会的深刻变革、新媒体的迅速推广与应用对大学生的学习和生活都产生了深刻的影响。同时，必然对高校德育工作的方式、方法提出新的挑战，德育工作面临的教育生态形势比以往更加严峻和复杂。因此，高校德育工作体系的构建变得更为重要和紧迫。当前听障大学生高等教育基本都依托于各类普通大学，高等院校整体德育工作开展情况是听障大学生德育活动的现实校园条件。

高校德育工作本身就是一项多种因素叠加并相互联系和作用的复杂的系统的工程。在2020年《关于加快构建高校思想政治工作体系的意见》中提出健全立德树人体制机制的工作目标；强调要加强党的组织领导并强化学校—家庭—社会协同等工作实施保障机制；并全面地列出了高校思想政治工作内容的体系性的安排，包括七个思政工作的子体系所涵盖的25项工作指导内容。这为中国高等教育全面提升德育工作质量，真正落实立德树人根本任务，不断开拓德育新局面提供了重要的指导。高等教育德育工作展现广泛性与普适性，对开展听障生德育工作创造良好条件。

二、听障大学生德育工作中的学生主体因素

听障大学生的德育工作，要考虑听障生自身的特殊性，这是因材施教的基本要求，是更为有效地开展高校听障生德育的前提条件之一。探究听障生自身主体特点，这是对德育提出的特别要求，而且对开展听障生德育工作有重要的作用。

（一）听障大学生个性心理及行为特征基本状况分析

听障大学生的致聋原因不外乎是先天性遗传或后天性继得而造成的耳聋，有时间先后的区别，也有致聋程度的不同。但结果造成的影响是让这一群体与美好的声音有了离别。即便有助听器的辅助，他们获得的声音、接受到的信息以及对信息的理解认识与健听人就存在了差异。他们多数要靠双眼来观察世界和了解社会。

从医学界对个体心理健康问题列出的十项评定标准来看，听障大学生与健听生相比，无论是在总体的发展性还是在适应性方面都有较大的整体差异，其具体内容，见表2-1。

表2-1 听障大学生个性心理健康内容表现

序号	1	2	3	4	5	6	7	8	9	10
个性心理健康内容	安全感	了解自己	生活目标	外界接触	个性完整与和谐	学习能力	人际关系	情绪表达与控制	兴趣与爱好发挥	个人需求满足
听障大学生表现	中等偶尔偏低	比较了解	比较盲目	机会较少	比较完整和谐	有一定限制	有限制	比较外显	比较好	基本满足

安全感是决定个体心理健康的最为重要的因素，是人格最重要的基础，也是人格成分最重要内容之一，任何其他心理健康因素都不如安全感来得重要。听障大学生在安全感方面的体验整体来说处于中等、偶尔出现偏下的水平状态，这种情况与前些年相比有了一定的提高。中国社会发展普遍提高了人们的生活水平，人们思想意识中对弱势群体的接受度

和关爱度也有明显增加。来自发达地区的听障学生的安全感明显高于欠发达地区，城市群体明显高于乡村生源。另外，听障生中女生的安全感普遍要低于男生。安全感是人最基本的需求之一，是其他个性心理健康发展的基础。

从2、3、6方面来看听障大学生的基本个性心理发展状况。了解自己，对自己的状况和能力做出比较恰当的分析与判断是进行学习、工作、生活的前提。只有结合自身实际，才能制定出适合自身的个人发展目标。并且需要具备一定的学习能力，不断学习新的知识与技能，才能应对大学学习与生活要求。听障大学生也能对自己的情况进行相应的判断，多数也能实事求是制定出符合自身实际的学习目标和发展目标。从总体来说，多数听障大学生能够比较清晰的评价自己，偶尔也容易出现的两种分化明显的目标倾向：一部分学生容易盲目地设定不符合实际的目标，而且因为目标不能达成而产生强烈的挫折感；另一部分学生容易陷入自怨自艾的自我目标降低的情境，甚至漫无目标、混沌度日。

从与外界沟通、人际关系形成的4和7方面来看看听障大学生的个性心理发展的状况。无论是否健康与残障，人都生活在社会环境之中。听障大学生也需要与外界环境保持联系与接触。这样不仅可以丰富自己的精神生活，形成良好的学习、生活环境；而且可以及时进行自我行为调整，形成良好的人际关系，从而创造更好地社会环境。总体来说，听障大学生运用手语和文字方式，能够在一定程度上实现与外界接的沟通，也能够在听障及少部分会手语的健听人中形成一定的人际关系群。但是必须承认，听障大学生的外界沟通还是受到很大的限制，尤其是语言表述的准确性是否能被健听人直接获取极大影响了听障大学生社交效果。另外听障大学生的人际关系也因地方手语的使用而受到一定程度的不利影响，容易产生误解而影响人际关系。

从实现个体和谐角度看5、8、9、10方面的听障大学生个性心理发展状况。无论是情绪还是才能爱好，或者是人的需求的满足都对个体和谐产生重要影响，而个体和谐是实现个体价值和社会价值的主体来源。听障大学生在情绪表达和情绪控制方面相对来说比健听生要更直接、更热烈，也更容易表现出不同于健听生的"失控"举动。听障大学生也有喜怒哀乐不同的情绪体验，他们的表达方式因社会规则的约束程度不同而表现出与健听人的差异性，我们不能因此类表现而简单界定其情绪控制为"失控"状态。他们不愉快的情绪也需要释放，才能实现心理上的平衡复归。但不可否认，偶尔有听障大学生出现过分发泄，或违法发泄，而造成对其学习生活的不利影响，甚至造成违法犯罪的后果。在发挥个人的才能和兴趣爱好方面，听障大学生相比健听生，专注度更高，更爱表现、表达自己。但在兴趣爱好的广泛度方面还是受到比较多的限制。而一般情况下，由于党和国家对残疾人关爱重视程度的不断提高，听障大学生在成长过程获得了比较多的帮助与关怀，他们个人的基本需要都得到比较好的满足。但聚集在一起的听障大学生也存在攀比之心，且容易产生超出道德层面的不利行为。

总之，听障大学生安全感有一定程度的提升，对其他方面的个性心理健康发展产生非常显著的正相关性的作用。如果听障大学生个体安全感缺乏时，就会感到自己孤独、寂寞，不信任、质疑他人，甚至表现出明显沉郁、悲观的倾向，由此进而产生厌学、对抗等较多的对立行为。由于双耳失聪的事实，听障大学生与社会交往确实存在各种现实障碍，因此每个听障大学生多多少少有些自卑心理或出现相对敏感状况。在群体特质中存在影响达成个体和谐的固有、现实不利因素。听障大学生在自尊、自信和个人潜力的挖掘方面受其已经形成的价值观影响，受到既有人际关系信任感影响，容易导致自我同一性的矛盾分歧。由此造成个体的负面情绪产生、幸福感下降，安全感降低，影响个体的心理健康的发展与水平的提高，也不利于听障大学生的学习、生活和各种能力的发展。

听障大学生在接受高等教育的人群中是一个特殊的群体，他们既有与普通健听大学生一些相同的心理特征，又因其生理特殊性以及成长的教育生态因素和社会环境因素使其有着自身发展个性心理的特异性。

（二）听障大学生的知识系统、表达方式特点

与同龄健听生相比，听障大学生语言组织能力和言语理解能力整体存在较大差距，表现在他们知识储备量明显偏低、落差比较明显；而且手语表达方式各有不同，师生间、同学间学业沟通难度非常大。

听障大学生手语多采用地方手语或自然手语，手语表达五花八门，形式各异。对同一概念、事物、问题的手语表述存在地域差异，有多种打法，类似于中国各地的方言，这是现实而不可避免的。另外，自然手语是听障大学生在其过往成长和现有学习生活环境的自然状态下，相互之间在进行交流时使用的手语，能够较为明确地通过体态、表情、表意来表现情绪与思想，这种方式因简单而在听障世界里被广泛使用。当然，在最新版的通用手语中也借鉴并收录了很多这种手语表达。正如健听人进行沟通时的普通话和方言一样存在差别与理解困境的问题。高校教师在进行教学时，基本按照中国手语以及通用手语常用手势进行教学，而且教学语言组织方式多沿用汉语表述习惯进行教学工作。但真正在与听障大学生的教学接触、沟通中，大家都用地方习惯手语或自然手语进行交流，语言组织和语言顺序有很大差别。因此，最初很难看懂对方表达的语义是什么。因此，在实际工作中，仅用手语进行教学时，需要一遍又一遍进行反复沟通与确认与核实，才能为听障大学生供应确切的知识信息，尽可能避免教师信息输出与听障大学生信息输入之间的差异。

除了运用手语之外，听障大学生感知世界的途径就是眼睛。文字与图形等在其人生

中的作用占据了绝大部分重要位置。文字是听障大学生获得校园文化知识的主要载体，汉语学习在理论传输与技能培训的学习中具有的总结升华的重大作用。但由于听障生理状况的限制，他们的成长中知识水平不能用健听人的普遍发展状况来要求与衡量。听障生的初中教材的知识水平相当于义务教育普通小学三、四年级的水平。在听障中等教育中，仅从语文教学的目的与结果来看，是按照课文内容即为教学内容，讲清课本内容即完成教学任务。至于听障生的阅读缺陷、文字表达缺陷等问题不是教学活动的参考依据。于是造成听障生在走进大学前，从阅读与作文的一些硬性考核标准来看，与普通高中生还存在比较大的落差。在迈入大学校门开始学习之时，在汉语基础以及阅读写作的能力方面偏低。即便是在普校跟读下来的听障生，其文字语言表达能力仍然存在明显偏差。他们的词汇搭配常常出现不当组合，语序表述也不符合语法顺序的正确要求，句子成分经常残缺不全，逻辑表述也容易出现问题。这导致上下行文或文字信息往来中不能清楚、准确表达出自己的意思，从而造成沟通的效率和效果大打折扣。

除此之外，听障大学生在历史知识、政治知识等方面的储备的欠缺更加严重。高校按照教育部规定开设5门公共政治必修课，除形势与政策课、思想道德与法治涉及较少历史和政治知识外，其他3门课程与普通高中历史政治课程的内容密切相关。而且随着课程思政的开展，对大学生的整体历史政治素养更有一定的要求。在这方面，听障大学生的知识储备与抽象理解都面临极大挑战。

（三）听障大学生学习、生活环境的特殊性

当前听障学生的高等教育基本依托于普通高校，与同类校园生态环境大体相同，没有过于明显差异的校园环境设置要求。但因听障大学生这类特殊受教育群体的加入，这些高校的某种环境也需要注意进行特定的设置并形成特定氛围。

一方面，是听障大学生因自身生理特定而形成的特殊的学习、生活环境状态。在与外部世界的交流中，听障大学生主要依靠视觉为主，兼用触觉、嗅觉和味觉的感官途径。与健听人相比，多数听障生的视力感官要更敏锐、更细致，视觉感统更协调、更发达，观察力更细腻、更尖锐，色彩感受力更强烈、更跳跃。因此，除基础文化课程学习外，听障生更多倾向于与美术、工艺作品相关的知识领域的摸索与学习。受外界杂音干扰比较小，更容易沉浸在一个动手操作的环境。因此，计算机设计与操作、小家电的拆解与组装也成为听障生的专业学习特长与兴趣点所在。总体而言，用眼观察结合动手操作，是能够推动听障大学生学习与发展的关键。

另一方面，是为听障大学生提供教育的高校努力创造的适应的大学校园环境。听障教

育教室门牌要清晰、准确，室内配齐电子显示表展示时间。听障教学主要区域走廊显示器提示语要明确、易懂，走廊墙面应布置听障名人事迹，图文并茂，定期更换优秀听障生的作品、比赛奖状等。楼道校区之间应建筑连廊，尽量避免不同校区进出学校的道路交通危险。部分听障大学生佩戴助听器进入校园生活，这样能够改善接触外界的信息来源渠道。但对这部分听障大学生来说除了发生一些较少的信号干扰之外，他们对外界声音的分贝状态有特殊的要求。校园内、尤其是教室内不能发射较大音量的声音。

听障生更多借助直观视觉来观察社会、认识社会、接触社会、了解社会，常常只能认识到事物表面的部分现象，容易把片面的现象视为事物的整体全貌，多数听障大学生抽象思维在中等教育及以前的学习生活中没有得到有效引导与锻炼，难以揭示和把握繁杂世界客观事物的本质规律性。因而在校园中需要建构起能够让听障生对社会关系、文化法理、道德规范的理解顺畅环境。

三、工作室制教学对听障大学生德育工作的新驱动

工作室制教学模式不同于高校常态化的课堂教学模式，核心是在模仿建立的企业环境中进行学习教育，培养学生渐进融入企业用人单位的探索体验的教学模式，也是更突了出实践操作的教学模式。这种工作室制教学模式下的听障大学生德育工作，突破了传统固定班级监制的课堂模式的德育教学活动，更是叠加了长期专业课程实践的德育教育模式。

（一）工作室制提供了新的德育空间和条件，更加凸显德育工作具体性和差异性的作用

与传统德育倚重高校思政课课堂教学模式相比，工作室制教学模式为德育工作提供了有配套、更稳定的活动平台。传统德育教学工作主要依照教材开展教育教学活动，书本的理论成为了对听障大学生进行思想引领与塑造的主要来源。并且，在课堂上，思政课教师一人面对几十人的授课方式，使教师的德育传播与听障生的德育习得之间的互动受到比较明显的制约。而工作室制条件下，则开辟了听障大学生德育工作的第二条长期且主要的战线。具体、明确的听障生教学工作室，授课内容突出强化专业特长需求，更贴近学生的兴趣所在，采用符合特定工作室的教学形式，努力趋向发挥学生特长，满足社会需要。工作室制教学模式下，在专业大类方向的内部，直接为有不同学习需求的听障学生提供选择机会与实践操作平台。在激发听障生兴趣的同时，把学生的单一学习对象的角色转变为工作室制中的各种组织结构的分配角色，为他们提供展现个性、突出特长的机会。并且在整个教学实践中不仅可以发挥教师德育引领的作用，还可以逐步提升听障生专业学习的自觉性和主动性。推动听障生在整个大学学习期间进行自我管理、自我教育、自我提升的实践活

动，创造听障生毕业后顺利融入社会的条件与体验。

（二）工作室制听障大学生德育工作适用小规模与合作式教学方式，产生了新的育人模态和要求

工作室制下打破传统班级为单位的管理、教学模式，形成10人左右的工作室合作小组。思政课教师和专业课教师不再是教学活动的单一主导者，听障大学生也不再是教学活动的思想与知识的被动接受者。在工作室制的教学实践中会形成不同时期、不同状态下、不同角色的差异性教育、学习、实践的组合。

在工作室中，听障大学生参与的教学活动的内容趋于项目化，以职业化的场景设计学习情景，并且争取以更多的社会化成果来展现学习效果。实际上是要努力推动听障生工作室制真正的效用性。这样，既能提高听障生的专业特长的学习效果，也能尽量避免工作室可能陷入长期模拟运行的非实际作用的困境。在这个过程中，听障大学生的角色是教师制定项目的参与执行者，高年级的学生则可定位为某一项目的组织者、管理者、实施者。学生在工作室中的角色定位不同，对其思想和能力的要求也不尽相同。思政课教师和包括专业课教师在内的主要德育工作者在这种不同角色定位与转变之下，开展德育工作就有了新的定位机制与契机。从项目设计开始，作为组织者、管理者的听障大学生与作为传统教学受众者的学生定位与思考行动模式完全不同。叠加了德育引领的工作后的工作室制的教学活动，对学生提升解决问题的能力，提高其与他人沟通交往的各种能力，不断完善自我认知的知识结构能力具有非常积极而现实的作用。能够促进听障大学生更好、更快速地转变角色、适应社会，更充分地积累书本外的实践知识经验，从而更便于学校与社会的衔接。

（三）工作室制中德育资源可以实现全过程育人

工作室制教学方式存在于规模较小的空间和多维的组织框架中，其中所包含物质、制度、精神、行为等是高校文化底蕴、教师素养、学生品质等在工作室这个教学空间中的投映，来自人、财、物的流动与使用过程都可形成德育效用，从而促进德育资源发挥现实以及潜在的作用因素。因此，工作室的运行方式中蕴藏着丰富、可有效开发与利用的德育效用资源。在实施工作制听障生教学工作中，可以开发利用这些资源，推动大学期间德育的全过程育人目标的实现。

四、工作室制教学对听障大学生德育工作的新挑战

问题意识既是我们发展听障大学生教育的基本态度，也是推动教育发展、社会不断进步的重要方式。从辩证法角度来讲，一般而言事物的变化必然具有两面性的作用。工作室

制教学在提供了德育工作以新的便利的同时，也会随之产生区别以往、新的德育工作的新问题。

（一）工作室制条件下，传统德育日常教学组织工作难度增加

从日常教学管理角度来说，工作室的教学活动方式完全打破了传统的班级德育管理与组织模式，使德育活动的组织开展难度增大。工作室制教学模式下对德育方式的灵活性和德育内容的相对性提出更高要求。网络信息、网络语言、网络技术的因素对思政课内容的更新提出"短""频""快"的要求，内容要新颖，语言要风趣，资源要丰富。而专业实践操作，方向与内容相对又比较集中，需要凝练出其中核心意蕴，以及工作室具体项目德育主题。不仅十分考验德育工作者的工作能力，而且相应地增加了德育工作者的任务。

（二）工作室制教学地点的分散的现实，导致听障生之间、听障生与思政课教师互动活动困难，失去一些群体学习空隙中的思想沟通机会

参加不同工作室的某些听障大学生相互之间的互动也随之减少。另外，工作室制中采取的准就业的项目实践式的活动方式，进一步细化、分派成不同的教学工作团体。专业化、专门化的方式有利于学生操作实践能力的提高，但有丰富经验和效果的团学等传统德育活动的工作和管理模式则受到学生课余交叉空间、时间不足的限制而难以推动与开展。

（三）仅依靠原有的思政课课程群与教师队伍体系，不能有效满足工作室制条件下的德育工作的进一步推进要求

随着工作室制的推进，听障大学生届别的增加，同一工作室的学生班级、届别更加复杂。学生人数在增加，届别在增加，由此思政课教师、专业课教师、学生时间冲突更加明显，师资力量明显面临巨大压力。因此，有效配合工作室制听障生的德育工作的开展，势必要改变很多方式、方法、手段、程序、条件等，这意味着德育工作的各项投入需要增加，各种协调工作都要处理。这都使工作室制实际德育工作面临新的挑战。

第三节　听障大学生工作室制中德育引领探索

针对工作室制中听障大学生德育工作的成绩与存在的挑战，结合学校发展的实际与学

生培养的目标，在工作中需要以德育引领工作室制教学活动。

一、工作室制下建构双导师制德育模式

工作室制中特技能力的训练与德育目标的实施，是推动变革导师教学方式的动因。在具体的实践探索与理论总结中，我们需要对这个问题有进一步的思考。

（一）工作室制中处处体现教师德育引领工作

1. 教师本人教书育人、为人师表的人格示范作用

工作室配备的教师首先要求具有高尚的师德水平要求，更要有对听障大学生有爱心、耐心，还要有包容心和公正心。教师坚守自身职业的高尚情操，严于律己，以身作则，为人师表，举止文明，以自身行为示范德行要求。工作室中的教师成员基本是各学科骨干的专业型教师，他们都具有爱岗敬业的职业精神；而且这些教师在其自身成长过程中原本就对个人成长有更高要求与追求，因此业务方面展现求真务实作风，工作成绩普遍优秀。而且，这些教师在教学活动中，展现出终身学习、潜心研究、认真负责的职业态度，对近距离接触的听障大学生会产生巨大的潜移默化的影响作用。因此这种教师的人格资源，是教育活动中最为珍贵的德育资源。

2. 工作室文化营造出德育工作的潜在氛围

工作室的德育文化氛围由教师和学生的精神文化和行为文化共同积淀而成。但是，由于学生是一届一届的流动，因此，工作室文化氛围的首先应由教师来界定。其次是伴随着工作室教学的长期推进，在教师的主导下带动工作室形成德育文化底蕴，进入工作室的听障大学生不仅获得技能的学习与锻炼，还将受到工作室文化底蕴的熏陶。

在工作室教学过程成中，逐步积累起包含了工作室业务特色、体现工作室发展、展现工作室业绩等内容的工作室文化风貌，这些文化风貌展现了工作室教师带领下的全体听障生成员的共同的文化精神的追求。这种精神文化，涵盖基本的职业道德与职业价值观，还体现更高层次的社会价值目标和精神风貌的追求。这其中所蕴含的教师与学生精神层面的各种德育资源，在教学活动中潜移默化地发挥作用，并且作用于听障大学生的整个大学期间。

在工作室教学活动中，作为项目组的各个不同身份的成员依据不同的分工承担不同的工作，每个人在工作活动中所展现出来的对待本职工作的优秀的工作作风、工作态度等都是开展德育工作的有利资源。例如，工作室中形成的全局观念指挥下的全体行动、追求

效率而进行的创改工作、追踪结果而形成的坚定行为、教师对听障大学生训练过程中的精心指导与点拨等。工作室教学训练活动中，师生的言行举止都在创造着德育的文化环境与空间。

这种精神文化是工作室形象的内涵底蕴，而行为文化则是工作室形象的外在展现。在参与校企合作、校园内外的各类比赛中，工作室成员所展现出的改革创新的精神风貌、拼搏进取的业绩成果都是工作室精神文化的具体体现。

3.工作室的制度架构起德育的规则引领

工作室的制度是工作室制教学活动正常开展的重要保障。"社会秩序乃是为其他一切权利提供了基础的一项神圣权利。"社会秩序的建构是由道德、法律、规章、制度等共同规则来实现。人们的所有社会活动都需要遵守科学、合理、合法的规则才能使社会有秩序运动，才能有效地实现社会的自由、公平、正义，才能展现文明的素养。规则意识就是对规则基本的认知与认同。听障大学生在校园里、在工作室中要形成规则意识，这有利于他们接受社会生活、工作等方面的活动规则，便于他们融入社会。

工作室的制度规则，不仅包括成文的显性的规章，还包括建构起来的工作室文化中不成文的隐性的法则。听障大学生在工作室中进行学习和实践，必然要按照工作室的规则来行事。一般来说，听障生要按照工作室既定的明确的教学目标、教学内容、教学方法、教学评价等这些教学活动的显性标准的要求进行学习。当然这绝不意味着，听障生不能有创新的思考与设计。恰恰相反，在实战型、项目化的工作室制教学活动中，作为参与成员、甚至是负责人的听障生可以进行不断地创新，在教师的鼓励和引导下获得突破与发展。此外，在工作室中，需要听障大学生了解并熟悉设施设备的功能以及操作流程规范，安全常识与保护等规章制度。这些内容必须对听障生讲解、强调到位，明确工作室教学与实践的活动秩序，按相关规定执行项目流程等这些显性的规则。另外，在隐性规则方面，教师的言传身教形成的作风、赏罚分明产生的激励与制约、学生遵规守约所形成的工作室责任氛围都是开展德育工作的潜在的德育资源。有效开发与利用这些资源有利于促进听障生思想政治道德品德成长，能够推动提高听障生文明素养的养成，是未来形成社会规则意识的有效教育途径。

（二）构建工作室制下的双导师合作模式

1.采用院系双层组织架构双导师制

一般来说，如果平级单位间建立新的工作合作内容，需要沟通、协调很多问题。这需要：从学校层面统一工作室制领导体系，有专门校领导负责这一教学探索与改革；学校部署、安排、选择思政课教师对接到对应工作室中指导日常德育工作；同时思政课教师与听障生专业课特技教师进行互选形成一个良好的开局。工作室制中听障大学生的德育工作所采取的双导师制主要涉及高校马克思主义学院、教育学院、艺术设计学院、信息工程学院等几个学院的工作互动与结合。从高校顶层设计与具体实施的环节两个层面架构工作室的双导师制，才能有效实现德育工作的长期开展。第一，在工作室制中，思政课教师融入日常工作室教学中，能够避免德育工作在学生非思政课教学期间被撇开的常态局面，实现对学生长期跟踪与引导；第二，在工作室制中，可以发挥专业课教师的长期执教的现有优势，在专业训练中实现寓德育活动于特技训练的功能。

2. 运用科学决策模式设计双导师制

决策（Decision Making）是面对所遇问题或课题，决策者从各种可能中做出选择与决定的过程，是搜集信息、根据目标设计方案、进行比较择优选择、付诸实践并检验反馈的过程。在这个过程中，要以科学的理论做指导，运用科学的思维方式与方法，采用科学的决策程序来推进决策工作，这样才能最大限度地实现主、客观的统一，实事求是解决问题或完成课题。

在工作室制听障大学生的教学模式中，立德树人的工作依旧是教育的根本任务所在。为顺利完成德育工作，解决工作室中听障生的德育活动的问题，思政课教师和专业特技教师需要共同努力才能更有效实现德育工作目标。在双导师制教育活动中，以思政课和专业实训课课程为载体，各个工作室专门配备的思政课教师与实训课的专业导师共同实施教学工作的双元育人模式。这种工作室模式下的双导师制可以在一定程度上克服前述工作室德育工作中所遇时间和空间分割、分散和限制的问题；同时又能与专业特技教师形成密切的合作，实现长期引导、推动、跟踪、反馈、调整的科学德育工作的展开。在工作室中，听障大学生不仅可以更接近工作的实际场景进行技能训练，以便将来更加适应社会价值要求；而且会受到整个工作室文化氛围的熏陶，受到德育资源的长期影响，从而提升听障生在校期间的德育教学效果，实现立德树人的教育要求。

3. 实施激励机制推动双导师制的有机合作

美国管理学家贝雷尔森和斯坦尼尔把激励作为人类一种内心活动状态，他们认为一切内心要争取的条件、希望、愿望、动力等因素都构成了对人的激励影响。这些因素在高校体现为教师工资奖金等物质化的内容，可以作为教职员工工作动机的影响因素来激发其工作热情，从而促进其发挥潜能和创造性。按照马克思唯物主义历史观的角度来说，作为共产主义社会的第一阶段的社会主义社会个人消费品采取按劳分配的原则，并且中国基本经济制度也肯定了这样的分配原则。劳动者获得显性物质利益是社会主义市场经济条件下基本经济规律的要求。在劳动还是谋生的手段的社会发展时期,以物质因素催动社会发展是一个有效的途径。

在工作室制中,双导师的工作付出获得物质肯定,这是在高校教学管理中正确贯彻利益观,并能够实现正向引导的原则体现。在促使教师首先能够从付出与回报的切身体验去传递给听障生正确的义利观。高校通过这种方式关心教师的工作、生活,能够推动听障生工作室组织的发展进而促进整个听障生教学工作的前进。此外,工作室教师工作成绩的认可与肯定、职称评定、职业发展等这些显性的激励因素的存在与作用的发挥对工作室制听障大学生的德育工作的开展也起到极其重要的作用。另外,从社会需求理论的角度来看,当人的基本的生理需求和安全需求获得满足的基础上,社会尊重的需求和自我满足的需求就会成为更高层次的发展的驱动因素。设置听障生教育的高校,对开展教育教学工作进行了安排与部署,但参与听障大学生教育工作的教师,初始选择加入听障教学工作的行列并非是无奈之举,反而本身就包含了更多的教育本质的追求,对教育工作的热情和对这些学生的关爱与包容。这些非物化的因素,在工作室制听障大学生德育工作中,也应该予以肯定。

二、思政课导师注重培养听障大学生思想政治素质

针对听障大学生开设的思政课理论与实践教学工作中,识记性知识的积累可以通过考试的方式来了解;但是他们的情感、态度、价值观、政治立场等因素培养则需要在校园日积月累的工作中逐步显现出来。

(一)听障生思政课导师发挥合力推动德育工作

1. 工作室制中思政课导师可实现课程教研活动

从数量来看,参与工作室制教学模式的思政课教师要多于听障生日常思政课教学教师人数。在与听障生日益增多的接触中,更多的思政课教师认识、了解听障大学生的行为方式、思想特点、群体特征。这对于高校德育工作从教育对象角度入手开展德育活动有重要的意义和作用。

与健听生的思政课教学团队化不同,一般来说,开展听障大学生思政课教学的教师人数较少。为数不多的思政课授课教师自行摸索与探究各门课程的教学工作,难以从听障生这类特殊教育对象入手,商讨实现高校思政课教材体系向教学体系的转化。工作室制教学模式中专门配备思政课导师,增加了思政课教师参与听障生教育活动的机会和人数,为各教研室多位教师共同研究、探讨各门思政课教学创造了新的契机与条件。这打破了听障大

学生各门思政课课程教学单一教师的单打独斗的困境，有利于集思广益去突破课程教材体系与组织实施听障生思政课学习活动相衔接这些既存问题的限制，从而提高教学效果。

2. 研讨听障大学生思政课教学目标差别度

对于听障大学生思政课教学设置不同层次的教学目标，知识目标与能力目标方面要求可以适当降低一些，而是情感价值目标方面要达到高校人才培养的基本目标要求。与高校其他专业课课程相比，思政理论课应该更加突出强调道德感化、思想升华，而非把重点置于具体知识的传授与知识体系的架构与训练。另外，听障大学生进入高校的普遍基础知识水平相对健听生要薄弱一些；叠加听障生本身的接受、理解、处理知识能力多数受到限制的现实，从知识和能力目标的角度来讲就需要单独思考和设定思政课理论教学的达成度。但在情感价值方面，则可以设定基本相当的目标体系，这是思政课的立德树人根本任务的要求所决定的。

3. 工作室制中思政课导师共同商讨课程内容整合

世界上有很多难做的事，其中之一就是把自己的思想装进别人的脑袋，思政教育就是这一难做的事情。面临改革开放、社会变迁、信息媒介爆炸的大的教育生态环境，要把马克思主义的科学理论装进当代大学生头脑中是一件极其困难而复杂的工作。而且，高校思政课课程涉及内容极其广泛、集中授课的教学时间又有时限，加之听障大学生理解基础薄弱等现实，要想真正实现听障生理解、认识马克思主义就必须对思政理论课的内容进行整合，突出马克思主义的基本原则、立场、观点及方法在整个思政课程中的引领作用。在《思想道德与法治》《中国近现代史纲要》《马克思主义基本原理》《形势与政策》等各门公共必修课程中探寻架构起逻辑脉络与交互关系，凸显马克思主义的精神实质。在教学内容的整合中，必须明确目标、突出重点，衔接内容、删减重复，这样才能在有限的教学时间中最大化实现德育工作的育人目标与育人效果。

参与工作室制的各门思政课导师要用马克思主义立场、观点和方法分解、探析各门理论课的教学内容，深刻把握思想政治理论课各门课程之间内在联系和逻辑关系，服务于听障大学生三个层次教学目标的设定。在理论课教学活动中，要对思政课教学内容进行筛选，尽量把教学知识点与马克思主义基本原理、观点、方法等联系起来，突出马克思主义基本理论的科学性和应用性，在教学活动中坚持理论指向和导向，这能够加深听障生对马克思主义基本理论的认识，并能阐释具体知识且有针对性解决所涉及到的相关问题，从而有助于引导听障大学生从思政课理论教学活动中整体、连贯掌握马克思主义基本的原理、立场和方法，并尝试用来科学观察、分析和解决学习及生活中遇到的问题，做一个有正确判断标准和能力的大学生。

工作室制中思政课导师有机会进行集体研讨、分工合作，根据各门课程特点，突出重点、设定目标，调整教学内容与教学方法，整合理论课教学资源与方式，发挥思政课教学工作合力。

（二）借助网络媒介探索听障大学生德育工作新途径

"00后"的听障大学生是典型的受到互联网影响而成长的一代大学生，他们的学习方式、思维特点、生活视角等方方面面都体现着互联网痕迹。大禹治水告诉我们堵不如疏，听障生的思政课教育工作更需要有这样的意识。既然互联网已经成为大学生学习和生活中的不可或缺的组成部分，那么思政课导师就要利用好互联网渠道，探索提升思政理论课教学效果的全媒体途径。

1. 通过互联网媒介整合思政课教育资源

思政课网络教育资源主要指通过网络媒介能够搜集、查找到的各种信息资料，这些信息资料能够使听障生思政课课堂教育工作变得更加丰富、饱满。第一类是重点高等院校录制的思政课网络课程，这些是国家级的课程建设成果，具有先导示范性作用。思政课导师不仅可以自己学习，还可以适当地、有条件地引入听障大学生进行部分内容的学习。这既拓展了思政课教师的教学眼界与认识，也能够让听障生在教学活动中有其他的途径弥补课程学习中的遗漏。第二类是各个官方权威平台所提供的各种文献资料，包括马克思主义经典著作、党史文献、领导人著作、思想研究、中央和地方史志等。这些网络资料，能够在教学活动中提供方便、快捷的查询途径，也是开展听障生文献阅读教学重要载体与支撑。第三类是各种其他红色及德育资源，无论是物质文化遗产还是非物质文化遗产；无论的大庆精神还是红岩精神，在"互联网+"的今天，都成为能够从网络中获取的听障生德育信息资源的宝库。

2. 借助互联网技术丰富思政课教学手段

其一，最典型常见的思政课互联网教学补充手段是互联网聊天系统的运动。当前师生之间最常用的聊天工具是QQ和微信平台，学生对教学过程中涉及的教学疑问和困惑可以通过其中的平台，直接、迅速地实现与思政导师的沟通。解决了工作室制教学中，思政课导师不在能随时场的现实问题。其二，利用语音与文字的即时转换小程序，可以实现在教学过程中，手语表达不到位、手语表达差异性的问题。在使用手语进行讲解的同时，运用这种转换程序，既能够较为完整的传递教学内容，又能强化听障生在教学参与活动中手语的统一性训练。其三，AR 技术的应用实现了虚拟事物信息和真实环境资源的结合，让人身处真实世界和虚拟物体共建的映像环境中，提升了体验感。虽然受到设备数量、学生规模、技术掌握、发展条件等限制，在思政课理论课中经常使用 AR 这种虚拟现实技术进行教学工作还不可能全程、大规模实行。但是工作室制条件下，听障生数量较少，在思政课导师共同商讨下设定某些主题内容采用 AR 技术系统设备呈现出购买或自制的场景信息，是可以实现思政课教学与 AR 技术的融合，使听障生具有身临其境的直观感受，这样能够充分发挥虚拟技术对高校德育工作的积极作用。

3. 探索互联网渠道增加参与思政课形式

信息科学技术的飞速发展不仅提供了思政课导师与听障生之间即时的沟通平台，而且为听障生提供了更便捷真实的参与和展示平台。在理论课教学中，借助互联网将智慧教学平台中的抢答、"弹幕式"讨论、限时答题等技术融入课堂活动中，在增加课程趣味性和互动性的同时，能够调动学生参与课堂学习的积极性，在竞争的环境下丰富听障生学习体验。这不仅符合教学手段和方式多变的要求，也符合听障生的特点。通过这些技术的使用，能够更好地促进听障生对重要知识点和理论的学习和掌握。而且，在对使用平台的后台数据分析中，思政课导师能够在数据信息的基础上更准确地掌握听障学生的学习态度、学习情况等，为开展工作室制的德育工作提供个性化指导依据。另外，听障生参与思政课程的活动，还主要表现在学生利用智能手机所携带的各种操作系统比较顺畅地完成小视频的制作，完成特定主题的思政课的教学任务活动。例如，制作历史事件小视频、普法案例小视频，思政课手语资源小视频和国歌手语小视频等。这些方法的使用既丰富了教学内容，又展现了听障生的能力。

三、特技导师在专业实训课中注重提炼与渗透核心价值观

在工作室制听障大学生教学模式中，特技导师长期带领学生进行专业实训课学习与训练，与学生的接触时间更长，发挥导师潜移默化的影响也能更有效、持久。作为工作室双导师制中的一员，特技导师把学生理论知识的学习、技能的训练和品德的养成相结合起来，不仅要重视学生专业技能的教授，更要注重提高和增强德育资源利用与开发的意识与能力，推动听障生在工作室中获得全面发展。

工作室制教学中，专业实训课同样也要贯穿课程思政的教育发展理念。

首先，听障生特技导师应提高课程思政的育人意识，形成课程思政协同德育工作的育人自觉与自信。无论在古代，还是近代以来，中华民族的教育工作历来都强调德育的重要性。即便现代中国教育引进西方分科教育，许多教师在教学中也都渗透着家国天下的德育

理念与情怀，这是深入中国人骨子里面的爱国主义精神的体现。中华民族之所以是世界上唯一文明从未中断过的民族，就是因为有这样的民族传统教育根基，教育出一代又一代的民族的脊梁，支撑起民族的文明延续。听障生专业课特技导师，要自觉认识到自身也是德育工作的主体，是开展课程思政育人工作的践行者。而且，要有在开展专业课教书育人中一定能够实现思政育人作用的自信。要摒弃专业实训课与思政教育是各自为政的思想，在教学工作中自觉把专业知识教育和价值观念教育结合起来，提高课程思政育人工作的使命感、自觉性和自信心。

其次，听障生特技导师要努力提高课程思政的育人能力。一方面是要通过学习提高德育工作的理论基础与素养，这是开展课程思政工作的思想保证。专业特技教师，不仅需要有扎实的专业课教学素养，还应该掌握马克思主义基本原则、立场、方法。而且，在工作室中，作为开展日常教学活动的主要规划者还需要学习一些德育工作的基本方法。为此要引导专业课特技导师自觉学习马克思主义理论，还要定期组织开展马克思主义理论培训，提升特技导师对社会焦点、热点问题的认识判断能力。在学校中，不断提高工作室专业课特技导师的政治意识、政治立场、政治观念，掌握国家、世界发展大势。了解国情、民意，筑牢为党、为国家、为中华民族培养建设者的思想意识，提高听障生专业课特技导师开展课程思政德育工作的基本素养。同时要想更好地实现课程思政的德育效果，特技导师在工作室教学中，要更多了解听障生的成长环境，尽量从他们具体现实情况出发，尊重他们的生理特点，努力做到平等对待学生。思想政治教育从来都不是从纯粹理论再到理论，从抽象概念再到概念。教育工作者要善于用客观存在的事实讲理，用典型事例说话，要把抽象德育变成形象生动教育活动，这样才能在专业实训课程教学过程中更好地进行德育工作。

最后，听障生特技导师要系统研究与挖掘专业特技训练课程中的德育元素与资源。课程思政的教育效果，取决于特技导师在专业课教学中对课程思政资源的开发与塑造能力。一方面，要以提升自身人格魅力为切入点，挖掘并展现德育的隐性资源因素。工作室的特技导师要不断自觉提升自身的师风师德和精神品质，在教学工作中真正体现静心教书、潜心育人。以高尚的教师职业操守，用学高为师、身正为范的品质对听障大学生形成言传身教、潜移默化从业精神的影响。另一方面，要善于运用专业技能课程知识本身所展现的明显的政治立场、价值倾向、思想观念等教育元素来开展课程思政的德育工作。同时，还需要在专业课实训实践教学内容、教学组织过程中进行细致的设计，要注重把教学情境与学生实际、社会现实有机结合起来。这样以来，不仅训练了专业技能，而且把党的实事求是的思想路线在课程实践中贯通起来。在工作室实训过程中，特技导师也能培养学生关心社会、关注生活,促进听障生努力成长为一名与社会有效衔接的人才。在参与校外比赛中,把课程思政活动和社会大环境结合起来,针对专业热点问题,不回避、不气馁,正向引导学生向阳发展、努力奋进。教育和引导听障大学生脚踏实地,把个人发展落实到行动中,把学习、成长的小目标同国家发展、民族复兴的大目标结合起来。在专业技能课程教学中,让思政因素成为有温度、有力度的教育,促进听障生成为有立场、有观点、有思想的合格的大学毕业生。

第四节 工作室制双导师互助推进听障大学生德育引领

在工作室制教学模式中,探索高校德育引领新的方式成为了一种可能,即思政课教师与开展课程思政教学的专业课特技教师进行合作的教学探索活动。

一、双导师共同探讨两类课程的德育资源

在听障大学生工作室制教学活动模式中,思政课导师与专业课特技导师具体对接形成较为固定的教学伙伴关系,可以在听障大学生的大学生涯中形成长期的影响。在工作室两位导师的互助活动中,思政课导师要主动参与到专业特技课程的前期教学大纲和培养方案的设计与制定中,与特技导师共同研讨专业课程的思政教育的目标。专业课特技导师除前期的课程思政的框架思考与设定外,在教学过程中可以随时主动与思政课导师联系,探讨专业课教学活动中偶发出现的德育资源闪光点。再介入相应思想政治理论的指导和帮助的基础上推动课程思政的德育功能的发挥。同理,不同工作室进行了对接的思政课导师在首先进行集体研讨,分述各自工作室对应专业特技实训课的相关内容,结合思政课程的理论体系,区分出工作室制中专业课程的中的思政素材,分别有意识、有计划地引入思政课的各门理论课程教学活动中去,充实和丰富听障生思政课德育工作的思政课理论教学内容。

二、双导师共同研究课程实践的结合路径

在工作室制听障生教学模式中,项目实训与专业竞赛是其最突出的特点。在特技导师与听障生共同搭建和实施的新的项目或作品中,两位导师要注重挖掘实现德育活动目标的

信息和因素，在具体的教学实践活动中坚持以项目、比赛促进听障生学习、锻炼与成长。同时这也能够促使思政课导师和专业课导师在德育教学理念和专业教学能力方面的不断提高。由于这种教学模式伴随听障生整个大学学习生涯，那德育工作的开展就能长久持续地进行。

思政课导师在对听障大学生进行思政教育的过程中，要运用和发挥好马院实践基地及实践教育场所的作用。目前，马克思主义学院建立的实践基地类型主要包括：革命基地、历史场所、文化馆所、新农村建设基地、企业单位、司法机关部门等。除结合思政课常态教学实践内容安排外，更应该探索结合听障生工作室教学技能训练内容，突出实践基地的专业色彩内容与教学实践作用。比如，文化馆所举办的各类书法、美术、摄影等作品展览，思政课导师可以与专业技能导师进行共同商讨、探索这类实践基地对艺术设计类听障生的德育工作能够产生的影响角度与作用方式，发挥思政课程德育基地的长期作用。

三、双导师共同完成德育工作的完整过程

在开展工作室制双导师教学活动时，两位导师共同探讨德育工作开展的完整过程，借助科学决策的过程来安排工作室德育环节。一般来说，应该包括：事先共同提炼德育资源、制定实施德育方案以及事后进行信息反馈与整理，进入下一轮的工作室德育活动。

（一）双导师共同催发工作室制中专业课程的德育功能

听障生工作室制教学模式日常教学活动主要围绕专业技能培养与训练展开，在工作室制教学活动中，两位导师要着重挖掘专业课程中的德育知识内容，用价值引导知识作用效果的倾向与归属。虽然科学无国界，但我们必须承认科学家是有国界的。科学技术可以被任何人、任何集体、任何国家来使用，科学技术本身可以没有价值倾向，但谁来使用、怎样使用，最终为谁服务就形成了价值判断的基础。因此，所有非思政类的课程，无论是人文学科的课程还是理工学科的课程，作为科学理论的总结与知识的重现，不同的国度，不同的人员在学习、使用、传播这些理论时就会受到不可否认的价值理念的影响。因而，必然具有了一定的价值倾向。

专业课课程在大学学习中占据大概百分之八十的比重，课程类目繁多，内容多彩丰富。专业课程的知识体系是前人对某一知识领域的追求与探索，体现着揭示事物本质、努力趋向真理的人生奋斗精神，这本身就是一种德育的深刻影响因素。而且，众多专业类的学科与课程，为世人展现了一个多维的世界，一个丰富多彩社会环境。听障大学生在学习各类专业课程中，既可以开阔知识的视野，还能够更全面、深刻地理解世界；既丰富了科学知识、提高理论水平和技术能力，还学习、积累了明辨是非的知识与能力。工作室的思

政课导师与特技导师共同深入挖掘专业课中的思政元素，努力推动实现高等教育全课程育人。

（二）双导师共同制定工作室制教学活动中的德育方案

在听障生思政导师和特技导师共同研究工作室德育方案时，重点应落在专业特技教师主导的课程思政的德育工作方面。双导师共同探讨课程思政育人的目标与内容、方法和手段等，努力推动课程思政育人工作的针对性和实效性良性发展。课程思政的育人目标从整体上主要体现在对听障生情感、态度、价值观的培养方面，是协同思政课实施德育工作的重要的且不可或缺的组成部分。育人目标的灵魂和主线体现社会主义核心价值观和中华优秀传统文化的深刻内涵，展现新时代中国特色社会主义高等教育的立德树人的根本教育理念。但这并不是说在知识和能力目标方面，专业课程教学活动完全不能发挥课程思政的育人作用。具体而言在某一内容中可以进行有效设定与升华。此时需要注意，专业课程并非适宜每章每节通篇分列出知识和能力的德育目标。尤其听障生的专业技能所涉及的内容也区分文理专业，如果过分要求在具体章节中都必须表达出德育的知识和能力目标就容易造成过犹不及的效果，毕竟专业课有其自身的知识领域与学科区分。在专业特技课程的教学内容的设定和教学手段与方法选择上，必须体现本专业最优的选择。其一，要做到教学内容清晰完整，突出专业特点和技能训练要求；其二，有效展现德育引领的课程思想育人效果。其中的工作一方面考验特技导师专业知识底蕴与能力，另一方面考察特技教师自身的价值观念，以及双导师的合作效果。而整个工作室制中，课程思政的育人效果还更多体现在特技教师和工作室教学活动的日常行为与准则和对听障生的潜移默化的影响方面。

除此以外，听障生思政课教学中专业课程知识元素的激发、思政实践活动的开展、校园文化德育因素的发挥等方面都可以进行探索与利用。

（三）双导师共同研究工作室制德育教学活动的反馈信息

反馈信息的周期，分为短期反馈与中期反馈。短期反馈以每个学期为结点，总结思考工作室制下德育工作的开展情况与效果的信息反馈；中期反馈以每届听障生的教学周期为结点，总结考察工作室制教学模式中采用双导师开展德育工作的作用效果。

德育活动的教学效果，与专业技能训练的效果可以直接量化或显性化评价不同，更多体现于对听障大学生在政治领导、思想引领和道德品质评价等意识形态和思想观念方面产生的不同的影响的隐性角度。双导师可对工作室制听障大学生的德育效果反馈信息的整理与分析等方面的状况进行研究。这是上一轮工作室制德育活动的反思与总结，也是下一轮新的德育活动开始的出发点。这个过程是对之前工作室制中的德育活动方案存在问题的修改，是驱动德育工作走向更好、更有效的重要环节。只有对工作室德育活动进行及时回顾，形成一轮一轮的总结，才能不断提高工作室制教学模式中的德育工作效果。

百年大计，教育为本。教育的百年大计就是立德树人。高校德育工作肩负着培养实现中华民族伟大复兴中国梦的合格社会主义建设者和接班人的历史重任。必须重视教育的全员育人、全过程育人作用，发挥好思政课的理论灌输与思想引领的重要作用，同时开展好课程思政的德育资源开发与利用的工作。工作室制听障生教学模式的实施，为高校开展好听障生德育的工作创造了新的契机，提供了新的条件。思政导师和特技导师的双重带领和引导下，既能推动听障大学生思想道德的发展，又能促进其专业知识与技能的提升。听障生的知识获得有了价值观念的依托，价值观念也有了知识体系的支撑。如此，高校德育就完成了对听障大学生的铸魂之举，真正实现了立德树人的教育根本任务。

第三章

构建听障大学生创新创业教育实施平台

21世纪既是知识经济飞跃发展的时代，也是创业的时代。我国是全球经济发展最活跃的国家之一，创业活动也较之世界大部分国家和地区都活跃。近年来，我国高校积极进行创新、创业教育相关的理论与实践探索，党和国家也采取了多种措施扶持大学生创业。新时代大学生肩负国家建设和民族复兴的伟大使命，是创业活动的积极参与者和主力军，也是最具潜力与活力的，推动社会前进的新生力量。听障大学生作为大学生中的特殊群体，是我国残疾人高等教育的重点培养对象，针对这类学生的创新创业教育也日益成为高校残疾人高等教育质量提升建设的重要一环。听障大学生较之健听大学生，在学习成长中要面临更多的压力与挑战，需要从事残疾人高等教育的研究者、教育工作者给与听障大学生更深切的关怀和支持，与健听大学生相比，他们通常缺乏创业自信心，毕业后的创业意愿低、创业比例低、创业成功率低。而针对听障大学生精细化、专门化的人才培养模式就是为其提供良好教育服务的主要方法，同时，更是落实"立德树人"根本任务的重要途径。

第一节 大学生创新创业教育的经验借鉴与启示

在教育领域，创新教育是产生于美国的新教学模式，随着经济的发展，这种教育模式慢慢的扩展到了职业教育和基础教育中。创新创业教育也成为了世界高等教育发展和改革的新方向。

一、国别大学生创新创业教育模式

（一）美国

美国十分重视大学生创业实践活动的开展。丰富多彩的大学生创业实践不仅是美国经济的直接驱动力之一，更为促进高等教育的发展提供了动力。美国的大学生创业不仅受到大学的高度重视，也得到了全社会的广泛支持和认可。美国创新创业实践的形式主要分为以下几点：第一，"创业计划"大赛；具有市场前景的产品或服务，可以由企业家或团体为这一产品提供可行性的报告。目的是鼓励风险投资家获得投资设立公司；第二，"合作计划"项目是大学与企业、非营利组织和政府机构之间的合作，各高校的学生也可以有计划的到相关教育机构，参加不同阶段的实践工作，学生可以把在课堂上所学的相关知识理论，在实践中进行检验；第三，高校学生可以在寒暑假到一些相关的地区进行实习，这也是美国社会的一项传统，在美国学生的暑期工作已经成为他们学生生涯的组成部分之一，这是对社会和家庭的成年宣言。能够在假期中在社会上找到有偿工作表明一个人有能力向雇主和整个社会展示价值。暑期工作是塑造大学生生活和个性前景、个人和社会融合过程以及有效的创业实践的重要经验。暑期的工作经历，为很多大学生的创业之旅积累了宝贵的财富。

（二）日本

日本政府深知，要重建日本的国家创新体系，就必须充分展现年轻人的创业精神，积极推动创新创业活动的增加。在日本政府的支持和鼓励下，日本大学的创新创业教育独树一帜，对日本经济发展和人力资源开发起到了推动作用：①形成了以实践和创业为主体的课程体系。在日本最有代表性的就是东京大学和九州大学这两所大学为日本大学生提供了新的创新创业实践教育。东京大学的课程内容非常实用，学生可以边学边练。比如在东京大学春季开设的一些基础课程，学生可以跟随创业者和投资家学习到一些创业经验，了解新的趋势，而不是从创业课程中学习到理论知识。中级创新创业课程则可以通过创意马拉松等团队实践的方式培养学生的创意思维和实践能力。在高级课程创业计划大赛中，创业者到场为每个人选的团队分配创业导师，指导学生团队完善创业计划。②通过校园和企业的合作，可以共同促进社会的经济全面发展，通过与当地特色产业优势实施创业教育，促进地方经济发展。践行创业精神，与当地金融机构、联合组织、管理层和非营利组织建立创业促进协会，为创业者、企业代表和风险投资人提供交流平台。成立创业中心建设，共同支持创业教育，助力地方经济发展的平台。③创业教育在各个层面深入开展。一般对低年级学生进行创业意识教育，不定期进行创新创意的培训，通过对高年级的大学生进行创新创业培训和教育，增强他们对于创新创业的认识，从而可以积极主动地参与到各类项目研发和创新创业大赛中。另外研究生也要主动参与到创新创业的实践中并进行相关的实践培训与讲座，例如去创业园、大学创业孵化中心等，体验全方位的创业实践。

（三）韩国

韩国高校的创新创业实践教育，最早开始在上世纪90年代。此时，亚洲处于世界经济危机时期，而韩国的企业也面临倒闭的问题，就业条件非常严峻。许多韩国高校学生毕业后面临着巨大的就业压力，从而产生了对工作消极的情绪，韩国政府为了缓解这样的情况，积极采取各类应对政策，通过创新创业培训，鼓励大学生进行创新创业，韩国创新创业的实践教育方面，有着非常多丰富的经验。注重实践基地建设的韩国，已经奠定了非常完善的创新创业基础，基本涵盖了所有领域和领域。有相应的课程设置，就有相应的基于培训的对口实践，具体表现为：①实施校企合作制度。韩国正在积极实施校企合作制度，通常是以学校为主体、以政策为主导、支持企业的学校形式进行合作。②有效利用社会资源。学校创新创业教育体系不仅包括创业课程的开设，还包括学校与社会之间广泛的外部网络的建立，创业教育生态系统的形成。学校与企业良性互动发展。③多层次教育。通过课外的创新创意实践机会，可以提高学生的创新创业技能，增强学生创新创业能力。目前韩国的创新创业课程的发展取得了显著的成就，不但可以让大学生参与到更新的领域中来，还可以在传统制造业方面获得极大的帮助。

（四）英国

英国有一个独特的体系，政府、学校、民间、社会四方面共同促进高校创新创业教育的发展，具体的办法有：①大部分的高校定期的举办创新创业大赛，通过这种大赛推动高校的创新创业实践教育，也可以帮助企业找到适合它们的人才。②建设科技园，支持大学生创业，英国大部分大学作为创新创业教育的孵化器，可以为大学生搭建一个更广阔的平台，帮助他们了解社会的前景与企业的发展需求，从而更好地融入社会中，进行创新创业实践。③建立创业制度，指导学生自主创业。在英国，有一个半政府大学生创业促进委员会和一个旨在促进英国大学发展的私立学校团体的创业教育者联盟。大学生尤其是毕业生的创业精神，鼓励学生进行自主创业，为学生搭建一个网络的平台，可以共享社会企业高校的资源，学生，也可以利用这一创新创业实践的平台，提高自己的各方面能力，另外也可以通过这一平台企业家高效找到适合他们的创新创业实践交流的方式。

（五）德国

德国对于创新创业教育的发展也是非常的重视，通过促进众多小微企业与高校的结合，为社会提供了更多的就业岗位，全面促进高校创新创业的发展。德国的创新创业教育的具体方法如下：①德国在创新创业教育方面的针对性较强，可以针对不同学生的爱好和需求进行相关的创新创业教育，例如中专学校，职业高等学校和综合性大学，都有针对性的创新创业教育培训。职业培训学校与职业高等学校在创新创业教育培养方面更加看重学生的技能，通过对某一技能的培训，提高学生在社会的生存性，帮助他们更好地适应社会的需求，综合性大学的创新创业教育，则注重各方面知识的结合与综合能力的培养。通过提高学生的创新创业理念和能力，培养出高质量的人才和各方面的精英。②德国高校教学重视理论与实践的结合，通过创新创业教育可以把理论与实践相结合，让学生在实践中掌握更多的知识，并对理论有着深刻的理解，高校通过强调创新创业理念，培养学生在实践中发掘创新创业的机会和创新思想。③德国的创新创业更加注重宏观和微观的结合，通过宏观的创业环境为高校学生提供更好的人文和政治环境，通过优化经济各方面的环境，学生可以在一个更良好的环境中获得优惠政策，例如减免税收、银行免息等，政治环境方面，高校学生在创业时可以获得相关的财产和专利权的保护，在创业环境方面，高校学生也可以有更多的机会进行各方面的尝试，找到更适合自己的创新创意行业。④德国政府对高校的创新创业给予了非常大的支持，首先从资金上来看，德国政府对于大学生的创新创业的投资力度是非常大的，其次政府对大学生的创新创业环境也非常友好，可以为学生提供全方位的创业培训咨询和各方面的帮助，其中还包括免税和提供无息贷款等这些各方面的条件，都极大地促进了提高了学生的创新创业热情，为学生毕业后的创新创业提供了一个更良好的平台。⑤德国高校的创新创业教学是非常的全面和实际高效的。各高校会不定期的举办创新创业比赛，充分利用高校的各方面资源，开展创新创业的实践教育，通过这种方式全面的促进和提高大学生的创新创业实践平台，为学生的创新创业做发展而努力。

（六）新加坡

新加坡在亚太地区的创业教育发展比较早，在这方面也取得了巨大的成功和显著成绩。新加坡亚太地区创新创业教育的主要方式首先确立了项目型方式。新加坡国立大学每年选拔部分有创新创业计划的学生，派出10至30名学生到不同地方讲学和学习，并申请创新创业项目进行带薪实习。这种项目在新加坡国立大学称为体验式创业教育，学生完成创业后返回新加坡。根据实习期间获得的经验和能力，学生可以进行更深层次的优化，重新优化后，再进入社会重新创新创业。此外，新加坡国立大学还积极与海外高校建立合作关系，并派出学生参与国际合作项目。这样，学生就可以进入高端公司实习，在实习过程中体验公司的氛围，提高实践能力。这样，学生才能拥有较为成熟的创新创业体系。与之相似，在美国等发达国家，此举激发学生的技能和创新精神，培养他们的创业精神，意义重大，取得了积极成效，赢得了学生的好评。注重"产、学、研"一体化。新加坡国立大学还成立了企业中心和创业网络，通过这两方面为学生提供更全方位的创新创业教育培训，为学生的创业项目进行风险评估实践和研究等方面的技术支持。在发展创业精神的同时，学校也非常重视创新。通过创业成果的商业化和营销，鼓励教师和学生在创新创业成果的基础上成立公司，实践创业。

二、校别大学生创新创业教育模式

（一）一流大学创新创业教育模式

高水平人才创新能力培养模式的资料来源于教育部官方网站，检索了15所高水平高校的人才创新创业教育人才培养模式，以供读者、相关院校参考借鉴。华中科技大学在创新创业教育改革方面也取得了显著的成就。学校以健全育人为本，面向全体融入体系协同推进的创新创业方向，通过创意创新和创业三方面为学生营造出更全方位的创新创业氛围淡化学科与专业的界限，引导学生积极的参与到创新创业实践中去，促进学生创新创业的思维转变。华中科技大学还在全国建立13个瞄准战略新兴产业的工研院，通过工研院的形式为学生提供了创业孵化和教师成果转化的支持，可以更好把学生的想法，创新创业思维融入实践中，探索实施"高校与产业贯通，科技与教育结合"的人才培养模式。

浙江大学也积极地探索创新创业教育模式，为推动和促进人才的全面发展和创新创业教育与基础教育相结合过程、构建面向优秀学生的创新创业教育而努力。浙江大学建立了创新创业学院研究院以及科技园为学生提供更广阔的创新创业实验的空间和实践的机会。浙江大学通过国家省院校四级的创新创业联动计划，为浙江大学建立未来企业家俱乐部和推动创新创业实践的发展起到了重要的作用。此外浙江大学还建立了国际联合创业中心与国际高新技术结合，建立起创新创业孵化平台与学生的创新创业实践相接轨。

北京科技大学打造特色"创新创业分中心"推动"专创融合"。北京科技大学围绕创新创业实践人才的培养探索创新创业教育的创新体系，在学院层面建立起以创新创业为中心的发展方向，通过多方相结合和有组织、有计划、有教师、有课程的机制，将基础学科转化为创新创业优势促进学生创新创业思维的形成。武汉理工大学实施的创新创业计划，欲打造创新创业训练计划，着力提升学生的创新创业思维和实践能力。通过课程为学生普及创新创业计划和知识，为创新创业的发展提供了保障，培养了优秀的创新创业人才。中国石油大学全面落实创新创业的根本任务，深化创新创业教育课程的改革，立足学校的基本情况和学科特色优势打造创新创业教育平台，大力培养石油领域相关的创新创业人才，为国家能源战略提供了基本的服务和保障。东北大学为国家新驱动发展战略培养具有实践创新能力的高层次、高水平的创新创业人才，通过打造创意培养、创新实践、创业孵化三维一体的创新改革融合体系为学生的创新创业实践助力。西安交通大学通过构建4个体系，全面提升大学生创新创业思维，构建全方位的创新创业体系，形成多元化的创新创业思维，构建起高精尖的创新创业服务体系。

武汉大学把创新创业教育融入到高校人才培养的全过程，通过创业与基础教育相结合的方式，与地方政府企业相对接促进，课程项目平台政策相结合，面向全校学生开展创新创业教育。此外武汉大学还开办了自强创业班，通过自强创业班为全校学生提供示范，开发学生的创新创业思维，构建依次递进有机衔接的创新创业教育模式，整合学校的创新创业教育资源，为学生提供更好的平台，建立起多元化综合化的大学生工程训练和创新创业实践基地。

天津大学通过结合校内资源与社会资源的优势，开创了创新创业教育教学发展方向。上海交通大学构建了全面的创新创业教育实践体系，通过以兴趣为导向，全面发展以能力培养搭建实践平台，为学生的创新创业和的发展提供了全面的、基础的、全方位的培养。四川大学探索"教学+扶贫+创新创业"模式支教大凉山，完成了一场持续十八年的支教接力，将精准扶贫融入支教。

北京大学全方位建立起大学生的创新创业实践平台，通过以教育为导向，加速创新创业与教育的结合，以协同推进创新创业教育实践的孵化面向全社会引领创新创业的潮流，探索创新创业教育发展新方式。清华大学通过多举措扎实推进创新创业教育的发展，结合高校教育发展深化教育改革融入人才培养体系，健全工作机制，重视师资队伍建设，为创新创业人才发展培养提供了良好的环境和氛围。

华东师范大学全方位多举措，多维度进行了创新创业教育改革。打造校级训练体系，提高创新创业教育覆盖率、构建二级管理机制，加强创新创业教育团队建设、研制培养规范，学校通过加强创新创业基础建设，加快创新创业实践基地建设，实现全面的创新创业发展。

南京大学通过积极探索实施543双创教育体系，为学生提供更广阔的创新创业发展机会和平台。通过以市场为导向，以产业需求和人才发展为需求，整合校内外人才科研的资源，促进学生创新创业在全面发展南京大学的创新创业体系，包括创新创业课程、讲座训练竞赛等成果孵化为主要内容的教学体系，通过创新创业的实践创新，创意创造等成果转化为高校人才培养提供更加全面的机制。

吉林大学倡导以岗位创新创业为导向，深化医学人才培养模式改革，通过课程为学生创新创业提供更丰富的内容。深化高校创新创业改革，以创新引领双创、带动就业和提高，为学生提供更广阔的创新创业平台，完善管理体制等"三项制度"，深化融合创新创业教育模式和课程。通过打造创新创业样本，探索创新创业新顶层设计和模块，搭建产教融合的双创教育平台，培养了一批双创教育教师队伍，开发了本土化的创新创业教育平台。

（二）地方高校创新创业教育模式

地方高校人才创新能力培养模式的资料来源于教育部官方网站，检索了12所高校的人才创新创业教育人才培养模式，以供读者、相关院校参考借鉴。

在国家文化强国战略背景下，中央戏剧学院积极探索新的创新创业发展模式，主动把文化与创新创业产业发展需求相结合，深入推进创新创业教育发展的改革，全面培养高精尖的创新创业生力军。统筹规划，健全长效机制。与相关行业企业共建"中戏创艺空间"创新创业孵化平台平台，建立"教学＋培训＋孵化＋资助"四位一体的创新创业实践实训模式。重庆大学坚持把素质教育与创新创业教育相结合，全面提高人才培养质量，创新为重点，深入推进高校创新创业改革，努力培养出能够适应现代社会和引领未来社会发展方向的高层次人才，通过这种方式探索出一条适合重庆大学以赛促创的新模式。

宁波财经学院全方位多层次推进创新创业教育，学校坚持把创新创业教育作为学校实现特色化发展的重要举措，整合多方资源，创新合作机制，全方位多层次推进创新创业教育改革，深入开展创业型人才培养，努力提升人才培养质量，不断增强服务地方经济社会发展的能力。建立了"混合制"特色创业学院，开展创业管理专业教育。构建"3+1"专创融合教育多层次课程体系，即3年专业教育和1年创业学院教育，面向全校有创业意愿和潜质的学生，注重培养创业实践实战能力，促进"专、创"深度融合。开展以"翻转课堂"为主要形式的课堂教学模式创新，改善了宁波财经学院创新创业的教学水平和实践模式，校企合作的研发也有利于宁波财经学院创新创业教学模式的发展，使之更好地服务于全校并且辐射全市的大学生。举办年度"双创"博览会，营造创新创业文化氛围。

温州医科大学通过医学专业的优势结合创新创业发展模式，提倡以岗位创新，创业为导向，深化医学专业人才培养模式改革，建立起生物医学工程，眼视光医学，生物制药等新的创新创业领域的改革。此外，温州医科大学还开设了医学创业基础互联网医疗创新创业，互联网医学检验等课程，这些课程为学生的创新创业提供了更丰富的内容。温州医科大学围绕医学专业特色，依托医学学科平台和医疗资源优势，持续开展结合医学专业特色的慈善公益创业服务活动，拓展基于医学专业特色的公益创业教育新领域。

鲁东大学坚持以三位一体的方式，深化高校的创新创业改革，通过创新引领创业创业，带动就业，坚持完善了4个结合，为学生提供更广阔的创新创业平台，通过深化创新创业教育模式与课程相结合的方式，全面促进学生的创新创业发展。完善保障体系、完善教学体系、完善管理体系等"三个体系"。坚持与立德树人相结合、坚持与学科专业建设相结合、坚持与课堂教学相结合、坚持与科学研究相结合的"四个结合"。搭建育苗平台、搭建竞赛平台、搭建孵化平台三个平台。

宁波大学10年探索"融合递进式"创新创业人才培养体系。通过打造创新创业的宁大样本，探索出了新的创新创业顶层设计和模块研究，为宁波大学创新创业教育理论体系的丰富提供了不可多得的范本。宁波大学通过全面覆盖和分类培养的双创教育课程体系的方式为丰富学生创新创业内容，为促进学生创新创业实践，为学生全面性综合性的发展。构建了产教融合的双创教育平台，培养出了一批双创教育的师资队伍，走出了一条地方高校创新创业模式和发展的新路径。

江西师范大学构建区域特色创新教育体系的方法，江西师范大学立足于学校区域的发展构建起红色引领绿色行动，蓝色创新的三色创新创业教育体系，为学生的创新创业精神，知识能力和发展提供了保障，通过红色引领绿色行动的方式，培养出创新创业人才的精神内核，建立起具有生态文明特色新的育人模式。通过基础课程与实践相结合的方式，全面促进高校创新创业教育与实践的结合，为创新创业教育的深入开展，提供了更广阔的平台。

安徽大学多途径促进大学生创新创业。建立"创新思维—创新实验—创业训练—创业实践"阶梯型创新创业教育课程体系。设立人才培养模式创新实验区，建立起大学生创新创业实践基地与企业共同培养。上海理工大学以理工科的特点为基础，打造出创新创业教育的升级版本，通过完美的顶层设计，打造出多层次多方位立体化的创新创业教育体系模式，通过协同育人补齐短板的方式，培养出新的创新创业人才。上海理工大学与行业相协同，凸显出学科的发展方向，与区域高校科研院所协同，打破优质教育资源传统的壁垒，建立起一支高精尖的全面型发展行高校为学生创新创业发展构建 $1+N$ 的校内孵化平台提供了丰富的内容。

广东工业大学坚持创新创业引领教育，通过教育带动创新创业和就业，以创新培养为重点促进人才的全面培养。积极主动的与地方和区域经济社会相结合，通过改革人才培养模式，构建新的创新创业培养方式，把创新创业贯穿于高校人才培养的各环节中，培养价值塑造三位一体的人才培养模式，努力把学生培养成科技的领路人、行业的带头人、创业的开拓者。通过强化学生的创新创业实践环节，为学生拓展创新创业空间，学校与地方政府企业将协同为学生打造一个全方位的育人平台，在进行科研创新成果转化时，为学生提供更有力的支撑。此外通过提高服务水平，带动创新创业发展，加强当地区域经济与政策的扶持，为创新创业提供更广阔的机会和平台。

温州职业技术学院坚持以创新创业为引领，坚持服务地方发展的方向，建立起创新创业三位一体的创新创业人才培养模式，为助力温州产业升级，实现区域经济发展而努力。面向温州区域产业专业建设温州职业技术学院，积极探索新的教学模式，通过试验区域产业发展调整相关专业教学模式，促进教学与创新创业相结合。聚焦企业发展的新方向，针对温州企业面临的问题和困难，提供解决方案，将专业与社会相结合，把专业研发和培训延伸到高校中，为企业提供产品开发，技术研发成果转化等服务，着力于构建区域型技术人才的培养创新和应用为导向，将研发与实践相结合，建立起一个对接化的大学生创业服务团队，通过智能化信息化服务化为重点建立起新的创新创业模式。

黑龙江大学，融创新创业教育于专业教学。设立专门学分，将创新创业教育与专业培养方案相融合，依托专业课程平台、通识课程平台、辅修课程平台三个平台，将创新创业课程与专业课程教学相融合，将创新创业实践与专业实践教学相融合。

三、经验借鉴与启示

国家高度重视和支持青年创新创业，大学生青年学子在创新创业教育中增长才能和智慧。中国发展基金会秘书长经济学家汤敏认为，为新时代提供创新创业人才，要以站在社会前沿融入世界开放创新格局为前提，当今世界经济竞争、培养人才的竞争已经是创造力的竞争。创新创业企业也是中国经济的新的增长点，对于优化社会资源，创造社会财富，提供更多的就业机会，促进国家现代化的发展有着重要的作用。为全面提高我国自主创新能力，建设新型国家，教育部也先后出台了相关的政策和措施。教育部通过建立创新创业实践基地，建立评定标准，强化师资，推动政策，深化高校创新创业教育。我国教育部高教司司长吴岩强调通过新的育人理念，高质量的标准和深化教学改革，促进我国创新创业教育的全面实行，为我国新时代高校教育提供更全面的发展方向。

高校创新创业人才培养模式的多样化，有利于高校以自身定位为主体，强化办学特色和人才培养目标的需求，因地制宜的制定适合本校的人才培养模式，把人全面发展与社会的需求相结合。在制定人才培养方案时可以根据不同专业的人才需求实现差别性和特殊性教学，从而为不同学校的学生个体提供更多的发展机会和更加全面的人才培养模式。新的人才培养模式，更加强调人才培养的多样化，高校在教学过程中应以开放性、全面性、高质量多元化为方向，制定人才培养模式和创新创业教育机会。创新创业培养模式和传统旧的人才培养模式相比具有动态性，多样性发展性等特点。人才培养模式的多样化，有利于高校在教学中找准定位，并确定社会需求，根据学生需要最大限度地调整高校教学。以创新创业为本的人才培养模式，更有利于高校因材施教，体现学生培养的主体性，全面调动学生学习的积极性，为促进学生全面发展提供动力。

四、大学生创新创业教育现实困境

（一）普通学生创新创业教育现实困境

随着我国高校招生人数的不断增加，毕业生人数也呈现上升趋势。据我国教育部统计，2022年我国毕业生人数将达到1 076万人。但从社会角度看，能够为大学生提供的工作岗位相对较少，大学生就业难已经成为社会问题。如何有效促进大学生就业，提高高校毕业生就业率，成为市各级政府亟待解决的重点问题。

大学生作为我国青年和高层次知识分子群体，是我国最具创造力的群体，也是满足我国创业需求的主要群体。高校在教学中全面的培养大学生的创新创业能力，不但可以为大学生提供更多的就业机会，也可以为社会解决大学生就业难的问题，因此高校在教学中以大学生创新创业能力发展为目标，从而带动就业也有利于缓解大学生毕业后的就业压力，对促进我国新型国家发展起到了重要的作用。国务院常务会议中曾提出大众创业，万众创新是我国国家战略以后，在全国范围内掀起了创业风潮。我国也曾在夏季达沃斯论坛开幕式上提出通过改革创新的东风，掀起大众创业的浪潮，从而促进大学生的就业，成为新的就业趋势，目前我国从中央到地方政府也出台了许多优惠政策，支持大学生创业。

一是大学生社会实践经验缺乏，群体能力不足，创新创业教育实践存在一些问题，与创业成功因素不相符。目前影响高校大学生创新创业实践的成效主要在于学校对于创新创业实践的重视程度，许多高校只是在理论层面上强调学生创新创业教育、鼓励大学生参与实践，但在具体的环境下没有相关的课程与资金投入良好的创新创业实践环境，大部分积极参与创新创业实践的学生会面临没有相关实践平台的困难。在这样的情况下，学校为学生搭建起创新创业实践的平台，可以为大学生今后的创新创业提供良好的基础。

二是教职工缺乏创新创业实践经验。许多教师只是在理论层面上引导大学生进行创新创业实践，教师本身也没有进行过创业实践，或者这方面的能力也是不足或是缺乏的。而在创新创业实践过程中，教师是主导因素，具有高素质和经验丰富的创新创业实践教师，有利于促进学生创新创业实践过程中发挥主动作用，提高大学生创新创业的积极性。目前大部分组织学生参加创新创业实践活动的并不是教师本人。这一层面来看，许多高校教师没有经过专业的系统的创新创业的培训，也缺乏相关的实践经验。大多数教师根据教科书的理论知识教授学生实践，缺乏实践经验。这也是一个影响因素。

三是高校大学生创新创业实践形式较为单一。目前大部分高校的大学生创新创业的实践主要是以各种竞赛形式或模拟的方式进行，没有与真实的实际情况相结合，从这一点上来看，创新创业的实践机会是不足的，没有可以让学生系统地了解创新创业的过程和方法，某种程度上也阻碍了他们实际进行创业的兴趣和意图。

四是缺乏有效的评价标准。各高校对于大学生创新创业实践的重视程度也有所不同，虽然大部分学校都是很重视创新创业实践的，但从评价标准来看还是有所缺乏的，大部分创新创业竞争指标，只是关注到大学生的规划设计，而没有关注到具体的实施结果，他们产生的结果缺乏实际的评价标准。如果各高校对于这些评估问题进行及时的纠正，有利于高校学生参与到创新创业的实践中来。

（二）听障大学生创新创业教育现实困境

党和国家非常重视高等教育的发展。自1980年以来，针对听障大学生的残疾人高等教育也在不断蓬勃发展。在办学规模、办学速度、管理模式和学校教学服务管理等方面也逐渐成熟，形成了一种新型的发展模式。残疾人高等教育已经成为我国教育体系中不可缺少的一部分。同时在这一过程中也产生了各种问题，其中最重要的就是残疾人就业问题。随着我国听障大学生高等教育规模的不断扩大，学术界更加关注听障大学生毕业后的去向，探讨就业、创业难的原因。由于一些身心问题，听障大学生在成长过程中会得到社会、学校和家庭的过多帮助与呵护，在择业就业的选择上更倾向于安稳、优越的工作环境。尤其是受过高等教育的残疾大学生，大多数形成了较为传统的就业观念。很多听障大学生的家庭和家长都不会支持他们自己创业。创新创业意识不足，相关知识和技能缺乏是普遍存在的共性问题，也使残疾大学生创新创业具有有一定的难度。事实上，创新创业是挑战和风险并存的工作，许多残疾大学生技能有限，尤其是缺乏创业必须的相关软技能。因此，对于残疾大学生来说，创新创业在培养和激励方面存在很大的困难。

1. 听障大学生创业存在的问题

首先，由于生理的特殊性，听力和语言障碍限制了听障大学生创业初期的选择。就业观念也影响了听障大学生创业的选择。调查显示，不少听障大学生认为自己受过高等教育，应该是企业白领或直接进入国有企业。这种就业观念导致听障大学生在选择创业方面主观性强、能力弱，跟上市场的观念相对薄弱。再加上缺乏社会经验，如果缺乏必要的帮助和指导，就很难成功。

其次，家庭经济支持缺乏。一般来说，创业需要充足的财力。根据中国民间研究机构米科斯研究院发布的 2011 年大学生就业年度报告，高校毕业生创业初期的主要资金来源是父母亲友和个人储蓄，商业风险投资和政府资助的比例相对较低。而听障大学生家庭在教育和医疗方面的投入远高于听障家庭，因此他们大多并不富裕，听障大学生也不太可能得到家庭的经济支持。

2. 残疾人大学生创业的劣势

（1）生理特殊性

《联合国残疾人权利公约》第一条宗旨："释义为残疾人包括肢体、精神、智力或感官有长期损伤的人，这些损伤与各种障碍相互作用，可能阻碍残疾人在与他人平等的基础上充分和切实地参与社会。"生理条件的特殊性，有时能成为残疾人创业的优势，有时却能成为残疾人创业的劣势，对于很多残疾人而言，生理缺陷使其无法公平地参与社会活动，因此创业也存在诸多困难。

（2）创业的专业知识差距

目前，残疾人大学生创业主要集中在某几个固定领域，例如：电商、农业养殖等，这些领域有特定的工作程序和知识，因此专业领域知识的差距是其创业能否成功的关键。例如：目前杭州市残疾人共有 20.8 万人，就业年龄段中有就业愿景和能力的残疾人约 5.4 万，"十三五"期间，依托杭州的互联网环境，杭州实现已就业的残疾人数已达 4.97 万人。电商行业让许多重残人士足不出户就实现了就业创业梦想。但在创业的过程中需要解决一个实际问题——不断增长的残疾人口、低工资、低效率与创业的关系。

（3）家庭支持

家庭支持是残疾人创业能否成功的重要因素。家庭支持分为多个层面：精神、资金和劳动力。因为残疾人自身生理缺陷，其家人的精神层面在残疾人小时候已受到很重的打击，所以，大部分残疾人家庭认为残疾人能有一个体面、稳定的工作养家糊口是对他们最大的安慰；在资金层面，大部分残疾人家庭依靠政府的救助或努力打拼给孩子医治自身的生理缺陷，早已入不敷出；劳动力层面，对于有些残疾人而言，自身的某些残疾是遗传的，因此想要家人在体力上支持自己则更加困难。

（4）文化歧视

在一些文化中，由于偏见、迷信等原因，残疾人本身的缺陷会成为他们无法就业、创业的阻碍。很多人认为残疾可能导致市场不利，所以消费者不想从残疾企业家那里承包产品或服务。因此，当残疾人创业者面临健全人创业者的竞争时，生理条件的缺陷可能变成竞争劣势。

（5）创业风险

创业是一种竞争性和风险性的选择。有竞争力意味着接受市场的考验，有风险意味着面临失败的可能。想要创业的听障大学生必须面对各种潜在的可能性。一方面，听障大学生需要承受来自同行业竞争对手的威胁。尤其是创业初期，如果没有适销对路的产品，选择正确的营销策略很可能会被淹没在商海中；另一方面，听障大学生需要承受创业失败的压力。这种失败对于初入社会、心理准备不足的听障大学生来说无疑是一个不小的打击，对于不富裕的家庭来说也是雪上加霜。针对我国高等教育现状和听障大学生在就业、创新创业中面临的困境，听障大学生创新创业教育平台要以听障大学生的生理特点为基础，提高他们的创新创业意识，丰富他们的创新创业能力，鼓励这些大学生进行创业，通过创业带动就业。听障大学生通过接受学校的创新创业教育培训和实践，结合相关的平台进行创业技能培训，可以更容易将创业意向转化为行动。

第二节 听障大学生创新创业平台建设的原则与举措

教育和发展是紧跟时代脚步的两大主题，加速创新创业活动一直是实现社会经济发展的重要标志之一，也是一个国家追求发展和增长的目标，而高等学校的创新创业教育更被作为社会发展的衍生品与 21 世纪的一项必备技能紧紧连接在一起。传统意义上的创新创业教育能教会学生什么是创业，但缺乏具有实际应用价值的方法论指导。尤其对于听障大学生来说，学生对于创业过程以及学习情境的理解相比较于健听大学生更是不足的。因此，构建一个能够反映听障大学生学习以及创业过程连贯性的创新创业平台是十分必要而有意义的。

一、听障大学生创新创业平台建设的必要性

我国目前招收听障大学生的高校有 19 所（包括大专及职业技术学院），其中本科院校 12 所。19 所学校在籍听障学生为 5 300 人左右。近年来，应用型高校双创教育取得了积极进展，但双创教育的落脚点及方式还有待进一步研究和深化。一方面目前应用型高校未能有效地将双创教育与专业教育紧密结合，另一方面难以突破双创教育与大学生创业就业连续性问题。因此，应用型高校既要通过专创融合的培养模式让学生具备创新创业素质与

能力，又要通过实践教学体系深化产教融合的路径，让学生具备与创业就业相匹配的应用能力。

在大学里，开设创业课程是为了让学生在毕业后具备创业能力创业精神。但创业课程仍然没有效果，因为它的学习过程是有效的不是最优的。这是因为讲师使用的学习方法只是一场演讲。学习被定义为在学习环境中，学生与讲师和学习资源互动的过程。学习是一个行为改变的过程，由重复进行的活动的结果而产生。在学习中，学生学会了提供材料。教育与学习密切相关。如果学习被建模为一个过程，那么教育就是一个努力实现的过程。学习并不仅仅局限于智力或认知方面，而是最重要的态度形成。创新创业教育的目的就在于教育大学生理解与现实生活背景有意义的学习材料，让学生在校园里就能体验到创业的重要阶段，包括创意构思、如何去创业和经营企业方面等专门的训练。这样学生才能获得和掌握创新知识、创业技能，并将这些技能可以从一个环境应用到另一个实际问题中，完成从校园到社会，学业到就业、创业的衔接和转变。

首先，听障大学生创新创业平台建设是助力国家培养应用型人才的需要。创新是民族的灵魂，是国家发展的原动力。高等教育承担着为国育才的光荣使命和艰巨任务。"培养什么人、怎样培养人、为谁培养人"是高校所承担的育人目标。听障大学生创新型人才的培养更是作为残疾人高等教育的人才培养目标之一有着重要的地位。因此，听障大学生的创新创业教育要站在人才培养的高度，听障大学生的创新创业教育实施平台建设过程就是高校创业教育价值的一种具体呈现。专业教育与双创教育相融合的培养模式，是专业素养硬实力和创新能力软实力的相互结合，也是实现社会需求侧和人才培养供给侧相融合的关键。听障大学生创新创业平台的建设是落实应用型高校创新人才培养的重要途径。地方应用型高校要为听障大学生积极营造创新创业文化氛围，激发学生的创业热情，帮助听障大学生克服自身身体缺陷，树立创业信心，发挥创新创业平台的优势，实现创新创业教育与专业学习的融合，提升听障大学生创新创业综合素养。高校要重视为听障大学生组建团队进行科研成果的传承创新，同时还要为听障大学生创新创业提供知识和技术支持，为大学生创新创业教育实施平台的构建营造良好的外部环境，激发听障大学生的创新创业潜能。

其次，听障大学生创新创业平台建设是推动高校创新创业教育内涵发展的需要。在"大众创业、万众创新"的时代背景下，高校围绕立德树人的根本任务，为社会培养高素质的创新创业型人才。构建听障大学生创新创业平台正是基于新时代发展的现实需要，增加残疾人创新创业教育的发展动力，通过平台建设，为听障大学生的提供创新创业实践训练，整合学校、社会等多渠道资源，让创新创业教育吸收充足"养分"，在素质教育基础上，进一步丰富创新创业教育的内涵发展。同时，聚焦于人才培养，推动残疾人高等教育进一步深化和发展。当前,在全国推动创新创业教育蓬勃发展的形势下,各地高校为学生建设并提供了各类型的创新创业实践平台。以黑龙江省的一项统计为例。依托国家级大学生创新创业训练计划,以"挑战杯""互联网+大赛"为主体的赛事面向全体学生在全国范围内开展,黑龙江省各高校鼓励学生参加训练和竞赛,参与程度不断提高。主体赛事"互联网+"大学生创新创业大赛成功带动学生参赛的积极性,在黑龙江赛区,覆盖学校更为广泛,2015年开赛以来,截至目前大赛已经举办了六届,申报项目数量从第一届的890个增加到32 203个,呈巨幅增长的趋势,参与院校增加至76所,参与度达93.8%,同时为满足竞赛需求和提高学生的参与度、积极性,省赛设置奖项数也在逐届增加,扩大获奖范围,为创新创业人才培养提供实践平台。

听障大学生创新创业实践平台的建设,能够让学生的创业构想转变成现实,实现了理论变为实践的接续转变过程,为听障大学生创业活动的开展提供了保障。

二、听障大学生创新创业平台建设的原则

2015年5月4日,国务院办公厅印发《关于深化高等学校创新创业教育改革的实施意见》,《意见》中指出:全面深化高等学校创新创业教育改革是新时代适应国家发展的战略,有利于促进经济的提升,更是推进高等教育改革和高质量创业的重要举措。《意见》明确指出需要重点关注的九个方面:一是提高人力资源开发质量标准。通过编撰、制定、修订国家高等教育标准,明确相关院校的教育需求,通过创新创业教育与基本教育相结合促进高等院校的就业目标。二是通过创新创业教育的目标和要求全面提高教育的标准,制定相关专业的结构和创新创业人才开发的模式,通过校企、校校、校地等相结合培育出新的人才,制定出新的人才培养方案,通过本科化学科等方式进行交叉培养。三是不断完善创新创业教育的课程体系。其对于完善高等学校人才有着重要的作用,要根据创新创业的要求,全面调整课程专业的设置和课程教育。四是改革教学评价方式,扩大小班教育范围重点改革研究和评估创新创业教学的内容和方法,通过不同的方式对学生分析问题和解决问题的能力进行评估和测量。五是要全面提高学生的创新创业实践积极性,全面加强创新创业实践的培训,从高校通过促进创新创业教育实践平台的建设,通过多种资源为学生提供更加丰富的创新创业实践机会,利用大学科技园创业园孵化基地小型企业等,帮助学生有更多的机会参与到创新创业的实践中来。建议大学生校外创新创业实践为基础的群体,通过这些群体的实践活动可以为学生提供更多的经验,同时举办大学生创新活动讲座,为学生提供更多的机会。六是对高校学习管理和教育制度加以改革,把创新创业学分制度融

入到学生的课程中，通过各种创新创业的培养，针对有意愿和能力的学生制定相关的培养方案，通过更灵活的教育和培训系统帮助学生可以有机会参与到创新创业的实践。七是全面提高高校教师的创新创业能力和培养高校要明确创新创业教育对学生的意义，加强教师的职责，提高学生的创新创业能力教育。引进人才，讲授专业课程、创新创业课程，形成全国教师人才库，通过这种方式全面提高学生的创新创业意识。八是高校要完善学生的创新创业服务，通过建立完善的创新创业指导服务，可以为学生提供全方位的创新创业指导。九是完善创新创业金融和支持并提供相关的政策保障。创新创业是整合发展社会和财政的重要方式，通过支持学生的创新创业活动，可以落实各项扶持政策，通过重点帮助学生的创新创业。可以为学生设立相关的创新创业基金，可以为学生提供更好的平台，为学生毕业后有更好的就业方向。在平时的教学中，高校把创新创业，教学，服务实践等融为一体为学生在创新创业实践中提供更加丰富的资源。

不难理解，深化高校创新创业改革是推进高等教育综合改革的重要突破口，是提高区域经济发展，为社会提供创新人才，不断提升就业竞争力和社会效益的重要路径。这些措施帮助听障大学生克服自身的问题，充分发挥自己专业的优势，实现创新创业教学和实践的融合，并在实践过程中努力找到自己的优势，积极参与到各种创新创业的竞赛和活动中，从而培养听障大学生的创业精神和意识，提高创新创业水平获得向市场转化的能力。听障大学生创新创业平台的建设能够吸引更多的学生参与到创新创业活动中来丰富学生的实践经验。听障大学生在进行创新创业实践活动中，可以有机会与更多的学生进行交流和沟通，不但有利于他们实践能力的提高，还可以增强他们的社会责任感，提高社会适应能力，培养出听障大学生艰苦努力的品质。高校创新创业教育人实践平台的人才优势和技术优势有利于听障大学生在创新创业过程中，更好地发挥优势，实现成果的转化，在这一过程中高校要对听障大学生的创新创业提供有效的帮助，提高他们的知识积累，增强他们的市场洞察力，为听障大学生创新创业教育平台营造更良好的环境，激发他们投入到创新创业的实践活动中去。

（一）坚持以人为本、因材施教的指导性原则

在残疾人双创教育课程改革中不可忽视的一个问题就是要将教育理念从能力本位向人格本位转轨。人格本位是一种着眼于发展受教育者心理品质的教育观。这种教育观立足于人是社会的人、人是文化的人、人是道德的人，主张以德性驾驭能力。这种教育在注重受教育者能力培养的同时，重视他们的道德修炼，要求学生在创新创业教育阶段通过一定时期的培养学会做人，即学会做一个会创业、会学习、会生活、会处世的有独立人格的人。

因而，从能力本位走向人格本位，将成为创新创业教育现代化的重要内容。

首先，听障大学生创新创业教育的理念要从岗位导向教育转变为素质教育和综合能力教育，以综合素质教育为特色，以职业技能培养为特色，以综合专业培养为核心，不仅要强调相关专业群体的一般知识和技能的集合，还要选择特定的专业。我们也注重知识和技能。"广泛基础"阶段侧重于发展整体素质和关键能力，同时提供特定职位群体共有的技能和技能的专业教育。这一阶段的重点是为发展潜力奠定基础。学生根据自己的兴趣爱好、能力、性格等个人特点、个人学习基础、精力、创业意愿等选择模块，或者选择学校为今年学生推出的模块组合。教师需要为学生选择一个模块，并提供必要的指导。

其次，要及时更新听障大学生创新创业的教学内容，完善整体的知识结构和理论知识，促进理论知识向实践的转化。高校一方面要通过帮助听障大学生完善相关的理论知识，还要使一些已经具有创新创业实践能力的学生，帮助没有相关实践能力的学生进行实践工作，在具体的工作中，可以组建听障大学生工作站，通过工作站的方式帮助学生，提供创新创业咨询和服务为听障学生制定适合他们的创新创业规划。同时还可以为大学生平时的创业活动开展相关的理论和技术支持。此外在创新创业的教学中，教师和学校要始终坚持把创新创业教育和理论相结合起来，并及时更新教师的知识，通过开展讲座，学术沙龙等方式，为听障大学生提供相应的服务。学会创新是教师与学生共同的研究课题，我们要引导听障大学生主动进入创新创业的培养范围，以此适应社会不断发展变化的创新创业环境。

最后，要以人为本，因材施教。分层次教学是针对学生的文化基础、能力差异和人力资源开发目标量身定做的教学方法。模块层次可分为进修模块和就业模块（即毕业和资格体系）。对听障大学生来，可采取文化课与专业课并重的学业管理与评价体系双轨制。对于学术能力较弱和不同听力损伤程度的学生，要在不影响专业课学习的情况下增加实践课的数量，文化课的内容和时间要压缩和选择，德育教育也要有针对性地分散在实践活动中。

（二）坚持以"专业+技能"为核心的应用型性原则

学习的目的是希望学生可以掌握全方位的技能，而不仅仅是理论方面的知识。因为创新创业教育的核心是理论转化为实践。所以在实施这个方法时，就是将所学的理论应用到实际的训练中。对于创业导师来说，这种方法可以帮助导师将他们所学的材料与现实世界联系起来，鼓励学生在以前的学习和其在社会生活中的应用之间建立联系。在这样的前提下，学生要明确他们学习的目的和意义，才有利于他们能更好的学习。学习对他们有什么好处，处于什么状态，以及如何实现。他们意识到他们所学到的东西将对他们以后的生活有用。因此，他们将自己定位为需要为未来生活做准备的人。他们了解什么对他们有好处，并努力实现它。在这方面，如果知识直接或间接地与学生自己的日常经历相关，他们就会要求教师充当指导者和导师，让学习变得有意义。因此，对每位从事听障大学生创新创业教育的教师来讲，知识必须足够广泛，才可以轻松地提供具有自己见解的示例。使用学习资源和学习媒体，激发学生积极寻求和实践，并找到经验与学习的概念之间的联系。这样，听障大学生的学习体验将促进其转换解决其他问题的能力。

首先，要办好听障大学生创新创业教育，就必须积极实施专业设置和课程改革，用"专业+技能"来提高听障大学生创业的成功率。联合国教育、科学及文化组织建议："为就业做准备的职业教育需要为获得一份高效、舒适和令人满意的工作奠定基础。要做到这一点，你需要做到以下几点：一是在特定领域工作。广泛的知识、技能有利于跨领域工作，而不仅仅是在某一领域工作，只有在掌握多领域的知识后，才可以更容易地从一个领域转移到另一个领域中。二是在接受教育的人提供的学习中，要充分认识到职业教育在职业培训的作用。只有不断努力学习，才可以不断提高自己的专业技能，从而更好为工作服务。三是教育领域中，要注意各个职业生涯所具备的能力知识等问题。"在当今竞争激烈的社会环境下，没有高素质、顽强的意志，残疾人很难与普通民众平等参与就业竞争。据估计，技术知识的价值每年以10%到15%的速度下降。例如，机器制造技术下降了10年，而计算机技术只下降了4年。正式工换工作频繁，就业—裁员—再就业不再是新话题。"信息社会将使我们每个人都成为终身学习者，不管你喜不喜欢。"美国未来学家约翰内斯比特说。在信息爆炸的时代，人们需要学会从众多现代技术的宝库中选择自己需要的东西，不断补充新的信息，继续学习和获得新的知识和技能，才能不断加深和提高自己的能力。

其次，在专业设置上做到"宽基础"，重视技能发展。"宽基础"的提案是从日本高等教育的实际情况中诞生的，对全面推进高质量教育、增加培养学生的可能性起到了重要作用，这也是新时代对人才知识结构的需求。从学生信息来源结构来看，我国听力障碍大学生的高等教育对象多为特殊教育学校的毕业生。因此，在开设普通专业的同时，至少要开设一些必要的文化基础课程，以适应听力障碍学生等专业课程的学习内容。大学生艺术专业是绘画、雕塑、计算机，无论哪科都是存在一定的困难的，学生的语言能力和文学素养素不够，他们对于作品的理解会有偏差，也不会有各全方位深入的理解，其次本身艺术作品是一些特定的作品，从质量和表现力来看，很难更加全面，而在学习这些知识的过程中，如果没有一些基础特定的知识作为辅助是很难达到技术层面的应用。另外学生培养终身学习的能力也是非常重要的，在培养终身能力的同时，要注意学生具备一定的文化基础，在这一基础上帮助他们树立正确的世界观人生观和价值观，有利于培养全面型综合型人才。改革开放后，我国的产业结构都在发生着深刻的变革，根据我国劳动年鉴资料显示我国的第三产业就业人数百分比呈现了显著增长，也就是说第三产业的就业人数已经慢慢的在超越第二产业的人数，可见我国经济的发展是在不断的变化的。

最后，根据专业课程内容和学习时间，采取多种形式灵活的学业成绩评估和学籍管理。单一学科可完成短期培训课程，综合专业修读一定年限后可颁发毕业证书。学业成绩评价应采取理论（考题）与实践（操作技能）相结合的方式，同时要有一定比例的职业道德评价内容。由于职业组相关专业模块的增加，多层次教育的出现，以及选修（必修和限修）课程和学时的增加，教育规划、教育安置、绩效评估和毕业分配，教育管理逐步形成现代化、科学化、动态化、动态化的管理体系。听障大学生高等教育课程改革不可忽视的问题之一是教育理念由能力为本向人格本位转变。培养人格为主的教育观，更加注重培养学生的心理素质，良好的心理素质，有利于在工作中有更好的表现，这种教育观念是基于社会与道德的方面进行考虑的这种教育观念，更加看重用得愈来提高学生的控制能力，因此这种教育观不但注重学生的能力培养，还更加注重他们的道德修养。它要求学生在高等教育阶段通过一定时期的训练，学会做人，即成为一个能创业、能学习、能生活、能做人的独立的人。职业教育是我国现代化教育的重要组成部分之在教育过程中要注意从个性和能力两方面相结合。在残疾人职业教育的过程中，不但要把各种能力渗透到教育中，还要在实践过程中培养他们学会认真负责的态度，良好的习惯和正确的择业观念，通过这种方式才可以满足社会服务，在基本的教学过程中，要以专业为前提开展多学科的教育，进行相关的实践活动，把正确的世界观，人生观，价值观融入教学与实践中。在某听障高等学校的调研过程中我们发现在一所听力受损大学生的研究过程中，发现该校相当多的学生（约60%）在实践中很害羞，看不起体力劳动。这些学生大多在家有吃有穿。鉴于这一现实，课程改革不仅要抓紧改革本身，更要注重改革作为决策者的基础教育，从学生的实际生活出发，在各个层次的劳动技能课程中占一定比例。在实践过程中，高校还可以与相关的服务机构组织公益工作，培养学生认真负责的良好工作习惯和生活态度。

（三）坚持以产学研服为一体的综合性原则

高校与社会力量合作对接成为培养创新创业人才的重要手段，高校要加强与院校、政府、科研院所、企业、社会组织等力量的合作，实现多方协同培养创新创业人才，做到理论、实践以及科研相结合，鼓励学生利用校内外优质资源进行自主学习，有目的、有计划、有针对性地展开实践研究，切实提高学习和实践效率，着力在学生的创新思维和实践能力方面进行充分培养和提高。以产学研服为一体的综合性原则其目的是站在以人才培养为目标的核心战略位置上，衡量听障大学生创新创业平台是否能够将创新创业教育、科研、项目实训和社会服务进行有效连接。对于双创平台听障大学生的参与度、实训实习的满意度为目标导向，最大限度的发挥创新创业实践平台的优势，以多渠道、多角度激发聋人大学生创新创业意识、培养创新创业精神，让他们主动投身创新创业实践活动。

第一，听障大学生的创新创业活动要依托跨专业和多学科知识背景为重要支持，发挥学科和地域优势，这样才能适应当前企业单位高标准的用人要求和社会环境的复杂程度。通过产教融合的形式促进学科专业和产业的深化对接合作，融合多学科的优势，推动创新创业教育发挥最大效能和价值，促进听障大学生创新创业教育向更高台阶发展和迈进。地方应用型高校应注重发展学科集群和产业集群，通过学校与企业的联合，以企业孵化的模式推动听障大学生创业，将有效破解聋人大学生就业率低和离职率高的就业困境，而且有利于提高聋人大学生的创业成功率，促使他们凭借自身的力量融入社会、奉献社会。以此，加强和扩大学校、政府、企业或各方团体及个人的联系和合作，实现产、学、研、服，校政企一体化的资源共享的创新创业培养模式，提高对听障大学生创新创业教育的育人水平，为促进其内涵式发展，增加和注入动力、活力。

第二，应用型地方高校紧紧围绕当地产业特点，搭建校企合作平台，尝试以"订单式"人才培养模式培养企业和社会所需的应用型人才。加强与当地企业共建产教融合协同育人基地，将企业实际需求与学生专业相结合，在学校和企业导师共同指导下从企业发展面临的困境出发提出相应的创新对策，培养学生创新思维，提升其创新能力、实际管理能力和就业竞争力。以赛促学、以赛促教、以赛促创。试点实施"一课一赛"制度，鼓励学生在完成每一个课程群的学习后参加相应的学科竞赛和行业比赛，用显性化的指标来实现以赛促学、以赛促教、以赛促创，通过与企业合作共建，为听障大学生提供创业资金和技术转化支持，引导听障大学生创新创业，以创业带动就业。

第三，从实践教学体系角度，实施产教融合协同育人。要及时更新听障大学生创新创业的教学内容，完善整体的知识结构和理论知识，促进理论知识向实践的转化，高校一方面要帮助听障大学生完善相关的理论知识，还要使一些已经具有创新创业实践能力的学生，帮助没有相关实践能力的学生进行实践工作，在具体的工作中，可以组建听障大学生工作站，通过工作站的方式帮助学生，提供创新创业咨询和服务为听障学生制定适合他们的创新创业规划。同时还可以为大学生平时的创业活动开展相关的理论和技术支持，此外在创新创业的教学中，教师和学校要始终坚持把创新创业教育和理论相结合起来，并及时更新教师的知识。通过开展讲座，学术沙龙等方式，为听障大学生提供相应的服务。高校还要为听障大学生提供更多的创新创业体验活动，强化他们的创新创业意识、促进知识的转化，听障大学生要注重根据不同地方的地域特色开展相关的创业竞赛等活动，使不同专业的学生聚集起来实现跨专业交流，从而可以在更短的时间内实现学生创新创业意识的转化，在实践过程中也可以真正的检验到学生创新创业能力，强化高校学生创新创业的思维，促进创新创业活动。

三、听障大学生创新创业平台建设的条件

听障大学生创新创业是以在校和即将毕业的听障大学生为主体的一种创业过程。随着我国的经济不断转型，社会就业压力逐年增大，创业逐渐成为包括听障大学生在内的在校大学生和毕业大学生的一种职业选择方式。听障大学生创新创业平台可以帮助听障大学生了解创新创业的内容，参与实践实训活动，将创业理想于意图转化为实际成果。

1. 基础设施

基础设施对于听障大学生创新创业实践是一项不可缺少的重要内容。也就是说在听障大学生进行创新创业实践中，需要一些最基本的必要的满足其创新创业实践的场所和设施，一般包括一些实践基地和必要的设施等。根据我国专家的调研实验可以发现有创新创业实践基地的大学对比于没有实践基地的大学，学生对于创新创业的热情和投入气氛也不同。通过创新创业实践平台的建设，听障大学生一般会更加积极主动的参与到创新创业实践活动中来，他们对于创新创业的认识更加的清晰，对于创新创业的热情也更加活跃。

其中，基础设施平台建设中重要的一项就是仪器设备。良好的仪器设备，可以帮助听障大学生在创新创业工作中更好的开展创业活动。作为创新创业实践平台的重要组成部分，仪器设备可以提高大学生在创新创业工作中的工作效率，也可以帮助大学生以更加积极的面貌投入到创新创业实践活动中来。良好的仪器设备，对于激发听障大学生的创业热情，提高他们的实践能力，实现创新创业，是非常有利的。目前，大部分高校在建设大学生创新创业实践平台时，都会采用较为先进的设备，比如郑州大学在创建校内的创新创业实践平台时，就对较旧的仪器进行了更新，同时许多一流大学相互合作，建立起了许多新型的创新创业实践室，为学生提供更好的设备和设施，提高学生的动手实践能力。

2. 信息化技术支持

创新创业实践平台的建设离不开互联网的帮助以及信息技术的支持。根据我国2020年4月中国互联网信息中心发布的中国互联网络发展状况统计报告中指出，截止到2020年3月，我国网民的规模达到了将近10亿，互联网的普及率也达到了65.6%，可以看出在现代社会背景下，信息和网络对于人们的生活有着非常大的影响，随着互联网普及率大大的提高，可以说信息平台的作用是非常重要的。同样，信息平台对于听障大学生创新创

业实践也是有着较大的影响。借助于网络信息平台，可以帮助听障大学生获取更多的创新创业信息和机会，不断拓展相关的创新创业知识，让更多的学生了解信息平台的内容，并不断的拓宽其资源。比如清华大学，早在2000年年初就开始建设了互联网信息平台，这一平台的建立为清华大学学生的创新创业实践提供了丰富的信息和充足知识，帮助学生通过创新创业实践平台获取创新创业资讯，开展活动，大学生就业压力得到有效缓解。

3. 系统综合服务

设立专门的创新创业综合服务平台。由于高校创新创业教育管理不够系统化，造成信息不对称的情况，师生接收相关的咨信讯息较迟或并未知晓，阻碍了创新创业活动的有效开展。创新创业综合服务平台设置线上和线下两个站点，在线上主要将创新创业相关信息集中起来，借助于微信公众号、短视频App等工具推送创新创业相关政策、知识和资讯、竞赛信息等内容，让师生了解创新创业教育的最新发展情况更加便捷。线下的创新创业服务平台应为学生在创新创业方面争取更多的优惠政策，为学生提供全方位的咨询服务，定期开展政策解读、竞赛宣传、专业指导等讲座，进一步落实政策并推动创新创业教育在高校范围内广泛开展。与此同时，要重点对大学生创新创业投资进行服务。这一项资金支持，早在国外就已经出现了，2009年法国就有一些专门为学生创新创业投资的机构，这些机构为学生的创新创业提供投资和融资服务，从此越来越多的机构开始关注大学生创新创业的这一板块，这也更加鼓舞了大学生参与到创新创业实践中来，推动了大学生创新创业的实践和教育工作。

四、听障大学生创新创业平台建设的举措

我国教育部在2010年对大学生建立创新创业实践平台作出了规划并提出了相关要求。各高校要全面建设大学生的创新创业实践基地，从宏观层面来看，以国家为支撑为大学提供创新创业科技园，建立一批重点的创新创业实践基地，并制定高校大学生创新创业实践基地的具体认定办法。从微观层面来看，各级省市教育部门要运用多种形式为大学生进行创新创业实践提供机会，并推动本地区的地质高校企业相结合，建立起高校大学生的创新创业实践孵化基地，根据其规模给予相应的资金支持，充分发挥出基地的作用。

确定高校创新创业实践基地的定位。大学生创新创业基地主要是为学生的创新创业服务的，要整合各方面的资源优势，为大学生开展创新创业实践提供相关的指导和支持，通过为学生提供相关的软硬件支持，帮助学生可以更好的融入创新创业实践中。

大学生创新创业实践基地的管理进一步规范。大学生创新创业实践基地的建设是大学生的重要内容，要确定相关的职责和管理任务，依托于学校各部门和企业的联动，共同为

大学生的创新创业实践提供服务，另外高校也要出台相应的激励和管理政策，以便于高校大学生创新创业基地工作的更好开展。2011 年我国教育部协同科技部以国家大学科技园为依托，在全国范围内建立了 66 个高校，创新创业实践的实践基地，同时教育部科技部还颁布了《高校学生科技创业实习基地认定办法》，这一办法的颁布，为高校学生进行创新创业实践基地提供了更大的支持，也让学生更加积极的参与到这一活动中。

（一）依托政府优惠政策

积极主动争取上级主管部门的经费支持和相关企业的帮助，探索听障大学生创新创业平台建设模式。

1. 财政专项资金政策

政府对于大学生创新创业的资金，主要体现在国家对中小企业相关的投资上面。目前我国国家财政的资金主要分为两种，其中一种是科技型中小企业的启动资金和中小企业发展的资金，2005 年 3 月，我国科技部和财政部对于中小企业技术创新的项目管理颁布了相关的管理办法，其中明确的规定了科技型中小企业的创新基金范围的，要求中小企业技术创新的资金和性质的投资，是应该以什么样的方式呈现的，主要是用来支持中小企业创新型技术的专项资金。针对中小企业专项资金的资助和贷款一般不会超过 100 万元，个别较为重要的项目也不会超过 200 万元，可见政府对于中小企业科技项目的投资要求，资金要求是非常严格的，此外申请免费资助的企业一般需要有等额或更高的配额配套资金，2012 年 5 月我国财政部和工业部。和发布了针对中小企业发展的管理办法，办法规定中小企业发展专项资金需要标明来源性质与使用情况中，小企业发展的专项资金一般由中央财政直接管理，主要用于支持我国中小企业的发展，转变方式扩大就业等情况。除了相关的资金外，还包括一些其他的补贴，或者是专项补助资金，这些专项补贴或补助资金，主要是为了中小企业开拓国际市场进行准备，除了国家层面对中小企业发展提供的专项资金支持以外，地方政府还可以针对中小企业的特点促进其发展，制定一些相关的金融政策，支持企业家进行自主创业，例如 2009 年四川省决定实施千人大学生创业计划，并拨款 5 000 万元。

2. 小额担保贷款政策

2003 年 5 月，国务院办公厅下发了通知，要求各地区为大学生创造创新创业机会并提供相关的小额贷款或是担保。在随后发布的文件中并规定对大学生申请小额贷款进行了明确的规定，具体主要表现在以下几点：①小额担保贷款的适用对象为大学生小额担保贷款，一般适用于就业事业登记当地户口的具有相关能力的毕业生，在相关规定中明确了小额担保贷款的学生是进行社会基层创业的,也可以向相关的当地银行申请小额担保贷款,另外针对一些偏远地区的大学生进行创业,可以提供更多的资金保障;②创业融资投资政策金额和期限都有具体明确的规定,文件中,对于大学生投资融资的贷款金额和期限要求不得超过5万元的小额担保贷款,对于合伙企业组织进行就业的,可以根据具体的情况扩大相关的规模,2011年我国把高校毕业生最高贷款额度从5万元提高到了10万元,而具体的担保期限也可以从之前的两年再增加两年,银行公布的贷款利率上调也不应当超过三个百分点,可以看出我国对于大学生参加创新创业的力度支持是非常大的。在中央的支持和领导下,各地的政府也陆续出台了大学生创新创业的相关办法,比如河北省针对河北省小额贷款的要求,就提出了个人申请,不得超过10万元合伙企业,则总共小额贷款不得超过40万元。

3. 创业基金政策

2005年中共中央办公厅、国务院办公厅《关于引导和鼓励高校毕业生面向基层就业的意见》意见中指出,要积极鼓励支持高校学生毕业后进行自主创业,成为为社会,为基层作出贡献的有用人才。在有条件的地区可以通过财政和渠道帮助大学生提供相关的资金,让大学生更加积极地参与到创业中来,在上海大学生基金的设立较早,上海市人民政府对于大学生的自主创业非常的重视,早在2005年就启动了上海市大学生创新创业的科技基金,这一基金是由政府资助的,帮助大学生创业的天使基金,政府全部投资达到5 000万元每年,共投资三年,总共资金达到1.5亿,这1.5亿全部用于支持上海大学应届毕业生在社会进行相关的创新创业。此外,浙江省也非常鼓励高校大学生进行自主创业,2008年浙江省就设定了科学创新基金,鼓励大学生毕业后进行自主的创新创业,并首批落实了大学生创新创业项目和200个大学生孵化项目。2010年1月,浙江省设立了第一支大学生的创新创业投资,西湖新潮天使投资基金,基金总额达到了1亿元,杭州西湖政府并投资了上千万元,通过对大学生创新创业基金项目的支持,社会民间投资近9 000万元,这一基金属于非盈利风险投资,主要用于大学生西湖基地的创新创业投资项目,通过这一项目和模式的发展,可以有利于大学生进行自主的创新创业,2009年湖北省科技局出资设立了湖北武汉大学生的创新创业基金会,并设立了相关的子基金,通过这一方式鼓励大学生进行创新创业。新年以来。这一基金为许多大学生的创新创业投入了资金,并鼓励他们在毕业后进行相关的创新创业。

中央和政府的创新创业政策,对于高校大学生的创新创业的实践起到重要的作用。听障大学生作为大学生中的重要组成部分,国家的政策支持也为听障大学生的创新创业提供了保障和机会。通过对大学生创新创业金政策的梳理,可以发现我国针对高校毕业生创新创业投资的重视程度在不断加大。金融机构的小额担保贷款政策，在不断完善的同时，也为大学生的贷款提供了更多的机会。这些措施为听障大学生的创新创业有引导了方向，在创业的政策中发挥着重要的作用。

4. 市场准入政策

2008 年，人力资源和社会保障部、国家发展改革委等部委联合"促进创业"，鼓励高校毕业生创业创业，以创业带动就业，出台了《创业指导意见》。从准入、注册资本、创业等角度对初创企业进行"就业带动工作"，为企业提供指导。例如，初创企业需要适当放宽市场准入政策，分期缴纳注册资本，为创业者提供出租和临时住房作为营业场所。

2009 年上海市商务局推出了零首付政策之后，北京深圳等地出台了相关的大学生创新创业零首付的政策规定，大学生在毕业两年内进行创业时，可以申请零首付的政策。但是这一政策需要毕业生投资 50 万元，自注册资本才可以，成立从注册资本成立两年期内缴还所有余款。山东省人民政府针对大学生创新创业也提出了相关意见，并放宽了企业准入准则：第一，放宽了企业的注册条件，符合相关条件的毕业大学生可以免除出资限制，出资一元即可申请注册，第二，放宽了营业场所的限制，属于大学生毕业创业的都可以进行。根据相关的法律规定允许居住地出租房，临时房，当地住房等作为商业场所。第三，放宽投资板块。法律法规未禁止的行业和学科，对各类企业家协会开放。有国家限制和标准的行业和行业，对各类企业家协会一视同仁。鼓励和支持各类企业家参与不同领域的投资建设和投资项目的政府采购和招投标。通过放宽相关公司的注册登记条件，为大学生创新创业提供了更多的机会。成都市也针对高校毕业生创新创业提出了相关的政策，提出了支持大学生创新创业的 8 项政策，尤其是鼓励大学生毕业后进行创新创业，从事食品、饮料、日用品等服务行业的高校毕业生，不具备临时申请行政许可条件的，均可向本区提出申请。(市)就业（经营）办公室所在县工商局申领"成都"市灵活就业（经营）指导证，开展经营试点。此外，在试运行期间，免予个体工商户登记。

5. 税费减免政策

就残疾人创业而言，各级政府相关部门先前已经出台了一系列相关扶持政策。如《财政部国家税务总局关于促进残疾人就业税收优惠政策的通知》规定，对残疾人个人为社会提供的劳务免征营业税；2009 年 4 月，北京市发布了《北京市用人单位安排残疾人就业岗位补贴暂行办法》和《北京市扶持残疾人自主创业个体就业暂行办法》，对残疾人自主创业进行资金和政策扶持；而国务院《意见》《关于进一步做好新形势下就业创业工作的意见》等文件的出台，则是强力推动了残疾人创新创业的发展，为新形势下推进残疾人创新创业提供了新的政策保障、创造了良好的政策环境。自 2005 年起，政府开始实施对民营企业毕业生免收行政事业费的政策。如在《关于对从事个体经营的下岗失业人员和高校毕业生实行收费优惠政策的通知》（财综〔2006〕7号）中规定，从事自主创业、相关登记、许可和管理费用的高校毕业生，自登记之日起3年内，毕业后2年内，可进入商业领域。该通知还规定了毕业生减税的具体细节：新的企业所得税法于2008年1月1日生效，第28条规定，由于这是国家支持的重要项目，税率将降低到15%。2010年，财政部、国家税务总局印发了《关于支持和促进就业税收政策的通知》：大学毕业生毕业后，如果在3年内创业，将在3年内从每年8 000元的最高限额中扣除实际营业税、城市建设税、教育税等，征收1个税率。

（二）充分利用项目平台

开展各类创新创业竞赛活动，是国内外进行创新创业教育的成功经验，是加强创新创业平台建设的有力保障，是拓宽学校与企业、社会沟通的渠道，特别是帮助听障大学生融入社会，将学习与社会工作更好地结合在一起的有效手段。近年来，地方各级政府、高校和行业团体举办各类创新创业大赛，通过"课程+项目+比赛"的模式让广大青年大学生弘扬时代精神，培养创新思维，对促进创新创业教育和创业实践活动的积极开展具有重要作用。创新创业大赛对听障大学生提升创新创业能力及平台建设有着不可忽视的作用和意义。

首先，以赛促学，引导听障大学生相互学习向榜样看齐。以课程、项目和竞赛为目标导向，鼓励听障大学生积极参加创新创业大赛。从基础层面出发，全面培养听障大学生的创新意识和思维能力，激发听障大学生产生创意灵感、规划赛程方案、敢于交流展示并向优秀同伴学习，借鉴和学习成功听障大学生创业经验；引导听障大学生扎根基层，在创新创业中增长智慧和才干，躬身实践社会，用实际行动回馈党和国家以及学校的教育和培养。

其次，以赛促育，探索素质教育新路径。通过课程、竞赛和项目的形式，完善课程体系、进行教学模式改革，把创新创业教育深化为高校大学生的必备能力，提高听障大学生的实践创新能力。已有研究表明，听障人群比健听人群具有更高的视觉敏锐度、更强的图像视觉加工能力及视觉搜索能力且更容易从实践活动中收获知识。对听障学生开展创新创业教育，应突出该群体接收图像信息的优势，以具体创业实践项目为载体，通过"做中学"的模式指导听障学生创业实践。

最后，比赛促创，构建成果转化新平台。课程、竞赛和项目的开展有利于把创新创业成果更好地转化，为学生提供一个良好的转化平台。建立听障大学生创新创业的长效机制，对进行创新创业的项目进行严格的审核并论证。为其科研提供基础，加强成果转化速度并提升其效果,提高听障大学生主人翁意识。此外,加强企业与聋健融合教育密切联系,创新学校与企业合作方式,利用合作再推进聋健融合双创育人模式的开展,鼓励听障大学生到真实工作环境中体验,让听障大学生能够发挥所学知识和技能,将创新创业知识和理论融合。

(三)健全各项规章制度

根据我国创新创业的相关法规政策,结合当下高校听障大学生创新创业平台的建设和工作室制人才培养模式的实际,建立健全项目入住、平台常态化运行、创新创业导师队伍管理、经费管理等规章制度,深化团队内部管理,形成较为完善的创新创业体系。建立《听障大学生工作室选驻制度》《听障大学生特技工作室导师管理办法》《听障大学生特技工作室学生管理办法》《听障大学生特技工作室运行管理办法》等制度;将竞争机制引入到特技工作室建设中,不断提高建设质量与水平。

通过自身发展和社会的帮扶机制,进一步完善高校听障大学生创新创业平台基础设施的建设。在制度建设方面和提交申请材料方面,组织相关的现场答辩,讨论相关的业务范围和具体的团队分工以及管理制度和投资方案等。对相关的创新创业进行风险控制和未来发展前景等评估,尤其要注意的是要对项目的全过程以及各方面内容进行详尽的评估和分析,并且对于项目的预期收益和具体的内容进行详细的分析,对于存在问题和没有通过的项目,可以责令整改,甚至是撤销,确保所有项目可以得到有效的实施。

(四)提高师资队伍能力

教师是我国教育工作的践行者,教育事业发展的动力,是教育活动可以正常开展的保障。高校教师还要根据教学内容,不断地提高教学水平,更新知识结构,作为教育教学的主要动力,还要为学生搭建良好的创新创业平台。2003年起,教育部联合国际高校共同举办"全国高校创业教育专业教师高级研修班",从创业课程内容、课程设置、教育技能等层面培养创业教育专业教师。截至2013年底,该研讨会已连续举办11届,为全国高校培养了1 400余名创业教育骨干教师。

教师要不断提高自己各方面的技能,可以通过以下几个方面:

一是高校可以组织教师参加专班培训,从创业课程内容、课程设置、教育技能等层面培养创业教育专业教师。经过专业培训提高教师工作积极性,为教师积极从事创新创业教育提供更好的教学内容。针对缺乏创业和实践经验的教师,可以通过企业讲座的方式,让教师了解相关的创新创业实践工作内容,并给予更多的支持和鼓励,在教学中也可以更好地鼓励学生积极地参与到创新创业实践中。

二是高校可以聘请校外企业家兼职任教，负责将创新创业实践经验分享给学生和教师。此外还可以聘请相关部门的专家和投资家等为学生了解及实践创新创业过程中可能遇到的问题和困难，提供相关的咨询服务。

三是通过专职教师培训体系，让教师下沉企业参加实践学习，亲身创业过程。听障大学生创新创业教师可以多参加一些企业的培训班、临时培训班等，通过这种方式提高相关的素质和能力，以便在今后的教学中渗透创新创业教学。

四是还要注重提高教师教学的热情和激励措施，建立起教学的考评机制、绩效考核以及相关的活动标准，全方位地促进教师参加创新创业实践。

第三节　听障大学生创新创业平台运行的机制与保障

打破学校创新培养理念，以学校为原点，专业为射线，多点路径，立体发展，嫁接学校与其他高校的信息平台，搭建合适的交流平台，多元化引导大学生创新意识、合作学习方式。打破专业限制，扩大创新创业平台口径，建立校企一体、学做一体的工作室教学共享平台。创业教育的发展不仅顺应了时代的发展，也顺应了高等教育改革的需要。对提高大学生创新创业意识、缓解就业压力具有重要意义。

一、听障大学生创新创业平台建设的机制

听障大学生的创新创业教育，要打破以学校为原点的教育方式，立足于学校的基本情况。为学生搭建起更多的信息平台，让听障大学生与更多的人进行交流，培养合作精神。听障大学生创新创业平台的构建过程中要打破专业限制，扩大创新创业平台口径，建立校企一体、学做一体的工作室教学共享平台。

（一）以创业就业需求为主的导向机制

高校推进创业教育的目的是通过创业教育培养企业家，以达到促进就业创业的最终目的。地方听障大学生创新创业教育也通过体验式学习，提高听障大学生的专业技能，提升他们的创造力和领导力。通过各种形式的教学活动，帮助学生培养创业思维和理念，获得直接的创业经验，形成长期就业创业能力。课程内容和教学方法因课程目标而异，从旨在

提高创业意识的理论课程到旨在培养具备创业能力的毕业生的实践课程，以实践为导向的课程与创业学习建议相结合，以培养学生的创业技能。如果未来的研究能够通过使用创业课程这一术语并将其与创业过程联系起来来探索我们的确切含义，那将是有益的。此外，从实际创业或毕业生创业的角度，探索创新型听障大学生创新创业课程的成果如何，并将研究结果与教学过程联系起来，也将是有益的。听障大学生创新创业教育以大学生的就业创业需求为出发点，在一定程度上也可以作为职业教育的重要组成部分。我们需要多样化的创业课程，包括讲座、案例研究、实习和其他教育。我们还需要系统化方法，理论与实践相结合，让学生体验，根据学生的需要，设计课程。

（二）以专业专长、特色职业技能为主的培育机制

创新创业教育是高校应用多元化创新思维工具和技术的首选平台。通过课堂教学训练和相关的评价活动，学生可以发展横向能力。这将显著增加大学生，特别是有听力障碍的大学生的就业机会，并增加有听力障碍的大学生在新业务中取得成功的机会。在不同创造力过程中嵌入创新和创业教育可以产生重大影响：提高创新意识，培养学生的思维过程，不断提高自信心，学习具体技能。这包括改善思维方式和认知技能，训练创造性思维和方法，以及发展分析处理能力来概念化复杂的想法。

注重实践培训和创新创业课程的专业性。近年来，国内高校创新创业教育不断完善和发展，也为我国高校大学生创新创业做出了许多的贡献，在一定程度上满足了高校大学生的创新创业需求。包括朝着专业化方向发展和推进，寻求高质量的创新创业，强化创业教育服务质量。根据我国高校人才培养的内容和目标，可以增加相关的创新创业课程和类型，根据学生的爱好选择不同的创新创业内容，教师在教学中把基本教学内容与创新创业紧密结合突出学生创业的教育特点，在专业课程中挖掘学生可以进行创业的资源，实现理论课程与实践课程的融合，为学生打造一个全方位的创新创业教育环境。此外教师在教学过程中还要引导听障大学生克服身体缺陷，扬长避短，专业层面适应创新创业项目，积极学习，积累知识，将知识积累转化为知识应用，为自身的知识结构增值。

（三）以"校政企"学做一体为主的协同机制

工作室双创和教育培养模式需要创新创业平台内外各种媒体和资源的协调和组织。创新创业教育资源总是有限的，唯有协调好多种实践活动和科目，才能达到协同互补的效果，发挥协同效应和均衡分布，有效利用资源。因此，听障大学生创新创业教育实践平台需要以协同整合的方式有效发挥资源的整体功能。例如，依托高校创新创业园的专业优势，支持地方政府部门及相关企业开展科研、建设；高校创新创业教育与社会创业相结

合，着力推动学校科技成果转化，融合新型创新创业者"产业创新融合、学科创新融合、学行融合"，资源共享与协作实现系统升级和优化。

首先，要全面服务好听障大学生创新创业平台。保护高校资源效益，关注听障大学生创新创业教育中存在的问题，及时反馈，将专业知识转化为创新问题。通过专业导师一对一技术指导、学校财政政策支持、服务、项目化管理等一系列科学支持，营造适合大学生创业的成长环境。同时，连接企业和政府的创新创业实践平台，在学校的领导下，积极加强对国家创新创业相关产业政策的研究，与地方政府和企业开展合作。做好规划设计，主动为聋哑大学生及其创业提供创业服务和指导，为学校提供良好的基础环境和创业政企合作的氛围。利用先进的互联网新媒体技术，搭建科技信息服务平台，促进企业与高校、企业之间的交流与沟通。这增强了学校和企业在网络上的互动交流，既高效又方便，促进了更多的产学研结合，形成了学校、政府、企业三方的结构，提供了一个信息渠道。为下属企业、高校、科研机构的高校专业人才、教师、听障大学生及社会各类青年创业者搭建创业培训与实践成长平台整合创新创业资源，为学校教师、社会各界提供学生和社会。

其次，在高校听障大学生创新创业平台建设中，地方政府发挥着非常重要的作用，也是对平台运行影响最大的因素之一。他们能为高校提供创新政策支持，其相关职能部门为高校创新创业产业园承担技术项目提供资金渠道，为落实国家政策措施提供各种支持。是听障大学生创新创业实践平台的有效运作的保障，更是听障大学生创新创业平台建设和工作室发展的坚强后盾。

二、听障大学生创新创业平台建设的保障

（一）搭建创新创业教育实施平台，强化实践锻炼

实施平台是创新教育的具体媒介和渠道。它可以为具体的教育内容提供环境和实用的组织方式，可以促进大学生创新创业群体在实际体验过程中将自己的想法和经验付诸实践。所以高校在实施大学生创新创业实践教育的过程中，要考虑到学生的具体实际情况，为学生搭建一个良好的实践平台，给学生更多的实践机会。首先，各高校要依托校园资源，为听障大学生提供更丰富的实践机会，通过相关的政策基金扶持，为听障大学生建立大学生科技园和创业实践平台，同时聘请有经验的企业为学生提供相关的咨询和培训工作。其次，高校可以定期组织校内听障大学生的创新创业大赛，通过以赛代练的形式培养学生的创新创业意识。最后，各高校要结合内部与外部的资源，帮助学生寻找更多的创新创业机会。学生的创新创业仅仅依靠高校，是不可能满足他们在社会中创新创业的实践的，因此高校也要充分利用社会资源，通过校企结合的方式形成内外联动，鼓励大学生参

与到校内外的具体实践中。

（二）完善创新创业资金平台，保障创业资金筹措

资金是一个项目能够完成的重要内容，高校大学生创新创业的资金可以为学生提供更全方位的服务，听障大学生在创新创业过程中也是离不开一定的资金保障的。所以高校在为听障大学生搭建起创新创业教育实践的平台时，要注重资金的投入。一是高校要充分利用好社会扶持政策，向地方残联、社会帮扶机构申请资金支持。二是扩大创新创业资金储备。政府部门对创新创业的资金投入只能满足部分听障大学生创新创业团队的资金需求，要整合个人和社会支持，拓展高校创新创业的资本平台。三是明确金融支持体系。学校在建立资金数据库的基础上，在平台上建立相应的申请条件和制度，对申请资金支持的团队进行审核筛选，减少资金浪费和不良申请行为。同时，可将免息或低息分期贷款政策纳入资金申请，帮助听障大学生减轻资金压力和创新创业顾虑。

（三）组建创新创业信息平台，提高咨询服务水平

首先，建立信息收集、组织和公开的信息平台。随着科技手段和新媒体技术日趋成熟，大学生可以通过平台一次性获得有关创新创业的有用信息。听障大学生创新创业信息平台要致力于帮助该群体解读国家的相关创业信息和政策，提供信息咨询服务，在涉及具体的知识产权和业务运营、财税等多项任务时，让听障大学生可以有更明确的信息了解渠道。如果没有相关的信息引导，在创业时会浪费许多时间甚至是错误的处理。

其次，高校在为听障大学生搭建创新创业平台时，要注意统筹各种信息，为学生提供全面的信息服务。让听障大学生了解创新创业过程中的信息内容，根据现有的信息资源，做好全面的应对准备。高校创新创业实践过程中有明确的信息解读和政策的指引，可以为听障大学生节省不少时间，也可以帮助学生在遇到困难时更好地寻求政府或是企业的帮助。

最后，高校创新创业信息平台也要不断地提高自身的技术实力。互联网背景下，信息检索已经成为一件非常重要的事情，通过信息检索我们可以了解到一切我们所想要了解的知识，而听障大学生许多信息都是通过网络来获取的，那么高校在为学生建立起创新创业平台时，要及时地更新相关的知识并进行处理和统计，删除一些冗余的内容，通过这样的方式听障大学生才可以准确地获取到信息。高校在建设信息平台时还要注意进行信息计算和网络建设，为听障大学生搭建一个可以快速获取优质资源的信息平台。

（四）健全创新创业教育平台，增强育人能力

高校在为学生搭建创新创业实践平台时，应注重教育的均衡发展，全面提高学生的创新创业能力，增强残疾人高等教育的育人能力和水平。一是各高校要加强双创教师队伍建设。教师作为提高学生创新创业的重要基本因素，承担着创新创业教学过程中的责任，具有丰富理论和实践经验的教师，可以提高听障大学生对创新创业的认识。但是现有的教师大部分在理论层面上有着非常丰富的经验，但是对于创新创业实践经验相对欠缺。高校应该定期组织教师开展相关的职业技能培训，安排教师到校外企业进行实习，提高教师的创新创业实践能力。另外，各高校还应注重引进高层次的创新创业人才为学生的创新创业培养提供更多的活力；二是高校要系统强化创新创业教育课程体系，并且逐渐完善创新创业的实践课程。对于高校听障大学生来讲，课程作为创新创业的重要载体，是提高学生创新创业能力的关键，可以为听障大学生提供丰富的实践经验和理论知识，可以提高学生在创新创业过程中的各方面能力，是听障大学生创新创业平台建设的有力的保障；三是高校在进行教育过程中，要注意丰富创新创业形式和不同理论知识的学习。双创教育应该是一项具有丰富实践活动内容的教学过程，仅仅依靠课堂的理论知识教育，不能满足听障大学生对于创新创业的需求，因此高校在为大听障学生搭建创新创业平台时，要注重设计课堂与课后知识相结合、理论与实践相结合的教学课程，通过实际应用提高听障大学生的创新思维和创业能力。

（五）建立创新创业监督平台，反馈到位

政府的创新创业政策从整体和宏观的角度，为培养创新创业人才提供了规划。根据相关研究结果，"在与创业密切相关的九大结构框架中，政府政策和资金支持是最关键的因素"。要根据现有三方现状，不断完善创新创业教育政策内容，通过明确政策态势突破三方界限，加快高校、企业、政府三方合作，实现双赢。

一方面，政府要了解当前社会的形势，在创新创业教育时，有意识地让听障大学生了解当下相关的政策，为听障大学生今后的创新创业提供更丰富的理论基础。例如：创新创业的财政支持、创业税收优惠、专业技能教育培训等。在法律层面，加强法律保护，将创新创业教育的内容提升到法律层面，鼓励地方政府有效落实。在创新创业资助方面，政府必须提供具体的财政政策支持，如降低创新创业贷款利率，对听障大学生创业或给予补贴，以减轻听障大学生创新创业的经济负担和压力。从为创新创业提供信息咨询服务的角度看，政府需要通过控制出台政策，建立信息收集、组织和公开的信息平台。在教育培训

方面，政府可以通过制定一些有利于促进企业发展高校学生创新创业实施的相关政策，促进企业与高校之间进行相关的合作。在宣传方面，政府需要突出宣传作用，加强公众监督，从多方面完善创新创业教育政策的内容。同时，通过多种形式的正面宣传，积极营造鼓励创新创业的社会氛围，消除听障大学生创新创业偏见。在此基础上，各地也应增强政策执行意识，切实落实创新创业教育政策，确保其发挥实实在在的作用。

另一方面，为保障创新创业教育的有效开展和实施，政府应加强政策监督和引导，打破三者之间的壁垒。大学、政府、企业都是独立的，但又互为主体，对于促进社会发展，提高学生的创新创业有着非常重要的影响。政府要发挥平台监督作用，会对高校和企业的目标和方向产生影响，实际上三者的作用是重叠的。高校作为理论联系实际的最佳实施者，是知识转化为生产力的主要平台。企业作为生产力一线平台，对创造社会价值起到最直接的作用。政府可以通过政策的制定和实施有效地将两者联系起来。发挥各自优势，统一创新创业目标，积极推动创新创业教育发展，实现政产学研相结合。

第四节　听障大学生创新创业平台实施的特色与路径

一、平台支撑，实施政校企协同育人

工作室双创育人培养模式要坚持"校政企共同体"协同建设，依靠校、企跨界合作，根据企业岗位的要求，引入企业的项目管理运作模式，建立校企结合、学做一体的工作室教学共享平台。政府是校企合作的桥梁纽带，发挥其在合作中的管理、监督、服务等作用，促进"校政企"三方共用共享、共管共治，从而推动特技工作室建设发展。可与教育厅局部门、残联系统共建。

创新创业实践平台作为企业同政府连接的纽带，要在高校的领导下，积极加强国家相关创新创业产业政策的研究，配合地方政府和企业，开展多种形式的产学研合作，做好相关规划设计，积极为听障大学生及其企业提供创业服务和指导，为校政企合作，提供良好的基础环境和创业氛围。利用先进的互联网新媒体技术，建设科技信息服务平台，使企业与高校、企业与企业之间能够更好地沟通和联系。为高校专家、教师、健听和聋人大学生

以及社会上的各类青年创业者搭建创业实训、实践成长平台，整合相关企业、高校及科研院所创新创业资源，为学校师生和社会各界人士创新创业助力圆梦，不断为社会的经济发展需要输送应用型人才。

二、工作室制构建，推动实践教学体系改革

（一）建立听障大学生工作室制

"工作室制听障生培养"模式针对听障生生理和心理特点，结合专业性质，建设数量充足特色特技工作室，在听障生人才培养方案中专门设计出一个特技能力培养模块，每个工作室开发几门特技能力培养课程，培养学生的一技之长。工作室制听障生培养重视听障生"德学用创服"综合能力的培养，每名听障生都配备心理疏导老师、特技导师、职业生涯规划和创业导师，每个特技工作室教师团队为3~5人，指导学生"边学边创"、快乐成长。

听障大学生擅长并喜欢通过了解不同的工作方式、教学方法和教师团队，以最大限度地形成和发展个性，培养独特的审美意识和创业精神。进入工作室的教师将自己的审美理念贯穿于教学过程，注重学生内在人格的发展和形成，通过自己的创作方式、教学风格和人格魅力，获得专业的理解。实践是一种体现教育兴趣和风格，增强学生创新创业能力的创业模式。工作室教学模式可以整合"教、学、做"，最大限度地提高听障大学生的学习积极性和兴趣，将理论与实践联系起来，提高教育效果。工作室教学模式对教师的要求更加严格，教师需要精心设计每一堂课，并提供有针对性的指导。

1.搭建相互联系的网状学习模式

工作室制源于德国包豪斯学院的作坊制，崇尚科技与艺术的结合，崇尚艺术家、企业家和工程师的合作，崇尚自由创作，将传统的教育成果直接以作品的形式展示，激发学生的学习动力。结合听障大学生的教育特点，以工作室为基础搭建了相关的教育实践平台。一是学校统筹协调管理，促进高校间、校企间交流合作。二是推动工作室引进人才和以工作室为主力的技能实训室服务。三是学生会开展各级各类科技活动，促进教育资源整合，统筹配置师资、教育设备、实训室等，实现优势互补、专业间的相互促进，促进学术交流。最终形成一个网络团队，学生之间交流、互动，相互依赖、相互加强。

2.构建适应能力培养的课程体系

根据听障大学生的特点，以专业技术领导所需能力为目标，以创新创业为导向，构建专业化、任务型的项目课程体系。一是立足创新创业要求，在学校开展基础课程学习和基

础技术培训。二是围绕创新创业过程，开展"专业+技能"的课程学习，以虚拟项目为载体，使课程内容与工作任务动态挂钩。三是以典型创新创业案例为载体，开展以创新创业任务为驱动的实践性培训，提升学生专业能力和创新创新能力。不同的项目教学或不同的创业模拟阶段中，依托不同的专业技能工作室，通过结合与分割，再分与结合，最终形成一个整体。

3. 建立灵活多样开放的教学环境

灵活多样的教学环境，可以为学生的创新创业提供更多的思考。学生通过掌握丰富的理论知识，通过各种实习的机会了解到创新创业的前景，有利于他们开发思维。高校应该对听障学生加以鼓励，为他们开展特色教学教师，带领学生面对开放的社会环境，参与到具体的实践中，课堂不应该局限于教室中，教师可以通过更加丰富的环形式扩大课堂的内容，可以延伸到社会图书馆网络和其他的生活场景，从而改变学生对于课堂固有的认识，在学习中提高他们的创新创业能力。学校减少了必修课的数量和学习时数，让听障大学生对学习有更多的自主控制权，充分调动了学生的学习积极性。在学习中，教师和学生各抒己见。教师不是评判者，而只是指导和评判。

（二）建立听障大学生管理制度和双师双能型教师团队建设

学校自主研发工作室制度管理模式，可以确保一切工作有据可依、责任明确、权责明确，避免盲目和混乱。录用期间年度综合评价以工作室工作宗旨为依据，对优秀工作室给予奖励，对考核不合格的工作室责令改正，直至取消。全体听障生从大一下学期开始到大三结束，在自己自主选择的特技工作室接受特技能力培养，特技课程学分占总学分的30%左右，将创新创业课程和职业指导教学融入每个特技工作室中开展，每个工作室每个年级学生数为5~10人。同时，培养双师双能型导师团队建设，指导学生边学边做，学做结合。

具体做法包括：一是加强专业教师创新创业教学培训，不断提高教师创新创业教学水平和听障大学生创业实践指导水平；二是通过与企业合作，选派教师参加社会实践和企业临时培训，深入了解各行业企业对应用型本科人才的实际需求，提高教师在管理实践中的实践教学能力；三是引导专业教师将社会实践经验和专业知识融入课堂，同时引进企业中高层管理人员开展实践教学合作和第三方教学评价，促进持续改进专业教育一体化模式；四是鼓励校内学术型教师与校外具有创新创业经验的实践型教师形成双师结对教学伙伴，通过联合培养促进创新创业理论知识应用，培养应用型人才。

三、强化实践，实践活动以兴趣为主

"十二五"期间，教育部开展了全国首个本科生创新创业国家级培养计划，这是一项以兴趣驱动为主并专注于过程的自主实验。规划指南强调项目的主体是学生，每个项目都需要一名导师，以提高学生专业兴趣为关键。在教学实践对比中发现，听障大学生由于其自身原因，丧失了大部分听说能力，造成其表达能力和抽象理解能力的欠缺，和健听大学生相比，他们更容易对专业选择产生怀疑，轻易放弃创业理想。因此，在他们学习过程中，创新创业教师应该注意根据听障大学生的生理和心理特点，注重学生学习兴趣的培养，帮助他们树立专业自信心，鼓励听障大学生从学习兴趣出发参与学校开展的创新创业实践项目研究。从项目的考察、策划到论证；从项目书的撰写到提交研究报告，全流程参与不但锻炼了听障大学生的书面表达能力，还提高了学生的科研攻关能力。在具体的大学生创业创业计划过程中，还可以培养他们的组织能力、管理能力、创新能力等各方面的综合性能力。

1. 找准专业兴趣点

找准专业兴趣对于学生的创新创业能力培养具有重要的影响。学生的导师对于学生申报工作的参与程度是较高的，这主要和听力障碍大学生首次接触相关的创新创业活动有关，大学生创新创业一般会鼓励第二或第三年级的学生参与其中，但是这个年纪的学生都还没有真正考虑到自己毕业后就业的问题，所以他们整体的能力不是很强，比如计算机系专业的学生他们的方向可以分为外包软件设计，移动互联网开发应用开发大数据计算软件测试，而教师可以根据他们课程的特点和学生个性引导学生选择自己感兴趣的领域，进行相关课题的研发和设计，比如对于色彩感较强喜欢绘画的学生，可以让他们从事数字媒体的相关研发，喜欢编程的同学可以让他们进行软件设计。通过这样的方式可以让学生从事自己感兴趣的内容，也更极大地激发出他们对创新创业的热情，更好地投入创新创业的实践中去。

每年春季开学后的四五月份，通常是各地高校大学生创新创业项目的申报时间。创业导师可以根据实际情况为听障大学生预留更多的时间，考虑他们所感兴趣选题的内容。在每学期开始教师可以先在课堂上介绍项目的具体情况，让学生了解，再分发相关的文件给学生，让学生有机会充分研究。感兴趣的学生可以找到老师进行交流，教师可以根据学生的特点给他们相应的指导。针对意愿申报课题的听障大学生，可以先让学生利用学校图书馆网络资源查找相关文献，根据拟定的选题进行研究现状和可行性分析，最后完成相关的技术路线。通常在选题初期，听障大学生往往会没有清晰的思路，书面语言表达也是比较混乱。这时就需要指导教师为他们厘清思路，全面锻炼听障大学生融入社会的能力，在未来更好地进行创新创业。

2. 尊重学生的主体地位

针对听力障碍大学生进行创新创业培养时，要注意学生是主体，教师不能过多地参与和干涉其中。教师的任务是培养学生的创新创业的能力，引导他们将兴趣转化为专业能力，为学生指明一个前进的方向。在针对听力障碍大学生培养他们创新创业能力时，要注意在整体的过程中，有几方面需要教师进行干预并给予明确的指导。

首先，受成长环境和生理方面的影响，听障大学生的性格特点一般会较为固执，不愿意听取他人的意见，另外他们也有较强的依赖性，如果是直接给予他们一些研究的主题，学生可能会在这一过程中产生厌恶感，不利于他们创新创业能力的发挥和课题的完成。因此，教师可以通过引导的方式让听障学生了解和找到他们所喜爱的项目，鼓励听障大学生通过自我探索来解决困难和问题，而不是直接告诉他们如何解决。其次，教师在这一过程中还可以鼓励听障大学生参与到小组讨论中，可以让小组成员积极的表达自己的思想，学会倾听他人的课题，并提出一些自己的看法。在这一过程中，加强学生间互动合作，帮助听障大学生发现和认识自身的不足，汲取别人的长处。通过这种方式可以不断地优化自己的创新创业设计并提高自己的思维能力。最后，高校教师还要积极建立手语设计库，为学生提供更丰富的内容照片材料，帮助学生在创新创业项目过程进展顺利。总之，创新创业是一个较为综合性的项目，在具体的执行过程中，不但需要完整的理论体系作为支撑，还要有较强的管理和协调能力，学生在创新创业实践过程中需要投入足够的热情，而听障大学生在选择他们感兴趣的项目进行创业时才可以更好地投入其中，在学习过程中通过参加相关的科研活动和创新创业实践也可以提高他们今后在创新创业过程中的综合实践能力。

3. 锻炼书面语言表达能力

创新创业实践项目可以为听力障碍大学生提高各方面能力提供更丰富的内容和锻炼平台，弥补了学生在课堂学习中的不足。由于语言和手语方面表达存在差异，书面语言的写作能力是听力障碍大学生的弱项，导师可以根据学生这方面的缺陷，帮助听障大学生到知网等学习平台查找相关论文帮助他们分析论文找到具体的写作方法。结合他们的创新创业研究项目，找到专业的突破口。譬如：教师可以在班级范围内组织召开讨论参与会，让听障大学生介绍他们完成了什么样的项目，运用了哪些方法和采取了哪些技术路线，以及他们计划如何实施。通过这样的方法让听障大学生分享自己的创意思路，既锻炼了一部分听障大学生的表达能力，又能为其他学生提供借鉴。同时，学生也可以根据自己项目的内容，选择一些适合的刊物进行投稿和创编，进一步深化写作能力的锻炼。当听障学生在学习过程中意识到论文写作是有助于他们创新创业能力的锻炼和提高时，他们也会随之进行认真的分析、归纳、总结，这对于今后听障大学生全面地融入社会，更好地就业创业提供了有效的保障。

四、思想引领，创新活动以价值取向

思想政治教育在高校教育理论课中占有重要的位置，大学生"双创"教育和思想政治教育是人才培养过程中两个重要组成部分，两者联系密切，相互促进。深度融合两者培养的高素质创新型人才，是时代发展所亟需的人才。做好思想政治教育，不仅能在现实中解决听障大学生的实际困惑，还可以帮助听障大学生树立正确的人生观和价值观。这对于大学生在学习和成长中都起到了至关重要的作用，同时在创新创业教育中也起着不容忽视的价值引领作用。

（一）强化思想引领

创新驱动的发展战略是在经济常态化的新形势下出现的。听障大学生创新创业的过程中需要大学生创业者树立社会主义核心价值观。社会主义核心价值观是思想政治教育的基础，主导着创业教育的发展。思想政治教育的内容要为创新创业活动引领方向。听障大学生的德育教育可以有效地渗入创新创业教育相关的理论内容，也可以将其渗透进以听障大学生工作室为代表的创新创业的实践过程中。"双创"教育和思想政治教育的有效联结，能够使得在开展"双创"活动时发挥思想政治教育的促进作用，助力推动高校听障大学生创新创业教育工作的持续发展。

（二）重塑价值取向

1. 发展巩固听障大学生创业价值观

良好的创业观可以为学生的创业找到更明确的方向。思想政治教育以马克思主义理论为科学指导，给大学生创业实践指明了方向，让大学生在面对复杂多变的情况时能够保持自己的理智，遵循社会主义道路良好发展自主创业实践。对听障大学生进行人生观、世界观、价值观教育，可以帮助听障大学生找准人生定位，提高自我身份认同，明晰社会责任，主动投身到为人民服务、为社会做贡献的实践活动中去，自觉将个人发展和国家命运联系在一起，在创新创业活动中，增长才干，体现个人价值。

2. 提高促进听障大学生创业品质

高等教育在创新创业实践教育过程中需要重视听障大学生创业人格和品质的培养，这是提高听障学生创新创业能力不能忽视的主要问题。作为新时代的高校听障大学生，形成良好的创业人格和品质是影响其创新创业活动能否顺利开展的重要条件。通过思想政治教育，有助于听障大学生坚定理想信念，在创新创业中不怕失败，坚信能够通过长期的努力完成自己的创业目标，实现个人价值。在听障大学生创业品格培养的过程中，思想政治教育工作起着不可替代的重要作用，它能够培养听障大学生拼搏进取、友爱互助、团结合作、攻坚克难的宝贵品格，对听障大学生全面而健康的发展起着促进作用。

3. 重视听障大学生职业道德教育

听障大学生职业道德教育也是创新创业教育中不可或缺的内容。职业道德是指人们在劳动过程中应当遵守的标准和规范。遵守诚实守信、爱岗敬业、为人民服务等职业道德，是每个公民的基本素质。在现阶段听障大学生创新创业教育过程中，要融入听障大学生的职业道德培养内容。在以前的教育过程中，这一部分观念教育并没有得到有效的重视。众所周知，"双创"教育同时具有理论性和实践性两种属性，学校在对大学生进行"双创"相关理论教育的同时更要注重"走出校园"的实践教育，采取多层次、多形式的创新创业教育实践方式，从而全面提升听障大学生的创新创业实践能力。这时，思想政治教育也要紧随其上，在生动的实践活动中发挥思想政治教育的功能以培养听障大学生创新创业所需要的职业道德素养、意志品质、法律观念以及责任意识等。改善以往双创教育和思政教育两层皮的现象，解决宣讲内容与听障大学生实际生活脱节、内容结合不紧密、滞后的问题。

（三）丰富育人载体

1. 课程载体

听障大学生创新创业教育通过建设工作室、创业实践基地等形式，组织听障大学生开展各项具体的创新创业活动等实践方式对学生进行的教育活动。课堂理论教学作为辅助工具发挥作用。一方面，创新创业教育是对传统的思想政治教育形式的创新，它更加注重师生互动合作，突出听障大学生的主体地位，注重课堂的趣味性，吸引学生的注意力。另一方面，思想政治教育是一个内容丰富的教育体系，在听障大学生的创新创业过程中占据着重要地位。2019年8月中共中央办公厅、国务院办公厅印发《关于深化新时代学校思想政治理论课改革创新的若干意见》提到，"要加强思政课教材体系建设，研究编制科技创新文化进课程教材指南。要深度挖掘高校各学科门类专业课程蕴含的思想政治教育资源，解决好各类课程与思政课相互配合的问题，发挥所有课程育人功能，构建全面覆盖、类型丰富、层次递进、相互支撑的课程体系，使各类课程与思政课同向同行，形成协同效应"。据此，听障大学生的创新创业教育和思想政治教育要做到齐头并进，在教材中将两者内容同步，在课程中相互融入，在实践活动中相互影响。

2. 活动载体

创新创业教育最有效的载体是实践活动，因此要在实践中不断探索，合理规划，实施计划，逐步提高听障大学生创新创业技能和知识积累。目前，创新创业教育的实践活动主要依托创新创业大赛和创业园项目等形式开展。此外，创新创业的实践活动要注意不应该停留在活动本身，还要与当下的思想政治教育实践紧密地结合起来，只有如此才可以全面地培养听障大学生的创新创业能力。例如，开展以"创新创业"为主题的班会或辩论会，让听障大学生充分参与其中；参观当地成功企业，与成功企业家对话。通过多种实践方法，让大学生获得丰富的情感体验，树立积极主动、敢于担当的社会责任感；了解创业的困难和艰辛，感受企业文化的影响，通过思创融合的形式，在具体丰富的实践活动中受教育、长才干。

3. 网络载体

随着新媒体技术的出现，互联网已经成为当下教育过程中不可缺少的载体。当前，高校思想政治教育也建立了网络思想政治教育阵地。主要教育内容体现在对大学生人才培养过程中的价值引导上。新的网络媒体的出现，改变了人们对于信息传播方式的认识，更改变了人们了解和获取知识的渠道，也在逐渐影响着人们的价值观、行为和思想。如大多数听障大学生在遇到困难时往往求助于互联网寻求答案。目前，创新创业已成为时代发展的选择，创新创业教育与听障大学生的个人发展息息相关。因此，线上思想政治教育内容也要与当下创新创业内容相结合，线上线下相结合，形成育人合力，不断提高残疾人高等教育的水平。

例如，在线创业模拟是通过课堂授课和在线互动，将理论知识与创业实践操作相结合的在线教育平台模式。这一平台可以为听障大学生提供更加丰富的课外知识和理论知识，学生也可以通过这一平台获取更多的实践信息和实践机会，学校也可以通过这一载体，全面了解和根据学生的个性化需求定制相关的创新创业内容。但是，在线虚拟平台无法模拟创新创业的风险。因此，我们在利用互联网对听障大学生进行创业模拟教育的同时，还需要做好两方面的准备：一是要把风险意识教育放在重要位置，加强学生认识，帮助听障大学生在创新创业过程中树立强烈的风险防范意识；二是创新创业模拟过程要不断完善，尽可能真实，兼顾多种因素。

目前，微信、微博、QQ等社交媒体非常受听障大学生欢迎，使用率几乎达到100%。更是学生获取创新创业知识的重要途径和工具。地方高校需要积极利用新媒体形式对听障大学生进行创新创业教育。同时，参与创新创业教育的教师可以利用新媒体与听障大学生进行无声的教育与交流，从面对面，到键对键。教师可以利用互联网加强教育宣传力度，吸引听障大学生对于创新创业的关注度。其次，教师自身要加强对新媒体知识的学习，不断更新传统教育理念，与学生共同探讨创新创业问题。听障大学生的创新创业意识在潜移默化中受到影响，达到了润物细无声的教育效果，提高了他们的创新创业热情。

五、树立符合社会需求的创新性人才成长目标

（一）明确成才目标

时代赋予了听障大学生新的任务和使命，对其成长成才也提出了更高的要求和标准。人才的定义是根据《国家中长期人力资源发展规划》的内容定义的，广义上是指劳动者，这种类型的人必须具有专门的知识和技能，并能够进行创造性的工作。并通过自己的努力创造为社会的发展做出贡献。从人才的这个定义出发，社会的发展、国家的振兴需要培养创新型人才。要帮助听障大学生成长为创新型人才。

一要提高听障大学生思想政治意识，坚定理想信念，将国家民族的共同理想和个人的理想紧密结合，为听障大学生创新创业明确方向和目标。

二要立足专业学习，指导听障大学生扎根实际，抓住机遇，增强紧迫感，不断学习和理解专业技能知识。通过在校学习，大部分听障大学生能够掌握基本的专业知识，具备一定的理论基础。但是，由于缺乏实践锻炼，相当一部分听障大学生在进入工作阶段不能够马上胜任工作角色，这种情况非常普遍。因此，听障大学生在校期间要注重实际工作能力的培养，积极参与创新创业实践活动，在活动中将已有的理论知识与实践相结合，不断积累经验，达到毕业后的社会用人标准。

目前，地方高校持续开展教育教学改革深化听障大学生人才培养，但是针对学生自主学习能力方面还没有取得足够的重视，使学生没有足够的自制力进行自主的知识学习。遇到没有学过的知识，接受度比较差。这就要求大学生提高学习能力，可以更快速地把知识和实践和工作相结合，更加精准迅速地完成所有的任务。在新时代，只有学生不断地学习更新自己的知识，才可以更好地适应社会。这是企业创新发展的重要因素，也是创新型社会对人才的要求。

三要把握行为导向。主要包括学生如何在艰难的环境中坚定自己的信念，更好地投入工作中。具备辨别是非的能力，认清正能量，培养健康高雅的品位；不断加强自身的思想防御，防止不良思想的入侵；加强思想道德修养，确保思想廉洁。同时，还应积极引导大学生在生活中以正确的行为规范自觉约束自己的行为，坚守优良的道德传统和情操，守住道德底线，保持良好品行。

（二）树立成才价值

正确处理全面发展和人格发展，是解决人才价值观念的关键，即如何处理好个人利益与集体利益的关系。为了让听障大学生理解人才的价值，必须注意区分包容性和个体性，但基本上两者是辩证统一的，包容性发展与个体发展相辅相成。听障大学生要把自己的价值观与社会价值观相结合保持一种辩证统一的关系，这不但是学生的需要，学校的需要，社会的需要，更是国家发展的需要，甚至可以说是人类进步的主要体现。

大学生要清醒地认识到，个体价值必须在一定的社会关系中实现，但对于社会关系而言，学科的发展是在社会关系的支持下发展的，我们必须把自己的需要变成现实。由此可见，个人才能的不断提高，不仅反映了当时社会的需要，也反映了社会的特点。为了实现个体成长的价值，我们将个体价值观与社会需求联系起来，将个体价值观置于实际社会生活中，厘清个体成长与社会责任的关系。大学生可以将个人价值观转化为实际行为，并在特定的社会生活中体现出来。这是为了实现个人价值。进入社会后，大学生与他人形成竞争关系。在处理这些关系时，大学生必须正确面对利己主义和利他主义以及这些关系的差异性和一致性问题。随着新时代的发展，更多的人开始关注到"软实力"这一词，而软实力对于即将毕业的大学生来讲是非常重要的。对于大学生来说，软实力中最重要的是合作与沟通的能力。软实力不但是学生个体能力的体现，更是一个团队甚至是企业合作的重要内容。公司内的大多数项目通常都是通过团队合作完成的。这就要求每个团队成员都具有团队意识和良好的合作沟通能力，以确保问题的顺利解决和整个项目的完成。因此，在创新创业教育的实践中，可以注重锻炼和提高学生的合作沟通能力，为未来的工作打下坚实的基础。

（三）磨炼身心意志

与其他传统的理论课程不同，创新创业教育更注重在说教的基础上实践，是一种实践性很强的教育形式。针对创新创业教育的这一特点，要求在教育学生学习专业知识的同时，不断提高创新创业精神和能力。为确保大学生融入社会发展，还应积极鼓励大学生投身社会实践。大学生是我国建设创新型国家的希望，是实施人才强国战略的重要因素。为全面提高大学生的创新意识和创业能力，需要将大学生的创新思维与社会实践紧密结合。因此，在对大学生进行人才培养时，要克服狭隘、片面的实用主义教育观。

首先，要积极开展教学模式改革。掌握学科前沿知识，力求将最新科研成果贯穿教育教学，让学生了解本专业前沿知识，改变现有教学方式，以学生为主体，培养大学生自主学习和独立思考的能力，充分利用多种教育教学形式和手段，如在教学环节中引入实际场景，鼓励参与模拟实际教学形式或案例对比分析教学形式。通过各种教学方法和手段的转变，达到增强学生学习兴趣、提高学习感知的目的。在教学模式的改革中，要注重学生对专业知识的理解和思想认识，努力让学生完成自身的提升。

其次，要不断加强教育实践的联系。积极开展与教育教学相关的实践活动，建立长期稳定的实训基地和实践场所，通过制订教育教学计划，安排学生在专业领域开展实践操作和专业技能培训。有目的和有条理地引导学生在实践中，将理论知识积极转化为生产力；还可以充分利用现有资源搭建平台，让学生参与具体项目，不断积累经验，树立大学生创新精神和能力。

最后，在新时代成长起来的当代大学生，由于各方面条件优越，容易出现抗压能力弱、过分注重个人利益、不服从管理等问题。然而，现代企业更需要工作踏实、敬业、积极进取的员工。因此，高校应加强对大学生社会存在观和价值观的教育，使学生更好地适应社会生活。在创新创业教育中，大学生要注重培养务实敬业的能力，合理有效地利用创新创业课程提供的资源，积极学习，积极参与团队合作项目。

第四章

聋健融合，创新残疾人高等教育人才培养模式

听障大学生高校双创育人模式结合听障大学生生理和心理特点，组建听障大学生特技工作室，践行"基于工作过程导向"的教学方法，以职业技能为核心，让学生体验企业角色分工，实现理论与实践的真正结合，真正建立有效的实习实训平台，真正提升学生的创新创业能力。通过工作室的组建和运营全过程中发现问题，及时调整教学过程中存在的问题，充分挖掘出工作室在培养听障大学生双创能力过程中的优势作用。该模式依托听障大学生特技工作室优势平台，以专业技能所需的能力为目标，以听障大学生就业创业能力为导向，注重"德育引领、平台支撑、聋健融合、学用创服"四位一体建设，全面构建融合教育模式，对提升听障大学生的创新创业能力，提高听障大学生的职业技能具有十分重要的意义。

第一节 设置科学合理的创新创业课程体系

《关于深化高等学校创新创业教育改革的实施意见》《关于深化高等学校创新创业教育改革的实施意见》《关于修订普通高等学校本科专业教学计划的原则意见》等文件明确指出：各高校要推动专业教育与创新创业教育有机融合，调整专业课程设置，探索和丰富各类专业课程的创新创业教育资源，加强专业知识传授过程中的创新。面向全体学生，开发和开设纳入学分管理的研究方法、学科前沿、创业基础、就业创业指导等必修课和选修课，构建递进、有机衔接、科学合理的专业课程群用于创新创业教育。在制订本科人才培

养方案时，必须关注创新人才。提高人才培养质量以培养应用型人才培养目标，落实理论联系实际、专业培养、素质培养的方针，培养德智体美全面发展，具有创业精神和实践能力的高级应用型人才。

在"大众创业、万众创新"时代背景下，普通高校应以人才培养为重点，以创新创业为带动就业，着力培养学生的专业技能。培养听障大学生的高校应从聋健融合教育理念入手，让听障大学生快速融入听障大学生活和学习，为听障大学生更好地融入大学打下良好的基础。

通过开展丰富的聋健融合教学活动，不同课程采取不同的教学方法，推动聋健融合大环境构建。学生通过参加活动、比赛，和老师一起开展创业实践和社会服务来提升融入社会的能力，一方面有利于听障生积极心理品质的形成，提升学生的就业创业能力；另一方面也让社会各界人士了解残疾群体，塑造积极的残疾社会观，有利于集聚社会力量为残疾群体提供更多的就业机会。

目前，高校已经建立了较为完整的创新创业教育体系，因为专业特殊性，招收听障大学生的高校对于听障学生创新创业教育体系还亟待完善、改进。要建立一套科学完备的适合听障大学生的创新创业教育教学体系，以全面保障和提高听障大学生创新创业教育水平、能力与素养。根据我国创新创业教育的当前背景和经济形势，面向听障大学生的高校在创新创业教育教学体系设置上应做到以下五个方面：

一、设置生态化课程体系

听障大学生创新创业课程体系要遵循要素生态化和环境生态化设置要求。要素生态化主要是指对人、硬件和软件三个方面进行生态化。实现课程设置生态化，既要求要素与要素之间要实现生态化，各要素内部也要实现生态化。各元素之间要整体有序普遍联系，形成一个较好的动态平衡状态。还要根据具体的理论进行课程和环境设置的构建。课程设置生态环境具体可以分成三个层次，也就是学校层面，区域层面和国家层面，体现的是微生态环境、中观生态环境和宏观生态环境。课程设置的环境生态建设需要依照整体有序，互相联动，过程共生，动态平衡的原则进行。

（一）要素生态化

1. 课程设置人的要素生态化

人的要素要体现出整体有序性，在具体的课程开发和实施过程中，涉及人的主要内容，包括教师，听障大学生，创业指导人员，服务人员以及企业等管理人员。这些人员可以从不同的角度为学生的创新创业实践提供服务，他们的工作内容、重点等皆不相同，要实现学校层面全面培养学生创新创业的目的，就一定要统筹各方面人员因素，针对人员工作的内容和特点进行合理恰当的安排，使人的因素可以更加有序地进行。各要素之间都是普遍联系的，高校创业教育的教师、指导团队，以及企业的管理者都是多元化的，为了可以更好地实现创新创业的教育目标，每一个团队工作都需要围绕着一个具体的目标而进行。学校根据具体的制度和机制，来推动这个群体或团队为这个目标共同努力。各团队的要素也要加强联系和沟通，共同促进目标的实现。人的要素在创新创业课程设置过程当中，对于创新创业也是非常重要的。听障大学生在接受教师、行政人员、创业指导和服务人员整体的管理中，需要提高意识从而获取更新的知识。此时，教职人员在教学活动中也可以获得成长。

保持人的要素动态平衡也是极为重要的。目前，高校教学团队、指导团队和组织管理者，存在专业背景、工作来源较为多元化的特点。既有专业教师、也有学工人员，也有企业界的指导教师，为"双创"教学团队提供了更多的活力。但是这也对高校在安排具体的创新创业师资时提出要求，要兼顾知识结构、专业结构和来源结构进行整体的规划，充分发挥团队特点，展现团队活力，实现动态平衡，促进团队更具凝聚力。因此，这就要求高校在安排具体的师资时要根据专业的特点结构进行一个整体的规划。学生在这一过程中很重要，这也要求高校在组织学生教学班时，对不同知识水平、不同年级、不同专业背景的学生有一个具体的分层，这样才可以更好地有针对性地对学生进行创新创业的教育和指导。

2.课程设置硬件要素生态化

在创新创业课程开发和实施的具体阶段，高校要与创新创业课程设置的硬件要素紧密联系。通过教学设施设备、教材资料和育人环境等硬件要素的协调和总体规划，使得这些硬件元素可以整体有序、密切联系，达到总体的动态平衡，使各硬件要素之间实现生态化。这就必须从整体布局考虑这些硬件元素，促使他们更加整体有序，并且找到各要素之间相互关联的地方，做到相互联系、共联共生。硬件元素本身的生态实现对于创新创业的课程设置也有着重要的作用。比如，从教材和辅材的摆放来看，针对听障大学生不同类型的创业，有不同的教材和相关辅材。高校在选择学生教材时应密切关注课程的目的、内容和结构，不得因教师个人喜好或偶然因素而选择。应注意教材的整体顺序、教材的相互关系、教材和补编的动态调整，通过这种调整才可以满足不同层次不同水平学生的具体需求，通过碎片化的学习和教育，可以更加看重教材和相关背景的关联性，更好地规划具体的内容，根据学生创新创业的具体知识，也可以把相关的语境和系统相联系，从而对教材进行不断完善，为学生提供一个更加丰富的创新创业教材。如项目式互动教育需要丰富的教育设备和设施，因地制宜安排教育要在相关情况下营造教育环境，在环境中营造氛围。

3. 课程设置软件要素生态化

创新创业课程设置过程中的软件要素也是非常重要的，包括课程的具体目标、内容、结构、实施和评价五方面的内容。听障生创新创业课程设置要实现五个要素之间的生态化，需要在两个层次上满足生态化的具体要求，从五个要素之间的生态化和各个要素自身的生态化进行考虑。

也就是说，要把课程目标、内容、结构、实施和评价五个方面进行综合考虑，使之达到整体有序、相互联动，过程共生和动态平衡。例如，根据需要制定的创新创业课程目标，就要进行综合性的考虑：这一目标是否能够有足够的课程和内容相支撑；在具体教学中教师是否能够针对这一目标有较为合理的安排；具体的实施方式是否更加有效；评价体系是否更加完善恰当等。教师在安排课程内容时也要注意相关结构的安排，从而实现各要素之间的生态化，不但要有多元统一的目标，还要注意动态的生态化，从而丰富课程，整体更加生态有序。

首先，是课程目标的生态化。从听障大学生创新创业的角度出发，高校创业教育的课程目标是基于学生创业意识的培养和创业技能的提升，进而促进听障大学生更好地开展创新创业实践。根据这些对听障大学生创新创业目标的培养，大致可以概括为四个方面：提高创业意识，培养创业技能，促进创业实践，促进创业发展。从学生创新创业的有序性来看，这些目标的实现需要教师设定具体的学生创业目标，考虑目标的整体性和顺序性。比如营销类课程，在开设创新创业培训时，不仅要让学员掌握相关的营销理论知识，还要看是否具备一定的营销意识，培养学生的营销能力，从而达到培养学生创新创业能力的目的。从普遍联系的角度看，增强学生创业意识、培养专业技能、促进创业实践、促进创业发展四个方向都具有良好的普遍联系特点，尽管这些目标是基于创业过程的步骤。然而，这些目标并不是独立的个体。这些目标相互关联，在联系中共同发展。例如，在经营管理过程中，企业不仅要实现自己的目标，还要考虑各自的能力和实现目标的可能性。因此，企业在战略管理中应注意相关目标的确立。那么，教师在为学生设定课程目标时，还要考虑学生的整体情况是否有相关意识，以便有针对性地培养学生。

其次，课程内容生态化的建设。根据课程内容安排和选择的情况来看，要注意以下几点：①课程内容符合整体有序的要求。即创业相关学科的交叉需要进行整合，使得学生创新创业的内容成为一个整体，从而在整体中融入一些新的创新创业知识。②课程内容符合普遍联系的理念。并不是只是考虑到一个专业的学习，在一个专业领域中还要融入其他学科专业的学习。针对不同学科专业的学生还要灵活地设置相关的内容，再根据专业的内容融入其他学科的知识，使得学生学习到基本的实践经验和相关知识。

最后，课程结构的生态化。课程结构更加平衡，有利于实现人才培养目标。课程的生态化结构安排可以从以下几点进行考虑：①创新创业意识启蒙教育。根据教育部创新创业的要求，创新创业要面向全体大一和大二学生开展具有启蒙意义的创新创业意识教育。要通过举办创业政策宣讲、创业校友大讲堂等教育引导听障大学生可以自主的参与到创新创业实践活动中来，并且可以通过一些政策宣讲创业讲座等，全面激发听障大学生创业热情，提高他们的积极性，推动他们投入探索创新创业的实践中。②创业模拟实训阶段，要针对具有一定创新创业想法的听障大学生，开展SYB和相关的模拟实训，指导和帮助他们制订一份可行性的创新创业计划书。并根据这计划书组织校内比赛，遴选出更好的项目，推动他们参加层次更高的各类竞赛，让这部分学生有机会获得更多的外部资源和资金支持，推动这些创业项目得到更好的指导和服务。③在创业孵化阶段，要为他们打下一个良好的基础。学校可以为听障大学生开设改善企业经营的课程，牵头为已经开始创业的听障大学生提供相关的资金支持，改善一些环境，通过创业实践类比赛，给予专项的指导和服务，进行重点孵化，帮助他们更好地进行经营和管理，通过这种方式促进他们成功创业。并对已在创业的毕业大学生提高后续的指导和帮扶。

无论哪一种课程结构和设置都需要合理有序的设置，达到生态化设置要求。从课程结构设置情况来看，特别是要实现课程结构之间从普遍联系到动态平衡，都要注意普遍的联系性，更加讲求不同层次的课程，要遵从学生的培养规律，根据相关的学生层次和知识结构，考虑到学生自身的需要，安排学生根据课程内容层级有选择性地进行学习，从而实现对创新性人才的有序培养。

课程设置的动态平衡，则要求学生的创新创业基础知识与创业实践共同协调发展，根据不同创业知识和实践能力的培养，促进学生对课程全面的吸收。教师也要根据学生的学习情况，对学生创新创业的课程教学进行综合性的调整。选修课程的内容可以选择与创新创业相关的内容进行动态调整，使得创新创业内容不仅仅局限于小小的课堂之中，可以根据具体的情况进行改变。

创新创业教育课程评价是比较难以实现的，因此教师为了促进课程结构的平衡，从而实现创新创业的课程评价，还要从以下几点加以注意：①课程实施要注意生态化。以生态学理论为基础进行课程的有效实施可以为创新创业课程评价提供基础。首要强调的是课程结构的整体布局。根据生态学的教育理论，课程的实施也要坚持整体性布局。针对听障大学生的创新创业教育课程，不但要有一定的理论性，还要有较强的实践性，要着重突出项目化运作，强调情境性课程教学，针对不同课程的教学目标和教学内容进行统筹安排，以求实现整体有序的课程教学安排。②强调各学科以及各内容之间要突出普遍联系。课程实施的过程中要考虑实施方法之间、实施方法与实施环境之间两个方面普遍联系性。听障大学生创业教育不仅仅是创新创业，还要与专业课程理论相结合，通过多样化的情景模拟、实践体验和创业实战，从而促进各学科的普遍联系，最终达成创新创业的目标。③强调各创新创业实践过程的共生。创新创业过程共生，需要通过各种方法相结合。在具体的课程实施过程中，教师要安排学生在课堂上主动交流互动、传递信息。在创业模拟课程中，教师可以扮演投资人，学生扮演创业主体，在模拟过程中让学生说服教师为他投资。通过这种方式学生不但可以锻炼实战模拟，还可以根据实战模拟出现的情况及时进行调整。④创新创业教育过程也是需要共生的过程。共生主要是为课程实施方法之间提供了新环境，在具体的实施中要注意评价的反馈作用，如对于课程的设置是否需要完善，是否需要改进。

4. 课程设置要素之间生态化

课程要素之间要想实现全面的生态化，需要在生态化建设基础上，使得课程各要素之间适合人的发展，所有硬件和软件要素之间也可以实现整体有序、普遍联系、和谐有序的关系。

（二）环境生态化

高校的创业课程设置要根据生态学理论针对课堂不同的生态环境进行设置。具体来看，课程的生态环境可以分成三个层次，即学校层面的微观环境，区域层面的中观环境，国家层面的宏观环境。课程设置的环境生态化，需要层层考虑，根据三个层次不同环境之间的关系，实现整体有序、相互联动、共赢共生，达到动态平衡。具体需要从以下四个方面加以考虑。

1. 课程设置微观环境生态化

在高校创新创业教育课程过程中，要考虑微观环境，主要是从学校环境以及组成这些环境要素的文化、管理、组织运行，以及课程实践平台等方面进行考虑。这些要素对于课程的设置其他因素，以及课程的实行有非常大的影响。

微观环境的整体有序性，可以使得高校各行业课程教育的发展更加和谐。随着我国各高校对于创新创业教育的重视，创新创业课程设置也越来越注重从顶层设计加以推进，尤其是课程设置和具体实施的微观环境之间，需要高校在创新创业过程中通过营造良好的文化氛围，制定良好的管理制度，协调顺畅的组织运行机制加以保障，以及相关的课程设置和创业实践平台的建设等方面进行整体的布局，统筹规划，在具体的操作中实现和谐有序。

微观环境之间有一定的关联性。创新创业课程的微观环境是由许多要素构成的，在课程的设置和具体的高校课程实施过程中，要针对这些微观元素内部之间的联系性加以考虑，在创新创业课程的教育过程中，把他们的联系性体现出来，首先探索这些微观环境内部的联系，以及他们与课程之间的联系。其次，在具体的课程教学中，可以为听障大学生营造更好的文化氛围，设计管理制度提高他们的组织运行保障做到课程之间有普遍联系的微观环境。

微观环境在创新创业过程中是具有共生性的。首先创业教育课程的微观环境的要素有很多，在学生服务创业课程的设置中，会根据具体不同的实践要求以及学生的特点，从微观环境的一个要素慢慢地推进其发展，但由于许多课程和创业教育之间产生一定的关联，只有创新创业有良好的文化氛围和气氛，才可以营造一个和谐共生的教育环境，从而促进创新创业教育制度的不断完善。其次，在创新创业教育过程中，微观环境对于学生自身的发展，实现社会文化和创新创业文化氛围的丰富，管理制度的健全，组织的和谐有序，有着非常重要的影响，只有这些要素可以相互协调，最终才能实现创新创业微观环境的和谐共生。

微观环境也具有一定的动态平衡性，高校创新创业教育培养的是全方面综合能力较强的学生，这种精神是随着社会变化而不断发展和变化的，外部环境的变化和学生创业教育的变化，需要我们从微观环境出发，根据具体的情况进行及时的调整，但是在这一过程中还要确保动态环境不能失衡，始终保持着二者的动态平衡性。

2.课程设置中观环境生态化

作为高校创业课程设置的中观环境主要是区域的经济文化环境、政策制度环境和行业企业环境。一个区域经济的发展程度、文化氛围、相关制度和政策、行业的发展态势、产业集聚程度、企业的状况等都会对所在区域的高校的建设与发展产生影响，进而会影响到高校创业教育以及课程设置。要实现创业教育课程设置的生态化，实现宏观环境要素与课程设置要素的关系生态化是必然要求。

区域的经济发展水平和创业文化氛围必然影响着课程设置人的因素、硬件因素和软件因素：区域经济发展水平高可以对教师的素质能力提高有正面影响，对学生的视野与认知有积极影响，对课程的硬件条件保障有正面影响，对创业课程的目标、内容和实施都有着正向影响。区域的行业发展态势、产业集聚程度，企业的发展水平必然会对大学生创业课程设置方面有较大的影响，特别是学生创业实践课程的影响。

目前，大学生创业方向主要在科技创业、文化创业和公益创业等领域，高校所在区域行业、产业或企业影响了学生创业项目的选择，影响了创业课程内容的安排，为学生创业教育提供了实习实践平台。环境无法选择和改变，但可以适应环境并获得的支持。为此，高校在进行课程设置的时候要注意以下四点与区域环境实现生态化。

（1）整体有序性

要整体考虑区域的经济文化环境、政策制度环境和行业企业环境影响，探索要素与课程设置的普遍关联性，最大程度发挥环境对创业课程设置的积极价值，在课程设置的各个环节把这些影响因素考虑进去，为课程目标的实现获得最大的支撑。

（2）普遍联系性

在创业课程设置的时候要研究区域环境，分析课程设置人的要素、硬件要素、软件要素的主要联系和各要素对课程设置的具体影响，找到其中规律，在课程设置和实施中，充分利用区域环境的有利影响，回避不利影响。

（3）过程共生性

在课程实施的过程中，通过创业课程的开设，提高所在区域内学校学生创业意识、创业能力和创业实践。从而，促进区域科技、文化和公益创业项目的发展，从而推动区域的经济文化发展、政策制度完善，行业企业成长，相互促进、共同发展。最终，实现课程设置与区域环境各要素过程共生。

（4）动态平衡性

主要要求课程设置和实施中，需要根据环境的变化做出相应的变化和调整，使得课程目标对接区域经济文化发展，课程内容对接上区域行业企业状况，最终，使得人的要素、硬件要素和软件要素在动态调整中实现平衡。

3. 课程设置宏观环境生态化

创新创业课程设置的宏观环境主要是指国家层面的相关环境，例如政治经济环境、社会制度环境、文化环境等，这些宏观环境对于高校创新创业课程设置和实践的影响是非常大的。尽管国家层面的国家意志对于课程设置的影响不是立刻的、直接的，但它却是长远的。

国家层面的政治环境，决定着我国教育的方向和教育的目的，对于高校课程设置的标准起着方向性的引导作用，因此创新创业课程设置的宏观环境也决定了高校创新创业课程目标制度的内容选择及安排等相关内容，也将对课程实施产生着非常深远的影响。

经济宏观环境体现了国家对教育的具体要求，也支撑着国家教育的发展。目前由于我国经济发展的需要，国家提出了大众创业、万众创新等一系列相关促进创新创业的政策，这一政策也在全国范围内掀起了较高的创新创业高潮，这一高潮的出现，更加鼓舞了高校在创新创业教育方面的开展，促进了创新创业教育课程设置的完善。可见，经济环境的变化，对于高校创新创业课程的影响也是非常深远的。

社会文化环境主要是指人类在社会生活中所形成的一定的习惯，主要包括风气民俗，传统艺术和宗教等方面的内容。从我国高校课程设置方面来看，社会文化环境中，习俗等对于课程设置也有着直接的影响。首先，高校创新创业课程是教育的核心，更是社会文化环境的主要组成因素，起到了传承和创造文化的重要作用。其次，课程内容与社会、文化、宗教民俗等有着密不可分的关系，因此社会文化史课程开发的重要资源对于课程的影响是非常大的。

宏观层面的制度环境主要是包括高等教育高校创新创业改革课程设置等方面相关的政策制度，这些制度对于教育系统、科技系统以及相关的产业制度，政策的制定有着一定的影响。高校在制定相关的政策时，尤其是创新创业教育改革课程的标准，也要根据相关的宏观条件和政策加以制定，如果国家层面的宏观制度有所变化，那么高校创新创业课程的内容以及标准也要产生相应的变化。因此，宏观环境的经济文化制度政策等对于高校创新创业教育改革有着非常大的影响，所以需要在这一层面实现整体有序，普遍联系，和谐共生。

二、理念实战化教学相长

根据生态系统构成指标的权重分析，"教育理念"作为创新创业教育生态构成指标中的最重要项，在生态系统构建中也起到了非常重要的作用。高校创新创业教育与我国高等教育可以共同发展，并且整合了创新创业教育的内涵和新的教育理念。听障大学生高校创新创业教育改革在于可以引领社会的发展，解决当前社会的问题，在具体的教育过程中要注重人才培养模式的改革，所以高校创新创业教育一定要与大学生教育体系和整个社会生态环境相结合，并不是独立在大学教育之外的课程教育。对于听障大学生来讲，开展高校创新创业就要有明确的社会定位，在教育的改革和变化中找准教育，转变观念，改变落后的教学方式，把新的创新创业精神思维和技能融入创新创业教育过程中；通过全面的综合系统的课程体系构建出新的创新创业模式；教学以师资队伍建设为重点全面的展开；高校创新创业教育实践课程，这也是创新创业教育生态系统的核心与基础。

（一）构建基于核心素养的课程体系

随着人类知识的不断拓展和增长，人类的学习方式也发生了变革，社会的发展需要创造型、活跃型思维，依托的是知识高度分化基础上的高度整合，而不是简单纯粹的脑力劳动。我国听障大学生高校在传统上是一种以专业为中心，以知识为本位的科学教育观，这类传统的基于某一学科逻辑和知识传授，难以适应创新驱动发展的挑战和需求。近年来。越来越多的发达国家和国际组织认为，面对未来更具不确定性和挑战性的社会环境，人们有必要习得一些受用终身的素养。美国、欧盟、新加坡等各个国家或组织在教育领域开始建立起以培育核心素养为主的教育和模式，开发了核心教育框架，通过以素养为主来培养学生的创新创业能力，这也成为现代西方发达国家所追求的教育方式。从已经发布的核心素养内容框架来看，批判性思维、创新能力和精神被各国际组织和教育机构所重视，可以看出创新创业教育所关注和倡导的精神意识能力，以及所蕴含的观念，对于新时代全面型人才培养有着非常重要的作用。

学生素养的全面发展对于学生的综合性发展以及整个学校培育的过程是有着重要影响的，学校在教育过程中以最大程度促进学生核心素养的发展，对于高校创新创业的实践有着重要的作用。因此，我国听障大学生高校创新创业教育应该以学生的核心素养教育为主，把创新创业课程的重点放在学生核心素养的培养上。这也提示我们听障大学生的创新创业课程改革，不应该脱离原本课程的体系，而应建立在课程基础之上与高校创新创业知识理念相结合，不断要求学生掌握更加丰富的创新创业知识，以及开发学生的创新创业创新思维。听障大学生高校创新创业教育改革要以培养全体学生核心素养发展为主，从单纯的思维统一发展，更加注重个性和多元体系的发展，全面促进创新创业教育课程的平衡，让学生可以在创新创业教育中体现出真正的精神和价值。

（二）将创新创业教育纳入通识教育课程体系

创新创业作为高校大学生所具备的核心素养，应从以下几方面体现：

（1）通识教育基础

在通识教育中融入创新创业教育，可以让学生对于创新创业有更正确的认识，在具体的教材以及课程的内容选择上，应当转变大学生创业背景特征意义等理论知识的教学，而更多地关注学生创业活动中的规律，从内部激发学生的创新动机和他们应具备的创业精神。比如，康奈尔大学开设的"理解创业"主题类课程主要是让学生理解创业现象的过程和个人特点，从而拓宽学生的知识面，体现出学生创新创业素养培养和价值的引导。在课程开发中，不仅依靠现有创业教育课程体系，而是依靠整个大学的课程体系，通过整合宽泛的课程内容培养符合时代要求的具备创新创业素质的合格人才。比如，百森商学院的针对大一新生的"管理与创业基础课程"（FME）完全打破传统商科模式，使学生在具备创业基础知识的基础上，提升学生系统前瞻的创新创业思维。

（2）课程建设方式

为听障大学生的创新创业充实课程，建立更完善的体系，打破学校壁垒，寻求校际交流与合作，形成跨专业、跨学科、跨系统的创新创业教育联盟，共同开发创新创业资源，实现校内外优质资源的全面共享。听障大学生高校可以通过慕课的形式实现全球课程共享，可以让所有学生都参与到创新创业教育中来。例如国内外知名创业教授联袂主讲的微课程《创业基础》，该课程的制作采取了微视频化、通关模式、积分制度等在线开放课程学习认证制度。采用O2O（Online to Offline）教育模式，还可以通过线下开展创新创业的实践心得分享，通过分享可以帮助学生提高创新创业课程的教育观念，鼓励学生对创新创业知识的学习和领悟，从而实现高校创新创业课程的良好教学效果。这一在线课程和O2O教育模式迅速推广至其他高校，实现优质教育资源的共享。可见，优质在线课程的共建共享已成为创新创业教育生态化发展的重要趋势。

（三）将创新创业素养融入专业课程

专业基础教育与创新教育相结合，对于高校创新创业教育课程实现新的路径有着重要的作用。听障大学生在学习创新创业过程中，要根据不同的社会特点和个人专业的特点制定相应的人才培养目标，在现有的学科基础上融入创新创业的教育内容，植入更多的元素，把新的创新思维和技能融入现有的课程理论。还要明确相关要素和学科之间的关联，促进创新创业教育内容融入整个教育体系中来。如美国康奈尔大学工学院开设了"创业和企业工程导论""工程师创业管理"等相关课程，用以全面推进高等院校创新创业教育与实践相结合。由于我国创新创业教育的整体发展并不早，我国很多残疾人高校的教学大部分是结合学科和行业发展的具体趋势，在专业课程中加强学生的创新创业理念的培养，因此高等院校在教学过程中要注重学生的创新创业理念而形成单独的学科，使学生的基本理论与创新创业相结合，且均衡。目前，学校已开设"粮食画产业模式与创业""黑陶雕刻产业模式与创业"等几十门创新创业选修课程，这些都是听障大学生创新创业教育融入专业课程的有益尝试。随着我国高校创新创业教育的不断推进，我国高校未来听障大学生大创新教育融合过程，也将向着更加深远的方向发展。

（四）大力推进创新创业专业课程建设

我国高校创新创业环境的不断进步和发展，正在激励着越来越多的大学生选择自主创业，在听障大学生高校未来将有一批学生从科技创新创业，并致力于发展为企业。想要解决当前我国创新创业课程存在的结构不平衡、"通识不通、专业不专"等问题，在听障大学生高校的创新创业课程建设中，就要开设面向大多数学生的创新创业启发式课程，此外还要针对具有创新创意能力的学生,促进他们以专业课程理论进行创业。对于听障大学生而言,高校创新创业教育改革一定要以社会为中心,通过学生的创业特点,以专业为新模式,注重学生综合性能力和理论的提高,同时还应关注学生领导力的增强,着力培养"引领型"的创新创业人才;其次,要从理论导向型课程体系更多地向实践导向型课程体系转变,设计并开展基于问题的讨论和学习,将创业技能与项目设计相连结,通过活动课程和实践课程相结合的形式,培养学生的创新精神和实践能力。

(五)建立分层分类的创新创业教育课程体系

听障大学生高校的创新创业教育必须从理论知识出发,结合实际,促进发展,不但要尊重学生的主体性,还要以个性为特点进行发展,全面促进学生综合性能力的提高。创新创业教育的发展目标不仅仅是教会一部分学生创业知识、培养学生创业技能,更重要的是以培养所有学生核心素养作为发展主轴,提高和促进学生的创新精神、创业意识和能力的发展,实现学生的全面发展和社会发展的双重功效。考虑到每个人身上所具备的创新和创业的潜质、个人的发展驱动力以及未来发展方向都是不同的,同时社会在不断变化,因此,有必要围绕人的整体发展从顶层上做好教育目标分层设计,构建起金字塔型的创新创业教育结构,推进创新创业教育深入可持续发展。可见,创新创业课程的变化,应当加强课程标准的统一和同质化。围绕人的发展和社会需求目标从顶层上按照分层分类的思路来设计:针对全体学生开展相应的创新创业实践课程,培养学生的创新意识;帮助学生从理论学习层面提高学生的创新创业思想价值体系;对部分学生开展"创新创业专项课程",培养学生成为具有更强的创新意识和有能力的企业家。

三、加强聋健融合,营造残健互助的校园文化环境

(一)建立班主任制度和学长制度

由班主任为残疾大学生进行学业咨询和辅导,由高年级健听大学生作为学长对其生活、学习等进行帮助。

(二)通过丰富多彩的文体活动使听障大学生获得自我表现的机会

如在学校运动会上单列的残疾大学生比赛项目中,教师鼓励他们与健听大学生同台竞技,增加其融入社会的信心。

(三)为残疾大学生熟悉和适应学校生活积极创造条件

如高校为图书馆教师、食堂和宿舍管理人员培训手语,促进其顺利沟通交往,为他们

融入社会打下坚实基础。

四、开发丰富的教学资源，开展丰富的聋健融合教学活动

不同课程采取不同的教学方法，推动聋健融合大环境构建。

（一）手语课

首先，要培养听障学生手语交际能力。在学生刚进入大学的时候，就需要配置手语翻译人员为学生提供手语培训活动；另外要积极引导学生进行手语实践活动，提升他们的手语能力。此外要为创新创业学生提供全方位的咨询和指导服务，并根据他们的创业内容展开相关内容的培训。使听障大学生能够了解就业情况，了解自己的职业方向，为学生提供必要的就业指导，提升他们的就业能力。学校还需要适时组织一些实践活动，开辟第二课堂，促进听障大学生与正常大学生的交流，不断提升听障学生的交际能力、认知水平。在听障大学生进入单位实习后，学校也需要配置教师跟进，能够及时对学生进行指导，提升他们的岗位适应能力。

（二）心理课

企业对于从业人员的要求是全方面的，他们不仅注重听障大学生的技能，还对他们的职业道德和素质有一定的要求，例如工作态度。现实中，听障大学生在心理方面存在的一些问题，常常会留给用人单位"他们没有职业道德信赖感"的消极印象，这必须引起对听障大学生创新创业教育的一些思考：我们如果只是单纯的对学生进行技能和知识的培养，即便是学生有了一定的知识和技术，但是他们也很难真正地走上良好的职业道路。因此作为高等教育院校，不但要注重学生的理论课程的学习，还应该对他们的职业技能、心理能力和综合素质进行培养，促进听障生积极心理品质的形成，提升学生的就业创业能力。

第一，开展大学生的职业理想教育，引导他们树立正确崇高的职业理想。高等院校在针对听障大学生进行正确的择业观和创新创业教学时，要注意对他们心理方面的培训和引导，听障大学生由于生理的缺陷，对于复杂多变的社会了解是极其有限的，想当然地认为工作很轻松，因此他们对于一些较为有难度的工作就会产生放弃的观念，但是对于高起点的工作却又由于本身自身能力有限而没有办法展开工作，这对于一部分听障大学生是非常困难的，所以一些听障大学生在创新创业过程中，甚至在找工作的过程中，一旦受到各种问题的影响，便会激发他们心理缺陷，使问题更加严重。职业理想教育可以让学生知道，生存之道适合自己，找到适合自己的方向，例如可以在高年级开展一些职业理想的演讲比

赛，让听障大学生分享自己的故事以及自己的理想。创新创业教学不仅仅是职业知识技能的培训，而应该做到全方位的包括道德品质和思维影响的培养，让他们明白平凡即伟大。

第二，开展职业体验教育。听障大学生在学校期间没有过多地接触社会，他们对于劳动生活没有更多的经验，而从业时只有自己对职业劳动强度和操作责任的感觉，并没有真正地进行过实践，这样匆忙地进入职场势必很难适应，因此高校在进行职业培训时，可以为他们展开相应的职业体验教育。可以让听障大学生通过相应的职业体验教育，形成早期对于职业的认识，在从业之前做好一定的心理准备，可以在一定程度上缓解听障大学生从业后的紧张和焦虑的情绪，通过这样的方式可以为大学生提供更广阔的工作空间。

第三，开展职业礼仪教育。听障大学生由于受生理因素的影响，他们本身接触的信息相对有限，对于常人也缺乏一定的信任和理解，这些缺陷导致他们在思维和行为上不同于健全人，例如听障人士喜欢在别人谈话时进行猜忌，由于他们不能够清晰地听到别人谈话的内容，所以就武断地通过一些行为打断他人的谈话，或是通过触碰他人的身体引起对方的注意，此时他们的情绪一般是非常的激动，并且难以控制，这对于听障人士来说是常态，但是对于健全人来讲却是非常反感的，从而影响听障大学生在职业中的交际。职业礼仪教育可以帮助听障大学生在正常与人交往中分析他人的情绪，并做出正确的行为反应，帮助他们获得更好的人际交往能力和技巧。

第四，开展职业协作教育。新时代社会背景下工作流程需要合理化，尤其是一些规模化的企事业，更加注重团队间的协作和合作，听障大学生要积极地融入这样的群体中，要具备一定的合作意识和技能，这就提醒高校要展开针对这方面的技能训练，尤其重要的是还应该为听障大学生创造更多的机会，让他们与健全的学生一同开展相互协作和沟通的培训，让听障大学生在与健全人交流过程中提高能力，形成良好的合作。

总之，听障大学生良好职业品质教育的内容，需要通过优良的品质和途径形成，听障大学生只有在学习过程中培养良好的职业理想道德精神，才可以不断适应新时代社会变化的要求，才更好地融入社会建设者中。

（三）学分课

第一模块：职业生涯规划与就业指导模块（课程名称：职业生涯规划与就业指导）

学业生涯规划与就业指导课程，主要从学生的职业道德修养、理想技能等方面对学生进行培养和教育。通过这一课程的学习可以让学生真正地认识到职业过程中如何全面地认识自己，了解自己专业在社会中所处的地位和作用，并且帮助他们对于本专业的学习产生更清晰的认识，逐渐熟悉相关的职业规范，积极合理地进行相关职业规划，形成正确的人生观价值观，提高相应的职业修养和素质，养成良好的职业道德和品质。提高学生的竞争意识和法权意识，掌握提高竞争力的方法。

第二模块：创新意识与创业技巧模块

1. 创业初阶课程——面向全校学生

培养学生的创业意识和技巧是非常重要的，学生要真正地走入社会，必须具有一定的创新创意能力和相关的技能。创新创业初阶课程着眼于培养学生综合方面的能力，旨在培养学生创新意识和操作技能，通过这一课程的学习可以让学生了解创业精神、创业意识，培养其市场调查、商业书撰写等相关技巧。这一课程可以从具体的知识目标、素养能力等方面对学生进行全面的教育，从而帮助学生认识到本专业如何创业，并且认识到在创业过程中如何培养他们的意识和精神，以及掌握具体的项目分析技术并组建适合的团队进行市场调查等。通过这一课程可以帮助学生明确创业所需的具体素质，以及如何提高个人的综合能力，例如市场意识风险意识等，另外在关注学生能力提升的同时，还要让学生可以系统地了解创业和项目的分析等相关技术能力。

2. 创业进阶课程——面向有创业意向的学生（工作室制）

创新创业教育系列课程包括的内容是比较广泛的，总体来看，包括创业文化意识、财务管理、计划书写作等相关内容，还会结合他们的专业技能在市场中的运用，更有针对性地进行创新创业的实践活动。通过这一课程的学习，听障大学生可以在市场技能中加以利用和掌握并开展相对独立的创新创业实践活动，其中包括一些相关的管理知识、财务知识等技能。

第三模块：创业拓展项目模块（课程名称：创业实践）

本模块主要对那些准备比较充分的项目进行相关的教学，比如展开一些创业过程和运营方面的培训，根据企业在经营阶段的不同需求，学校也应该给予一定的指导并且提供与专业相结合的实践指导服务，促进学生项目可以顺利的应用于市场。

第四模块：积极开发创新创业教育交叉课程

核心素养是综合性的，是针对学生知识能力态度的综合性检验，任何核心素养的培养都不是靠单独一个学科可以完成的。因此，高校创新创业教育本身就是具有综合性学科特点的一门教育，它不仅是基础课程的教育，还应该包括心理素质教育、风险教育，以及综合能力等方面的教育，应该更加关注学科间的互动、课程结构及新课程的建立。因此，在课程设计上需要朝着综合化、主体化发展方向发展，即从学科内封闭的课程结构向综合、开放的课程结构发展，打破传统专业和学科的限制，注重不同学科之间、不同领域之间的穿越与融合。特别是在当前新工科、新文科建设的背景下，听障大学生高校要着力建设一批能够培养学生"创造力和问题解决"素养的跨学科创新课程，该类课程主要以跨学科、学科交叉为特点，通过研究性实践和指导提高学生的创新创意能力，并针对具体性问题帮助他们找到解决的途径和方式，全面提高他们实践方面的能力。国内越来越多的听障大学生高校也开始依托创新创业教育开展跨学科课程探索，并在此基础上对现有课程进行改造和重组，推进跨学科创新创业课程建设。

（四）无分课

1. 创业讲座

高校的创新创业讲座一般会分为4个主题，也就是"听潮""观海""试水""搏浪"。听潮，顾名思义就是根据学生的创业特点为学生找到合适的市场需求，找到适合自己的创业内容，其中包括素质培养、素质教育，以及创业意识等方面的培养。观海的创业讲座主要要求学生可以根据市场的导向，聚焦学生的创业能力，通过跨专业的学习，全方位提高学生创新创业。试水主要是让学生根据自己的特点认识企业，并且尝试一些风险项目，从低风险的项目着手开始进行项目的创新和研发。搏浪的创业主要聚焦于学生创业思维的转化以及创业的孵化，其中主要集中在指导学生如何更好地对风险项目进行管理和布控，开展真实的创业活动，进行项目的孵化。

2. 创业集市

创业集市对于开启大学生的创业思维，让他们真正地把创业思想投注于实践是非常重要的，即可以让学生的创业不止于想的层面，更加着重于实践的层面，又让学生在大学过程中就可以体验到创业的重要性，增强团队之间的交流和借鉴了解真实的市场，从而吸取更多的实践经验，为未来的创业做好准备。通过创业集市活动也可以锻炼大学生的手脑协调能力，为他们今后进入社会进行创业做好铺垫，同时也是非常宝贵的创业经验。

五、教学方法手段多样化

为了全面促进高校创新创业课程的发展，高校在创新创业过程中的教学手法要多注重多样化培养，结合高校创新创业教师的具体情况，提高教师的创新创意能力和水平，促进学生创新创业思维的开展，在创新创业课程的教学过程中，还要结合当前教学信息的手段进行创新，改变传统的教学模式，可以借助于网络和翻转课堂等方式，运用先进的教学理念指导学生的创新创业教学。

（一）推进项目制教学

项目制教学主要是以某一项目为基础进行相关教学，这种教学改变了传统的教学和课程内容为主的教学方式，教师通过某一项目的形式，以一对一或一对多的方式带领学生展开教学实践。这种教学更加注重学生知识能力的培养，学生通过对某一项目进行深度的分析和研究并展开个性化的学习，通过这种方式构建成一种教学相长共同研发的师生新生态。创新创业教育的教学项目，形式较为丰富，并不局限于创新科研项目的内容，真实地反映出创业多种项目，还可以通过企业委托的方式进行创新创业项目的教学。以湖南大学本科生科研创新项目学习为例，学校鼓励教师在科研团队中吸纳本科生，鼓励导师指导本科生开展创新性科学研究，把指导本科生创新性科研作为教师的重要任务；学生以自愿申请方式加入教师科研团队，在师生共同营造的教学相长良好氛围中快速成长。

总之，实施项目制学习一般包括以下几个方面：一是建立项目团队。明确团队成员的任务及分工。教师不仅是学生开展的创新创业指导者，更是项目的推进者和执行人，教师把有相同能力的学生组建成某一个团队，为这个团队选择适合他们的项目进行探索。二是构建团队沟通合作机制。加强不同团队之间对创新方法上的讨论和交流，从多学科的角度提出问题、分析问题和解决问题。一些听障大学生高校还借鉴国外模式，如定期举行教授午餐会、头脑风暴会等，通过师生之间轻松愉悦的交流，教师给予方向性指导，同伴相互学习启发，提升学生研究性学习能力和创新创造能力。三是建立项目实施反馈机制。从项目的确定、实施到结束，每个团队都应进行汇报，便于团队之间的交流和学习；同时总结反思，与团队成员共同分享经验，指导老师则对团队成员一段时间内的创新创业成绩给予反馈并提出进一步的建议。这种项目制学习的方式还可以广泛用于"师生共创"的创新成果转化和创业孵化新模式中。从研究阶段开始，学生深度参与教师的创新科研项目，取得科研成果的学生可以继续专注于专业领域的研究发展和成果的改进升级，促进了教师的科研成果转化，更提升了学生创业实践的层次。

（二）案例教学法

案例教学法是一种以某一案例为基础进行创新创业培养的教学模式，这种模式也是一种真实的项目构建的过程，通过对学生启发引导讨论并参与研究的方式，提高听障大学生的创新创意意识，并注重培养学生的批判性能力。创新创业课程运用案例教学法主要有以下三方面特点：第一，有利于鼓励学生进行独立的思考；第二，可以让学生把所学的知识转化为能力；第三，可以加强学生与教师的双向交流。在案例教学法中，教师可以扮演激励者的角色，通过问题以及案例的内容引导听障大学生通过自己的观点和知识的碰撞来启发他们的思维，从而促进学生创新创业意识的提高，并且把这种创新创业意识渗透到听障大学生的知识结构中。通过这种方式教师也可以和学生有更深层次的交流。在具体的案例实施过程中，可以从以下几点进行把握：①注重活跃的课堂氛围。不再以原始的教学方式进行教学。这种启发式教学与案例结合的方式，更适合这种创新创业教育课堂的环境和氛围。②在注重听障大学生综合能力培养的过程，通过一定的方法促进学生创新创业思维的培养。任何能力的培养和课程的学习都离不开方法，因此在高校创新创业学生培养的过程中，要注意运用恰当的方法，通过系统的教学和正确的方法为全面提高学生创新创业能力而努力。③提升学生在创新创业过程中所需要的信息的接收和处理能力、捕捉市场机遇的能力、分析与决策的能力、发现和使用人才的能力、控制和调节能力等。

（三）以作品为导向的学习

也就是说典型的对创新创业活动进行模拟的方法。通过这种方法可以激发学生的创业灵感，让学生从消费者的思维转变为制造者的思维，这种教学方法的目的是可以让学生发挥他们的专长和他们的创业精神，教师在运用时，一定要以学生的特点和学生的兴趣出发，在对学生进行评价时，可以从学生的角度出发，全面激发学生的思维意识；以作品导向性学习为主，把更多的知识和学习时间还给学生；尊重学生在创新创业学习过程中的自主学习和交流，从悬崖式的传统教学模式中走出来，为学生打造一个个性化的学习氛围；鼓励学生创作有意义的作品，既保护好学生的创意灵感又让学生掌握发现机会的敏感和学习；重新挖掘学生在创新创业学习中的个性和特点，通过这种作品导向性的学习，可以让学生获得更多的经验和思维以及实践的积累，也可以通过这种创新模式下的分析和研究，激发他们进行创新，形成项目计划，并应用于市场实践中。创业类产品产生和形成的时间更长，学校也可以把这种真实的产品分享给同样具有创新意识的学生，并且让学生进行相关的交流，找到这一项目的缺点和优点，共同分享提高学生的创新意识。

（四）使用多媒体教学

使用多媒体教学有利于丰富创新创业教育平台，为听障大学生提供更丰富的创新创业内容和市场新的发展方向，在进行创业过程中也有利于他们的自我评估、创业体验。创新创业教育平台，可以围绕学校基本的创业教育实现信息共享，涵盖了创业管理人才，导师库等相关的内容，通过多媒体的教学也可以让学生掌握先进的市场导向，并且在创新创业过程中可以更了解具体的情况，从而进行相关的创业实践。

（五）手语演讲法

在创新创业教育过程中，教师可以通过手语演讲法让学生分享自己对于创新创业的意识和思维，这种方式可以提高听障大学生的信心以及增强他们的表现能力，其他学生也可以通过这种方式了解到别人的创意思维，并且积极地改变自己的一些错误的观念。在创新创业意识和技巧的课程上，可以采用这种方法，也可以让听障大学生通过这种方法模拟创意比赛，更有利于学生发挥主观能动性。

六、考评体系设置过程化

（一）平时成绩—60%—过程性考核

通常教学的考核方式一般是以课程的期中考核进行的，但这种方式主要是对学生知识掌握情况进行考察，没有办法对学生在学习过程中的态度、情感以及体验等方式进行考察。这种考察方式只是看重结果，并没有看重整体的过程，因此这种期中考察的方式忽视了学生整体的发展，不能体现课程发展的及时性。过程性考核可以更好地针对听障大学生整个学习期间进行测试，可以要求听障大学生全程参与其中，对学生学习过程以及最后的结果进行综合性考评。这种方式主要包括课程知识的应用，以及在实践活动中如何更好的把知识与实践相结合并进行自我评价和及时改进。这种考核方式可以让听障大学生获得更好的学习体验，探索并及时找到解决问题的方式方法。

（二）期末成绩—40%—商业计划书路演

商业计划书是一个公司或企业为了可以找到融资和投资方向而进行的计划。根据商业计划书可以发现某一项目的可行性。通过商业计划书的考核方式，可以全面地了解听障大学生对于创新创业项目的学习程度，以及他们如何把创新创业知识与实践相结合的情况。也可以通过商业计划书更好地展示出他们的创新创业计划和目标是否科学、合理。商业计划书可以体现一个企业从事的事物的特点，并且能对企业产品服务、生产工艺、市场客户、营销策略、组织架构等方面有一个全面的了解，通过商业计划书可以详尽地介绍这一项目的具体情况。以这种方式进行期末的考核，可以真正考验听障大学生创新创业综合能力。

第二节　建设创新创业应用型师资队伍

随着听障大学生创新创业课程体系的不断完善，听障大学生创新创业教育成为有组织、有目的的教学活动，听障大学生创新创业师资队伍的建设问题，也是当前创新创业学生教学面对的主要问题。创新创业教育师资的缺乏和创新创业教育的非专业化窘境，已成为我国创新创业教育当前面临的最大挑战之一。因此，听障大学生高校需大力推进创新创业师资培训，以期在短时间内解决师资紧缺的问题。但是，教师培训只能解决眼前创新创业教育师资匮乏的问题，从长远来看，还必须从教师创新创业教育教学能力、学校人才引进和培养机制等方面入手。听障大学生高校应打破过去传统的单一的依靠培训方式解决师资问题的方式，通过"引育并举"搭建多维度教师发展平台来形成结构合理、素质良好、充满活力的师资队伍。同时，教师必须要深入研究、系统了解创新创业教育教学理念、模式和手段，才能真正发挥教师在创新创业教育中的传授、引导的作用，切实提升创新创业教育质量。

一、推进听障大学生创新创业教育教师选聘

第一，各高校在培养学生的创新创业教学过程中，要改变原有的学历第一的倾向，鼓励学生更多地投入实践中，形成高校和企业之间人才的互通。可以通过提高教师的实践水平，聘请一些具有相关经验的企业家等进行学生的创业和兼职，从市场竞争和商业的角度，全面强化学生创新创业的实践能力，使学生具备机会识别、战略制定、资源获取、商业模式设计等必要的创业实战技能，为学生创业成功奠定基础。在培养学生创新技能和实践能力方面，具有工程实践背景的创新创业教育专职教师有着得天独厚的优势条件。听障大学生高校应打破学校和企业之间的人才壁垒，建立企业和大学之间的灵活聘用机制。以杭州未来科技城与浙江大学合作模式为例，在未来科技城的创业大部分是高层次人才，在创业过程中要聘请有经验的教授和教师，充分利用实验室的优势，进行相关的创新创业。通过听障大学生高校和企业之间的科研人员共同聘用和培养，实现企业创业能力和大学创新能力的优势互补。

第二，要打破校际壁垒，建立校外导师共享机制。目前，各个学校都在聘请校外创业导师，而聘请的途径往往是基于人际关系而形成的，这种聘请方式往往处于一种不稳定的合作关系，很有可能因为人事变动等原因而产生变化和调整。在相同地区内为听障大学生

的创新创业进行教学，还要考虑到学科和基本市场的企业进行合作，通过行业协会带动学生创新创业的发展，各企业可以和大学教师相互沟通并举办主题讲座，通过这样的方式激发学生融入创新创业中，也可以提高教师的创新创业教学水平，同时加强创新创业教育与行业的互动和交流，实现创新创业教育人才流动。

二、建立听障大学生创新创业教育教学团队

一是建立跨学科的创新创业团队。目前随着社会市场经济的不断发展，我国听障大学生的创新创业教育也不仅仅是单一的学科教育，从总体上来看，还缺乏有影响力的教学团队，而高校通过整合校内的专业资源，形成优质的创新创业教学团队，通过成果指导完善大学生创新创业流程，从而形成一个良好的创新创业系统，保证学生的创新创业教育课程的教学质量，从而更有力地推动大学生创新创业的教学。大学应激励、支持专任教师和研究人员进行跨学科分析，改革学科交叉研究机制，重点建立跨学科创新创业教育教学团队，为学校创新创业人才"特区"建设提供师资保障。

二是注重教学与科研之间的协同。目前我国不少的大学都设有创新创业教育相关研究中心，应切实发挥研究平台和教学团队之间资源共享，以学校已有的课程和人才培养案例作为研究对象，深入研究创新创业教育课程、教材以及教学方式，反哺创新创业人才培养。通过推进研究型教学模式，在教师中形成科教融合的共识，强化教学、科研互动的理念；利用学校各类创新创业平台，建立创新创业导师制度，探索基于创新研究的学习。不少大学十分重视创新创业教育教学和科研组织的建设，如慕尼黑工业大学的创业研究所和创业金融研究所，学校杰出教授带领跨学科团队将研究成果直接运用于创新创业教育课程中，并且成为各类研讨会、演讲活动的重要内容。

三、构建听障大学生创新创业教育专业平台

从教师的教学角度来看，我国高校的创新创业教育还没有一个良好的发展平台。缺少职业发展空间等，日益成为阻碍教师发展和影响师资结构的重要因素。从长远来看，大学创新创业教育既要"广谱式"推进，也要"专业化"发展。学科既是听障大学生高校创新创业教育质量的保证，也是教师学术发展的基本组织。随着我国创新创业教育改革的不断加强，听障大学生如何立足于当下，结合自己的专业特点和优势，从学科和专业建设的角度，促进我国创新创业事业的发展，并更好地融入创新创业的实践中去，是非常重要的。为了形成创新创业教育师资的长效发展机制，听障大学生高校应该积极探索设立各具特色的创新创业专业，增强教师的归属感和发展动力，建立创新创业教师的终生事业平台。一

方面，在各工程学科或专业下设工程技术创新创业教育研究方向，培养教育工程技术背景的创新创业教育专门师资；另一方面，把创新创业教育高等学校的学科相结合，有利于加强创业教育和实践的研究，并且有利于培养出具有全新理念知识教学师资力量。此外高校为了发展创新创业教学，还可以结合具体的创新创业内容和方向在一级学科下设立相关的创新创业教学，通过这种方式培养二级学科，从传统的专业向着新的专业方向发展。总之，听障大学生创新创业的教学的建设与地位对于创新创业教育的学科专业，归属感等方面有着重要的影响和作用，对于促进高校学生创新创业的实践研究也有着不可或缺的重要作用。

四、激发听障大学生创新创业教育评价活力

创新创业的教育评价对于高校学生积极地融入创新中来有着不可忽视的重要作用，通过创新创业教学，还可以全面地激发学生的创新创业热情，同时创新创业的教育还具备激励、诊断、管理等多种功能。当前，师生创新创业动力缺乏等因素制约创新创业教育生态发展，同时也影响生态系统的整体效能的发挥。

（一）改革创新创业教育学生评价

从调研可知，我国听力障碍大学生在进行创新创业的教学过程中，高校并没有对其教学内容进行综合性的评估，即使有评估，也没有从具体的内容进行考核教育，政府有关部门对于高校创新创业教学没有有效的奖励机制和评估机制，高校整体的创新创业改革教育的动力不是很强。美国等一些国家的第三方机构对高校的创新创业教育进行评价与反馈，大学积极参与并高度重视。如美国创业教育者联盟制定的《全国创新创业教育内容标准》其中包含创新创业的基础课程，学习学生能力的培养创业实践和创业发展等方面的因素，美国小企业和创业协会以及基金会对全美创业教育调查中发现这一调查评估早自1979年就已开始，并且每5年进行一次调查，调查内容涉及到课程设置创业创新，教师发表论文和著作，以及校友成就等一些情况，通过这些评估的内容，可以对提高学生创新创业发展有非常大的促进作用，此外。著名的杂志也会对创新创业的内容进行排名，如《商业周刊》《创业者》《成功》等每年都要进行全美创业教育项目的排名。

借鉴国外经验，我国可在听障大学生高校层面探索大学创新创业教育评价机制，可以为高校教育，战略协同，组织协同和创新创业健康的发展贡献一份力量。第一，高校的创新创业应以促进高校教育为方向，全面激发学生的创业积极性，健全科学合理的创业评价体系，并把创新创业教学纳入到本科质量评估和高校课程的评定中，在高校创新创业课程设计中，还应该包括师资队伍建设、社会影响力研究、校友成就等方面的内容，通过把这

些创新创业教育质量和指标相结合,从创新创业教育过程中全面实施进行监督,激发学生及学校对创新创业的积极性。第二,目前教育部门各种"基地""示范"众多,但是缺少具有社会影响的评价认定。要建立必要的创新创业教育的标准体系规范,建立必要的准入制度,避免相关部门随意或自主设定和制定指标体系。如探索建立听障大学生高校协会组织来开展听障大学生高校创新创业教育评价,承担部分评价、沟通咨询的功能,在政府、高校和社会之间搭建桥梁,处理好政府、社会、大学的关系。可以通过建立第三方独立的创新创业考核机构,对创新创业教学进行评价,从注重创新创业教育的质量评价慢慢转变为常态化的教育评价。第三,在创新创业教程过程中,还要注意强化学生的学习主体地位。建立以学生发展为主的创新创业教育过程评估。当前,各国创新创业教育的评价标准相对宽泛,数据产生的标准不一,可以以学生的反馈为标准,但不能以学生的反馈为全部的依据。不同国家、不同学校应该需要有结合各自创新创业培养目标。在创新创业教育评价中。不只是竞赛奖项、计划书、创业公司等,还应把学生参与创新创业的成长与收获、对创新创业教育的满意度等做为评价的主要内容。通过开展对学生创新创业教育体验调查和对已毕业学生的跟踪调查,科学运用学生评价结果,帮助学校面向不同特征的学生群体有针对性地开展创新创业教育。

(二)改革创新创业教育教师评价

在创新创业教育实践中,听障大学生创新思维的启迪、创新能力的发展在课内外投入大量的时间和精力。教师对创新创业教育的认同感以及表现出来的创新活力和创业动能又深深地影响着听障大学生的创新创业意愿和未来发展。因此,改革现有教学评价机制对激发学生创新创业活力、提升学校创新创业教育生态质量具有重大的现实意义。高校应以创新创业教育为引导,改革教师教学评价体系,确保教师在创新创业人才培养过程中发挥真正的作用。第一,要把教师对听障大学生创新创业能力的培养体现在教师的教育评价过程中,在教学中鼓励教师,注重学科的交叉教学,把创新能力培养和精神融入相关的教学中去。通过这种方式,可以全面地鼓励教师对听障大学生的创新创业指导,通过各种方式提高自身的创新创业实践能力,以确保以正确的方式可以传达给学生,并积极地对自己的教学进行评价,改善创新创业教学获得良好的效果。第二,完善教师分类评价体系,促进教师职业发展,激励教师积极投身创新成果转化和创新人才的培养。大学应根据个人专业特征与专业特长,构建教师分类评价标准体系和科学合理的考评机制,鼓励广大教师和研究生积极从事创新技术开发、转移及创业实践。

（三）改革学生学业评价

在创新创业教育生态系统中，学生既是被组织者又是组织者，既是生产者又是消费者。在教育生态学视野下，要激发学生参与创新创业教育的活力，就是要充分发挥学生作为"组织者"和"产生者"的角色，确立以学生为中心的主体观，推进学生学业评价改革，更加注重学生在创新创业教育中的获得感，突出对学生的创新能力和创业能力的有效评价。第一，要把创新创业教育教学融入到学生的课程评价过程中。高校的创新创业教育对于学生的评价起了重要的作用，不仅是针对学生在学习过程中的评价，还可以针对学生在创新创业教育后进行检测和判断。创新创业教育应该融入到学生的学习过程中，以尊重学生个性发展和思考为主要内容，在教师的教学过程中尊重他们的特点，通过高校创新创业能力的培养，提高学生创新创业能力，通过这种方式全面地激发学生的创新创业能力，引导学生更好地融入其中。创新创业的源泉在于是否能够真正激发学生的兴趣，从而真正从学生的特点个性出发，尊重他们独立思考和他们的主体性，在这一过程中，教师的教学方法和内容并没有标准答案和方法。而应该是具体问题具体分析，即在教学中根据听障大学生具体的情况进行创新及评价。第二，要转变自己的思维方式，改变过去对学生单一的评价方式，从全面性、整体性、综合性三个维度对学生的学习情况进行评价，特别是避免偏重知识积累，而忽视了学生能力方面的提高。学生在学习过程中大部分会过分看重他们的结果，并非学生的学习过程，因此大学生在教学中也会以学生的学习成绩或结果来评定学生的学习好坏，但是这种情况对于创新创业的教学是不利的。大学在创新创业的教学中应改变这种分数决定一切的方式，通过学生创新创业的结合，让学生了解具体的知识技能和知识，学习以及应用也是同样重要的。

第三节　建立产教一体化、多层次创新创业实践体系

我国高校创新创业教学在具体的实施过程中还存在一些特定的问题。我国高校课程在具体的教学中普遍存在重理论、轻实践的问题，这种问题使得我国教材内容较为晦涩难懂，学生在学习教材过程中没有很高的兴趣。我国高校的基本教学中存在着理论教育实践的问题，教学内容整体的发展落后于线下的实际形势，在具体的高校教学过程中，许多反

映现实变化和面貌的理论观点，并没有被教材采纳，而对于交叉边缘学科等相关的知识也并没有充分的运用。大学生创新创业的教育是以学生个性为基础，鼓励他们创新创业的实践能力的发展，以尊重学生的主动性，找到适合学生个性发展的方法，从而促进他们创新创业能力的培养，在具体的创造过程中涉及许多知识层面，包括人文社会科学与自然科学等相关的知识内容。目前我国针对听力障碍大学生的创新创业教育形式是比较单一的，并没有从学生的特点出发，针对他们采取多样性系统性的课程设置，也缺少对学生正确的指导，如何帮助学生摆脱逆境，这对于学生的创新创业成就有非常大的影响。实施创新创业教育不应该仅仅停留在课堂教育的基础上，尤其是针对听力障碍大学生通过产业教学相结合的方式，才可以真正地发挥教育的作用，从而促进学生参与到创新创业中来。

一、建立听障大学生产教一体化的必要性

产教一体化的办学模式，一般是由职业院校开辟的发展之路，在听障大学生高校实施产教一体化的模式有利于激发听障大学生的创造力、创新力。

（一）有利于听障大学生的锻炼

高校可以把新办产业和教学相结合，通过这种方式为学生提供更好的学习条件和更好的实践机会，在生产实践与管理过程中，学生可以在教师的指导和引领下把学习到的基础知识更好地融入实践过程中，从中可以加深他们对于知识的理解和运用，并且有利于他提高他们的实践能力。产教结合的方式还能激发听障大学生对于创新创业的热情，从而激励他们在实践中努力探索和创新这种创新能力。学校通过新办产业让学生可以更好地参与其中，不但可以锻炼他们的能力和知识的运用，还可以让他们获取一定的报酬，从客观上来看，也为学生实现勤工俭学起到了一定的作用。

（二）有利于提高教师的业务水平

针对听障大学生的教学，大部分高校是直接对教师进行分配的。并没有根据教师的专业水平的高低和知识掌握情况来考虑是否让他们担任创新创业教育的教师，这样的情况从整体来看不利于学生的培养，也影响了学生创新创业能力的提高。高校可以针对听障大学生创建一些实习基地，并且办理一些相关的产业与教育，通过这种方式可以为教师，尤其是专业教师提供更丰富的机会，提高他们相关的实践能力。在具体的工作中，通过这样的方式教师也可以更好地把理论知识和生产实践相结合，在教学的过程中全面提高的各方面能力。

（三）有利于促进地方经济繁荣发展

听障大学生的创新创业，它也可以改变听障人士单一的就业不高等情况，提高听障人士的专业水平，帮助他们更好地就业，这也与当地经济建设和社会稳定有着非常大的关系，因此可以说听障大学生的创新创业教学对于当地经济建设也起到了至关重要的作用。

（四）有利于促进听障大学生高校专业教育的健康发展

大学生高校专业教育是以其就业为方向的指导性教育，能够培养他们创新创业能力、领导能力、综合能力和素质。具有良好创新创业能力的人具有较强的技能性和实用性，也就是说他们的工作是处在第一线的，他们在工作中更加灵活，对于相关的知识和能力也有着非常高的水平，高职院高等院校在进行相关的教学时，可以通过产教一体化的培养思路，集中展现学生的优点，这种方式有利于加强学生对于创新创业的认识。同时听障大学生的创新创业教学也应该针对相关的企业进行有针对性的产品技术研发，通过这种方式实现学校人才培养研发产品和技术服务，满足了社会企业需求与学生就业。产教一体结合的基础是产业，学生必须根据产业的特点来进行创新创业的研发，教师在教学过程中也要以学生的特点实现专业课的实践教学，只有通过这样的方式，学生才能学到真正的本领，教师也才能展现出他们真正的技能。当然高校创新创业教学一定要以学生的教学紧密相结合，它的目的不是为了产而是为了教，在具体的教学过程中也要运用一定的方法，正确的方式，从而更好地促进学生创新创业思维的发展。

二、听障大学生产教一体化的实施办法

高效优质的创新创业服务体系支撑着创新创业人才培养，地方本科高校要完善教学、科研、学生会、团委等部门齐抓共管的联动机制，建立专门机构，如创新创业学院或听障大学生创新创业服务中心，做到机构、人员、场地、经费四到位，建立线上线下结合、校内校外结合、全面服务与重点指导相结合的创新创业服务体系，实现指导服务的全覆盖。

细化工作，提供系统性指导与一站式服务。高校要从做好细致入微的服务着手，为创新创业学生提供系统性指导与一站式服务。线上，以学校就业创业信息网、校园QQ号、微信公众号等媒体为主流，传播创业政策、普及创业知识、宣传创业典型。线下，以学校听障大学生事务中心或就业创业服务指导中心为具体服务机构，联合地方科技企业孵化器、财务咨询公司和律师事务所等机构，为创业学生免费提供项目开发、风险评估、融资服务、财务管理、法律咨询等一站式服务。

突出重点，开展针对性指导与持续化帮扶。地方本科高校的创新创业服务既要照顾服

务的面，更要把握好服务的点。针对有创业意向学生，开展商业策划书撰写、商业风险分析、创业团队组建优化等创业模拟活动，帮助学生进一步增强创业意识，熟悉创业流程。针对创业实践团队，积极搭建平台、组织百家企业行、参访校友企业、对接校外基地，为创业团队创造有利的内外环境，帮扶优秀创业团队成长壮大。

针对创业校友，建立健全创业校友档案，为创业校友在争取政策、解决技术难题、开拓市场等方面提供帮助，实现跟踪指导、持续帮扶，助力毕业生成功创业。多措并举，培育创新创业文化。文化对人的人生观、世界观、价值观具有潜移默化的影响，地方本科高校要多措并举，培育崇尚创新、尊重创造、勇于创业、敢冒风险、宽容失败、持续开放的创新创业文化生态，充分发挥文化育人功能。一是通过举办创新创业成果展、评选双创之星、双创优秀导师等，选树创新创业成功典型，努力营造浓厚的校园创客文化氛围；二是结合校园文化建设，开展独具学校特色、专业特色的创新创业活动，打造创新文化品牌。

三、建立听障大学生产教一体化的优势特色

产业和教学结合的目的是可以更好地培养人才。对于企业来讲生产才是他们追求的，但是对于学校来讲，他们希望生产可以服务于教学。无论如何产业与教学的结合还要从结合上加以考虑，建立起更好的机制。这种方式可以促进企业和高校更好地融合在一起。听障大学生高校建立产教一体化会给听障大学生高校带来很多好处：

（一）育人效应得到有效显现

通过现有的市场观引导听障大学生的创新创业课程建设，通过教师理论课程与实践相结合的教学，优化学生的知识结构。在具体的教学中教师要注意以市场引导为主，听障大学生在高校创新创业过程中也要根据市场的发展和压力，全面提高自身的能力。根据一项调查研究发现，超过85%的学生都发现他们所学习的知识在具体的社会实践中没有太大的作用，仅仅依靠理论知识不可能适应社会的需求，因此高校在进行创新创业教育人才培养的过程中，就要注意不仅仅应该只是局限在书本上的知识，而是应该以当前市场的需求为主，全面提高学生各方面的能力，促进学生可以更好的在社会上发展，获取更多的应用技能。

要在市场中存活，就一定要真正地走进市场，了解市场的规律和特点，这点对于听障大学生的创新创业教学是极为重要的，高校可以抽出一定的时间让学生了解他们所要创业地区的经济情况、产业结构和劳动力等情况，通过这种方式，学生可以对当地的具体情况有一定的了解，学生可以通过网络课题论文等方式了解当地的各方面情况，从而找到他们想要创新创业的产业。在学习和实践的过程中引导自己和证实自己的项目是否可以实现通

过，这种方式不但可以让学生更加了解当地的经济情况，也可以在没有进行创业时，就进行自己项目的研究了。

（二）有利于提高教师的业务水平

针对听障大学生的教学，大部分高校是直接对教师进行分配的。并没有根据教师的专业水平的高低和知识掌握情况来考虑是否让他们担任创新创业教育的教师，这样的情况从整体来看不利于学生的培养，也影响了学生创新创业能力的提高。高校可以针对听障大学生创建一些实习基地，并且办理一些相关的产业与教育相结合，通过这种方式可以为教师，尤其是专业教师提供更丰富的机会，提高他们相关的实践能力，在具体的工作中，通过这样的方式教师也可以更好地把理论知识和生产实践相结合，在教学的过程中全面提高的各方面能力。

（三）校园和企业文化可以得到更好的结合

在产业和教学结合的具体过程中，企业的管理制度也会根据具体的实践过程中有所变化，通过这种方式也可以更好地推进企业文化的变革与发展。一旦企业文化进入了学校，可以全面丰富学校的文化内涵，学校在接受企业文化影响的同时，也可以更好地促进企业与文化的结合，这种文化的融合是实现学生与企业员工更好对接的保证。高校也可以定期邀请企业的管理人员到学校进行相关的讲座，为学生提供一个与管理人才和企业人员对话学习交流的机会，引导学生培养他们的职业道德素质。学生通过产业和企业的融合可以真正走入实习过程中，即便是他们在实习过程中会出现各种问题，但这对他们是一个非常好的锻炼机会，产业和教学结合的过程中，企业也将负担出一定的成本，但同时他们也可以和高校学习一些相关的理论知识，对丰富企业文化也起到了一定的作用。

四、听障大学生创新创业产教一体化的实践体系

高校听障大学生的创新创业实践是高校教育的重要内容，更是培养听障大学生创新创意意识的重要方式，在就业压力不断增大的情况下，学生自主选择创新创业的方式，可以极大地解决当下面临的就业问题。在校园里"小试牛刀"对于丰富听障大学生的社会生活经验以及创新创业能力都非常重要。为鼓励听障大学生自主创业，应对大学生的创业精神意识和实践能力等方面的培养，这有利于学生丰富自己，并且更好参与到实践活动中来。高校举办的创新创业实践活动也可以融入企业的一些实践经验，为企业和听障大学生建立起良好的交流平台，让听障大学生可以找到一个展示自己的机会和舞台，通过这种方式他们也可以更好活跃他们的创新创意思维，也可以进一步的培养听障大学生的自主创新能

力，为听障大学生的创业奠定了基础。高校创新创业的教育课程是一门实践较强的学科，在理论学习的基础上，还要全面加强社会实践教学和创业教育的内容，构建多层次听障大学生的创新创业机会，这也是创新创业教育过程中的重点内容，为了让学生尽快地掌握到创新创业的核心，应该多组织学生进行相关的实践活动，在学中干，在干中学，把社会实践作为学生创新创业教育实践的大课堂，不断地拓展他们与学校、企业和社会沟通的渠道，指导和帮助学生更好的融入社会中，学习到更多的有利于创新创业实践的内容。高校在创新创业教学过程中，还要多鼓励学生在校期间进行自主创业的实践，通过参加社团活动，从小的社会创业实践活动开始丰富自己的创业经验和阅历，把学习的基本理论知识与社会实践工作更好的结合，鼓励学生在不影响学习的情况下，利用周末和课余时间，多进行一些投资，参加一些小型的实践创业活动，为学生营造良好的创业氛围。

（一）创新创业体验活动

创新创业是一个从无到有的过程，在这个过程中，学生和教师都要付出很多的努力创新是指在原有旧事物的基础上对其赋予新的力量和新的解释。这些无疑都需要创业者具备良好的创业素养与综合能力。而听障大学生在思想上、心理上、技能上还存在一定的不成熟，与健全大学生相比，还有一定的劣势，在学习创新创业理论知识时缺乏将其转化为创业实践的能力，缺乏实践经验，导致专业知识难以发挥，创业能力难以提高，这严重影响听障大学生创业的主动性和积极性。而创新创业体验活动的开展，就有利于培养创新型人才。创新创业体验活动的形式多样，方法灵活，主要包括创业大讲堂、创业沙龙、电梯演讲、创业路演、企业家论坛、创业企业参观、创业励志电影欣赏和商业展销会等形式。

（二）创新发明

创新发明主要是指听障大学生在平时的学习和工作中对那些感觉不舒服或者觉得需要改进的东西或方法，通过自己所学的知识和理论对其进行更新的一种方法。创新发明应该具备新颖性，创造性和实用性。所谓新颖性主要是指在创新发明前尽管有许多同样的产品，但是这种产品是买不到的，它与其他旧的产品是有一些与众不同的特点的。在旧物品上发明新的功能，新的方法，新的用途，也可以更好的体现出这一物品的新颖性，为产品增加新的功能和特点。所谓创造性主要是指发明者和原有的产品相比具有一定的创新性，在以突出具体的特点和进步的同时，体现出产品的创新性。所谓实用性主要是指这一发明出来的产品更具有应用性，有更好的效果。听障大学生的创新创意教学还应该从产品的新颖性，创新性的角度出发，鼓励他们多做出实实在在的物品，而不只是依靠他们的思想进行创新。任何创新都是需要经过改革实践而完成的，通过学生积极地从生活中找到问题进行思考，才可以真正地实现创新创意。

（三）创意设计

创新创意设计主要是由创意与设计两部分来构成，通过创意可以把自己的思维理念等方式融入产品里。创意设计的内容非常复杂，它包括很多领域的设计，例如工业设计建筑方面的设计，包装设计等内容。创意设计除了具备一定的设计经验和一些相关因素外，还需要把创意者的思维融入其中。企业的创意理念要高于原本的创意，所以企业在设计的过程中应先考虑具体的设计是否具有可行性再进行设计。

（四）创新创业大赛

在美国开始风靡于全球的创新创业大赛，有许多有名的世界高校都参与其中，尽管这些高校并没有大学生创意中心，但是他们也开创了创业大赛，我国举办创新创业大赛的宗旨，是需要通过规范系统的创业指导，为学生建立起一个良好的创业平台，通过竞赛的形式模拟社会环境中学生创业所面对的各种问题，可以让学生在没有成本没有风险的情况下接受环境的考验，也可以让学生在真正进行创业时，从全方位的角度进行考虑，最终为学生提供更好的创造机会。

创新创业大赛是借用模拟企业运营的方式要求参赛者组成小组，以小组的方式对市场具有前景的技术和产品进行规划，并围绕这一技术产品提供更加完善的服务、营销等内容。参赛者需要制订一份严格的计划书，并根据计划书完成整体的创业计划，在比赛中把他们的思想和计划呈现出来，听障大学生由于他们本身的缺陷，可能由于种种因素不能够成功的创业，但是他们通过参加创新创业大赛可以获取一定的经验，在具体的创新创业过程中也可以规避风险，从而减少失败的可能性。

第五章

听障大学生工作室制育人模式的探索与实践

残疾大学生目前在社会上的就业不是很乐观，为了提高残疾大学生的创业就业能力，就必须加强残疾大学生创新创业能力的培养。为此，如何创新残疾大学生人才培养机制，提升人才培养水平，是我们必须重视的问题。目前国内应用工作室人才培养模式的学校基本上都是针对健全人的，针对残疾人教学应用地少之又少，应用到残疾人教学的部分又往往是理论上的研究，没有实践上的突破。本书编委及其团队对听障大学生工作室育人模式进行了初步的探索和实践。

第一节 听障大学生岗位胜任力培养的有效路径

黄兆信教授曾在《岗位创业教育论》一书中对大学生岗位胜任力的培养作了非常好的论述。黄教授认为，在高校人才培养的过程中，大学岗位创业教育的核心便是培养大学生的岗位胜任力。对这一群体岗位胜任力的培养，使得我们高校培养出来的人才都是有着一定的可雇用性的，这些人才应该是能够适应他们未来的工作岗位，并可以适应社会发展的现实需求的。同时黄教授也指出了一点，我国目前大学毕业生普遍缺乏自主就业的素质和能力，主要原因就在于这些大学毕业生的岗位胜任力不足。本书编委在学习借鉴黄教授部分理论和思想后，认为对听障大学生开展并强化岗位胜任力的培养，可以提升这一特殊群体融入社会的能力，能够推动听障大学生进行岗位创业和就业，并可以带动其他类型残疾及困难群体创业和就业。

一、听障大学生岗位胜任力及其培养

听障大学生是大学生这个群体中的一个特殊群体,笔者认为他们的岗位胜任力除了具备健听大学生的那些能力以外,还应具备这个群体自身独特的一些元素。

(一)胜任力与岗位胜任力

胜任力的概念出自于拉丁文的 comepeter,其意义是恰当的、适宜的。目前被人们所认同的比较常用的胜任力模型有两种,一种是冰山模型,另一种是洋葱模型。冰山模型是由斯潘塞(Spencer)夫妇提出的,他们将一个人的岗位胜任力分为两种,显性部分和隐性部分,就像一座冰山中位于水面以上和水面以下的两部分。显性胜任力往往指的就是一个人胜任岗位所需要的那些最基本的知识和技能,这些知识和技能是可以被观察到或者采取一定的测量方式来被了解到的;而隐性胜任力一般不受外界因素的影响,往往隐藏于个人内心之中,具有一定的稳定性。洋葱模型是 Richard Boyatzis 提出来的,整个模型的核心是岗位动机、态度、价值观、自我认知是中间层,知识、技能是最外层。从外到内,诸要素的稳定性呈正比,而被测性反而成反比,通过后天学习来改变的可能性也是呈反比。两种模型总体上来讲,内容上基本趋于一致,但是洋葱模型对诸要素进行了排序。

岗位胜任力是指员工在一个特定的组织中,可以很好地胜任其岗位工作,在其岗位上产生优秀工作绩效的知识、技能、能力、特质的综合,对于受教育者的大学生胜任某一特定岗位所应具备的硬性特征,包括显现的和隐性的素质及能力针对性的培养。

(二)听障大学生岗位胜任力的形成与培养

1. 听障大学生岗位胜任力的形成

关于岗位胜任力的构成主要分为两个部分,一是个人的内在特质,二是岗位的客观要求。岗位胜任力是人和其岗位能力要求匹配,在一些方面这两个构成要素具有一定的重合性,而且这种重合度往往随着个人与岗位的磨合是逐步提升的。

不同岗位的差异性导致其胜任力的组成各有侧重,之前就有专家学者指出,专业技术人员的岗位胜任力通常包含:自信、主动、人际洞察力、成就欲、分析思维、团队协作、服务意识、知识储备以及技术专长等。

在个体内在特质方面,岗位胜任力的形成实际上与其个体的生活、学习、工作的环境关系是非常大的;在岗位要求方面,岗位胜任力的形成与其岗位的性质关系很大,因此岗位胜任力的形成是具有较大的可塑性、一定的潜在性、明显的整体性、鲜明的时代性的。

听障大学生由于其自身生理障碍,导致其存在交流障碍,这在岗位胜任力的形成时就具有一定的特殊性，首先是听障大学生自己心理可能存在一定的障碍，担心、畏惧与其他人的交流，怕与岗位有关的人员打交道等；其次是岗位本身对员工的要求，多数岗位都是需要交流顺畅，但是对于听障大学生而言这是最大的障碍，为此有些岗位从一些方面考量来看似乎就将听障大学生这个群体拒之门外。高校应该打破这个壁垒，提升听障大学生对于岗位的认识，树立他们的自信心，调动他们敢于适应岗位的积极性，另外高校应通过一定的手段来让社会上有关企事业单位接纳这一特殊群体，其实他们除了听说存在一定的障碍以外，什么都可以做，给这一群体提供更多的岗位，或者岗位设置时提供更多的沟通平台。

2. 听障大学生岗位胜任力的培养

听障大学生岗位胜任力的培养应主要考虑听障大学生的生理特点，结合岗位和听障大学生的个体特性出发，培养方式可采取正式培养和非正式培养两种。正式的培养方式应该主要是以组织培养为主，包含听障大学生所在院校的培养、有关企业的培养和由政府部门主导的残联及社区的培养等，非正式培养则以个人、家庭的自我培养为主。听障大学生岗位胜任力培养路径主要是建立在正式培养与非正式培养的两种培养方式之上，并且这个过程是不断迭代发展的。

听障大学生的内在特质很大程度受他们的家庭生活和教育环境所影响，包括他们的性格、思维和处事风格等，另外还受听障大学生所在高校的教育及其校园生活环境的影响，高校的教育和生活环境可以重塑学生的价值观、成就欲、思维方式等。听障大学生岗位胜任力的提升过程能够呈现出一定的递进关系，是听障大学生认知升级的学习过程。

随着听障大学生个体能力的提升，其对岗位的理解会促使他们快速适应岗位，并且可以对岗位进行重新选择，因此其岗位会逐渐地发生变化，这些个体对于新岗位的理解是受之前岗位影响的，但又有不同于对原岗位的理解，这就促使个人对于岗位的认知水平的升级。这个过程让听障大学生不断地通过认识岗位来更好地了解自己、认识自己，来更好地适应社会生活，主动融入社会，更好地实现人生价值，也让这个岗位相关的其他个体来认识和接受残疾人这个群体，尊重个体差异性，形成良好的社会残疾观。

（三）听障大学生岗位胜任力培养的必要性

听障大学生希望通过完成高等教育来获得更好的就业机会，然而已有学者研究成果显示听障大学生的就业形式和就业效果并不乐观。目前听障大学生的存在几个显著的问题，一是听障大学生就业率很低，而且他们的现实就业状况与他们自己和家人的预期和实际需求差距很大；二是听障大学生的就业层次普遍较低，多数是在车间流水线工作，基本上和学历没有什么关系，这样的岗位也是竞争很激烈的，没有太多职业发展的空间；三是听障大学生的就业风险比较大，工作的稳定性不好，存在较大的职业偏见，导致听障大学生的失业率很高；四是听障大学生的职业薪酬和待遇比较低，一些人甚至较难维持自己的日常生活，更不用说养家了。有一些学者对听障大学生职业教育现状与原因进行了分析和总结，一是听障大学生的职业认识不清，职业知识技能准备不足、对职业主动关注度低；二是听障大学生的职业认同感低，对当今严峻的就业形式了解不清晰；三是听障大学生在校期间没有较好的职业生涯规划，对职业期望的设定不符合实际；四是听障大学生没有丰富的社会资源，能够获得的就业信息渠道有限，甚至有些真假难辨，五是部分高校对听障大学生的职业教育缺失或不够；六是社会上一些企事业单位为听障大学生提供的岗位有限，甚至对听障大学生存在一定的偏见和歧视。

由此可见，听障大学生的岗位胜任力在新时代是明显不足的，听障毕业生就业能力较低，自身能力素质不能与用人单位对求职者提出或者设想的标准进行匹配，因此在目前严峻的就业形势背景下，加强对听障大学生岗位胜任力的培养是非常必要的。

二、听障大学生岗位胜任力培养的意义

岗位胜任力对于听障大学生未来走入社会、快速适应岗位工作并取得一定成就具有重要的作用，因此对听障大学生岗位胜任力的培养具有重要的意义。

（一）培养听障大学生的融入社会能力

一些学者针对听障大学生群体的心理研究发现，听障大学生的心理健康水平要远低于全国普通人群的心理健康水平，更是明显低于同龄健听大学生的心理健康水平。由于自身的生理障碍，听障大学生从小到大的生活空间、心理空间、价值空间等均受到不同程度的挤压和影响，这一特殊群体常常处于社会交往的边缘。听障大学生由于其听力能力的缺损长期体验到来自社会不同层面不同程度的排斥，这些排斥体现在经济、教育、人际交往、文化等诸多方面，导致他们处于社会竞争的劣势地位。很多听障大学生进而衍生出语言、社交和心理障碍，进而表现出比健听人更容易遭受挫折和失败，使这一群体在日常生活和工作中更易产生诸如紧张、焦虑、恐惧、烦躁、猜疑，甚至产生敌对、偏执等消极心理。

听障大学生进入高等教育阶段以后，这一特殊群体所处的社会和文化环境较之从前均相应发生了很大改变。令人欣喜的是，高校积极构建聋健融合教育环境，努力为听障大学生创造无障碍沟通和学习的软硬件环境，提供了较为优质的教育资源、制度保障和人文环境等。但是仍有一些值得关注的问题，比如听障大学生自身的心理适应表现，在主动融入社会、建立良好社交情感和积极求职创业等很多方面仍存在显著的现实困难。这就意味

着，听障大学生无论是在高校学习期间，还是未来毕业后走向社会，均面临着不同方面适应性挑战，极有可能引起多种适应性障碍和问题，其中就包括社会疏离问题。社会疏离非常容易诱发这一群体的消极情绪和行为，很有可能使该特殊群体高校期间的学习和生活质量等方面出现负面效应。

对听障大学生进行岗位胜任力的培养，可以采取针对性的心理健康教育和疏导机制，引导这一群体和健听大学生一起开展融合互助的活动，一方面能解决听障大学生自信心弱、社会融入性低的问题，另一方面可以提升健听人群对于听障大学生和其他残疾群体的认识，减少认识障碍，为听障大学生融入社会提供良好的环境氛围。

（二）增强听障大学生岗位的认识能力

为了让听障大学生能够很好地适应未来的工作岗位，在进入岗位之前高校就需要引导这一群体对岗位有较为科学、正确的认识力。对岗位的正确认识力应该主要包括听障大学生对于未来工作岗位的选择，了解岗位需求和自己自身能力的匹配度，进入工作岗位后是否可以得到较为持续稳定的发展等诸多方面。

我国的高等教育逐步迈向普及化，国家也越来越重视特殊教育，残疾人高等教育也得到了较大的发展。听障大学生在残疾大学生中占比很大。但是通过调研发现，有很多听障大学生对于未来职业生涯没有规划，一些家长也觉得让自己孩子上大学也是为了弥补孩子生理缺陷，想让他们和健听孩子一样上大学的这一心理安慰，并没有对孩子未来有什么期望；还有很多听障大学生对未来岗位有幻想，却往往很"高大上"，和自身能力水平很不符合。因此，就目前来说，很多听障大学生对于未来就业岗位的选择缺少较为清晰明确的定位和意向。听障大学生对于自身具备的能力和特长诸多方面不了解、认识不到位，在提及选择岗位这个话题时缺少主见，表现出要么听从家人的安排、要么问学校是否包分配、要么毕业了再说，很少有学生结合自己实际为未来工作岗位进行较为合理的定位。

现在很多听障大学生对于岗位选择表示没有做好心理准备，缺乏对于工作岗位较为持续稳定发展的合理认识，导致会出现高不成、低不就的尴尬现象，工作稳定性差，面临就业不久即失业的生活状态。培养岗位胜任力的创新创业教育对于大学生企业家精神的培养，比如洞察力、预见性和全局意识等方面的培养，对于听障大学生对自身认识、岗位认识具有非常大的意义，进而能够提升这一群体任职后的职业发展能力。高校对听障大学生开展创新创业教育能够借助于这种教育教学方式，让学生在校期间模拟岗位角色、进行岗位体验，培养岗位服务意识，帮助提升听障大学生毕业后顺利获得合适岗位的机会，在未来岗位中获得综合稳定发展打基础。我们进行创新创业教育，并不是都让听障大学生成为成功的创业者，而是增强听障大学生岗位的认识能力、培养对于岗位的胜任能力。

（三）提升听障大学生岗位的专业能力

在听障大学生面对实际岗位时，他们的专业能力水平并不强，有些方面的能力还表现得很差。这主要集中体现在听障大学生的对应专业基础知识和技能掌握不够扎实、不能较好地在岗位上进行较为熟练的应用实践，岗位专业素养较低，岗位创新能力不足或者很低。首先，用人单位在招聘员工时最基本要求就是此岗位需要员工具备的专业知识和技能。听障大学生在接受高等教育时便学习了较为系统的专业知识，进行了一定的专业技能实践，但在真正工作中却不能在自己岗位上熟练运用，甚至有时赶不上没有接受过高等教育的听障人士。其次，由于听障大学生自身的生理障碍，社会上能够为听障大学生提供的和专业对口的工作岗位就不多，听障大学生在面对和自己大学不完全对应工作岗位时，不能快速进行专业岗位补给性学习，不能适应岗位知识能力要求。再次，听障大学生的职业道德也是用人单位重点考量的标准。很多听障大学生缺乏对自己任职岗位的深刻认识，缺少敬业热情和精神，职业素质偏低，心理素质较差，缺少职业发展能力。最后，很多听障大学生的创新能力不足，往往停留在工作岗位的表面能力，不能积极对工作岗位所需能力进行自我探索、提高，不能创新工作方法，缺少岗位新理论、新产品相关的能力，个人缺少新思维、新方法。

培养岗位胜任力的过程中，将专业教育和创新创业教育有效融合，能够让听障大学生在高校学习期间具备独立自我学习的能力、掌握创新创业知识，培养在创业情境中不断发现现实问题、培养解决现实问题的能力，对所学专业知识进一步深化，具备较强的专业实践应用能力，这能够提升听障大学生岗位的专业能力，有助于培养岗位所需的良好品质和职业素养。

（四）提高听障大学生岗位的执行能力

听障大学生毕业后进入工作岗位时，往往不能较好地适应岗位有关产业结构需求调整的变化，进而表现出他们社会适应能力较差，抗压能力较弱、自我管理和约束能力较低等多方面的缺点。听障大学生对于所从事岗位的执行能力主要表现在实际操作能力方面。在知识经济的新时代发展背景下，用人单位会提高对员工的选择标准，用人单位非常看重效率和效益，所以他们希望刚招聘来的听障大学生能迅速适应工作，马上胜任工作，要求听障大学毕业生具有较强的岗位执行能力，这应该是所有用人单位都追求的高效性。但是听障大学生到一个新的环境，尤其是工作环境，往往适应得较慢，他们需要首先建立一个可以融合沟通的圈子，慢慢适应后才进入工作状态。在刚进入企事业单位时不能适应单位的管理方式，一些听障大学毕业生对于新环境的自我调节能力差，自我管理和约束能力差，甚至对于要求高效的工作是持有抵制情绪的，有的人甚至表现出无视用人单位规定，任务执行力很低的行为。

高校在对听障大学生的创新创业教育要加强对学生加强思想教育，强调规矩意识和集体意识，加强学生自我管理和团队协作方面的教育。听障大学生可以利用在校期间多参加创新创业相关活动，在参与教师指导的创业项目，在开展创业实践过程中形成自身综合能力，并将这些能力在不断尝试和实践中得到培养和发展。学生在不断总结经验过程中，能够较好地提升决策力和执行力，进而提升自信心，能够提升自身面对困难迎难而上的意志品质。

三、听障大学生岗位胜任力培养的有效路径

在听障大学生就业形势如此严峻的情况下，高校应该重视听障大学生创新创业教育，帮助听障大学生树立积极正确的、符合新时代特征的职业理想和岗位观念，提高听障大学生的综合素质，提升他们融入社会的能力和创业能力，切实提升听障大学生的岗位胜任力，在新时代让更多听障大学生能够有人生出彩的机会，因此对听障大学生进行岗位胜任力培养和提升的意义重大。

（一）以培养听障大学生创新精神为基础

听障大学生目前的就业形势不是很乐观，若想改变这个局面，创业对于这个群体来说非常重要。可是创业不是容易的事，创业成功需要很多因素，其中最重要的因素就是创业者本身是否具备敢于创新的精神和能力以及意志品质等。高校是培养高层次人才的阵地，培养具有创新精神的高素质人才是一种重要的听障人才培养模式。从另一方面讲，高校培养出能够适应时代发展的创新型人才也是对社会上那些有效资源进行最大化利用的一个促进。

高校应以培养听障大学生的创新精神为基础，制定符合听障大学生特点的培养目标和培养方案。传统的高校听障大学生对于所学知识和技能的获取比较被动，不利于发挥听障大学生学生的主观能动性，更不利于听障大学生创新精神的培养。

听障大学生创新能力培养就是要在原有人才培养模式的基础上进行创新，重点是针对听障大学生的特点制定人才培养方案，包括培养目标和规格的定位，教学计划的制订，课程建设，考核改革以及实践环节的设计等，难点是提高实践创新能力，突出个性化培养，让每个学生学生有所长。

在听障大学生的培养过程中，高校可以采取第一课堂和第二课堂结合方式来不断强化听障大学生的创新精神，最终将这种创新精神慢慢内化为听障大学生以后成为创业者应具

备的特质。

（二）以锻炼听障大学生综合能力为重点

要切实提高听障大学生的岗位胜任力，就必须建立以锻炼听障大学生综合能力为重点的人才培养模式，培养听障大学生成为有一定的创新精神、勇于承担社会责任的青年人才。要针对市场需求定位残疾大学生的培养目标和规格，整合课程和资源、个性化设置课程模块，加强师资培养。实施以学生为中心的融合教育理念，尊重听障大学生的主体地位，使听障生为学习活动的主角，调动学生积极性，让学生主动去探索知识。

听障大学生有些课程的教学目标有"重知轻行"的倾向，一些教师只是把书本知识的传授作为了主要目的，教学单一地采用"讲授——接受"的传统方式，在教学过程中不能针对教学内容进行有效设计，不能对学生能力提升有较高的追求，忽略了对授课对象实践和创新能力的培养。真正有效的教学活动应该跳出只是教师"教"，学生"记"的固有思维圈子，应发挥学习的主动能动性，提倡学生"演"，老师"导"的模式，亦或教师去"指导"，学生取"探索和讨论"等多种创新模式。

倘若教师的教学目标只是直接指向知识本身的掌握，而不在乎学生能力的养成，就会让学生形成考试是学习的终极目的的意识，长此以往，我们培养的听障大学生就缺少主动学习的意识，学习依附心理强，导致我们培养的多数是有知识欠能力、有文化欠教养的人。真正好的教学目标必须重视学生综合能力的提高，实践能力的培养，必须使我们的人才培养目标有效体现，促进听障大学生全方面素质的提升，而不是仅仅限制在学生认知方面能力的发展。不应是书本知识本身的传授，而应更多重视我们听障大学生善于解决问题的良好思维方式、较强的心理承受力、较强的意志品质力，以及较好的情感表达和交际能力方面的能力的培养。

听障大学生这个群体的现实就业压力较大，为此我们必须在开展教学活动时，努力开阔听障大学生这个群体的知识视野，培养听障大学生具有好的思维能力，培养自主学习能力，让我们的课堂教学真正实现由知识向能力的转化。着重进行听障大学生的创新创业方面思维和精神的培养，有效提升听障大学生创业就业能力。

（三）构建校企合作的听障大学生教育机制

在科教兴国的大时代背景下，社会上对创新型人才的需求量将会越来越大，听障大学生虽然生理方面存在一定的缺陷，但是他们在其他方面的能力是无异于健听人的，我们应该根据这类学生群体的特点，主动寻求和一些企业进行合作，进行创新型人才的联合培养，这样可以充分利用校企双方的优质资源，给听障大学生创造最佳的提升平台，分层次地为社会输送适合不同岗位的创新型人才，真正实现高校应有的培养人的职能，培养国家需要的新时代人才。

转变传统教育教学思想的同时明晰教学目标。由于地区的差异性，不同高校在教育教学的理念、在学校管理机制，以及用在创新型人才培养方面投入的资源具有较为明显的差异性。在自身校情的基础上，当学校寻求校企合作时，就不要把传统的培养人的教育理念生搬硬套到联合培养人的模式中，而是在开展教学活动的过程中尽可能最大化地将学校的教学特色与企业培养相结合。也就是说，要把传统的知识教学的理念转化应用为素质教学的理念中，进而根据创业知识的难易程度与培养目标对应，使听障大学生的教学目标较为明确和科学，这样才能更好地实现创新型人才的培养目标。

利用校企合作方式创造最佳教学环境。一般来说，高校之所以和企业合作，是为了高校和企业之间能够形成较为有效的、具有持续性发展的双赢甚至是多赢的合作关系，合作双方通过资源的共享与置换，达到双赢或多赢的效果，这样，学校为学生大范围的扩展了实践训练的优质基地，企业也做好了后续人才的储备，节约了人才培养所付出的成本。这样学校将教学环境进行外部延伸，让学生提前体验了企业角色，提前适应了社会。学生到企业中进行知识的实践，能够快速提升自身的能力。在这种氛围下，听障大学生的学习潜能可以被充分挖掘，听障大学生创新创业能力可以被培养和提高。高校的教学必须要满足社会需求，与企业合作就是实时掌握企业需求、市场需求的重要手段，这对于人才培养方案的调整是至关重要的。

分层次开展创新创业人才培养工作，高校与企业在对听障大学生合作培养过程中，要注意几个方面的把握：第一，要注意人才培养的范围，不能把范围划分得太小，应尽可能扩大培养的范围，把听障大学生创新创业能力作为人才培养的重要目标，将这方面的教学作为教学的一个重心，在教学中一定要引入企业先进的创业观念以及创业意识，摒弃传统的知识导向教学理念；第二，重视听障大学生实践能力和岗位应用能力的培养，将学校自身的资源优势与企业一方的资源优势进行有效整合，充分利用，为那些有志于进行创业的人才打造平台；第三，对于那些创新精神、能力、素质品质达到创业要求，又拥有创业欲望的学生进行经济和政策方面的大力度支持，在校期间即可创业，同时将各行各业的创业典型引入课堂教学，来激发学生的创业激情，这样的创业带动作用是非常强的，对创新型人才的培养起到非常重要的作用。

（四）建立整体性的创新创业教育体系

听障大学生创新型人才培养应以习近平新时代中国特色社会主义思想为指导，全面贯彻党的教育方针，落实立德树人根本任务，深化应用型人才培养模式改革，以专业为依托，以创新创业工作室为平台，以创新听障大学生人才培养机制为重点，以创业就业为导向，以专业能力培养为基础，以专长、特色职业技能为突破，让听障大学生拥有一技之长。思想政治教育、职业道德贯穿全过程，要将听障大学生人才培养目标同新时代经济社会发展相适应，同这一特殊群体的创业和就业的需求进行紧密的对接，构建听障大学生"专业＋特技＋创业"工作室制人才培养模式，建立整体性的创新创业教育体系。

听障大学生"专业＋特技＋创业"工作室制人才培养模式要注意坚持几个原则：

一是突出创业就业导向原则。紧扣"专业＋特技＋创业"工作室制人才培养模式，全面制定培养方案，培养方案在培养目标与规格、课程体系、课程内容、教学大纲、教学方法、考核机制等方面大胆尝试，突出创业就业导向，突出听障大学生一技之长培养，突出特技训练课程模块，突出学习效果评价。听障大学生教学评价要与这一群体的创业和就业需求进行紧密对接，通过该听障大学生特色人才培养模式的构建和全面实施，提升听障大学生创业就业竞争力。

二是突出培养一技之长原则。听障大学生"专业＋特技＋创业"工作室制人才培养模式应在学生掌握应有的专业基础知识、得到基本的专业实践训练之上，强化因材施教、个性化培养，以工作室为载体，在导师指导下对学生实施特技训练，培养学生掌握一技之长。

三是坚持创新教学模式原则。听障大学生"专业＋特技＋创业"工作室制人才培养模式要重点突出对听障大学生创新思维的培养，强化教学模式改革，构建理论、实践、特训混合式教学模式，更新教学方法，实施项目化教学方法与"互联网＋教育"教学方式，确保与新培养模式的适应性。

四是坚持德育智育并举原则。听障大学生"专业＋特技＋创业"工作室制人才培养模式坚持立德树人根本任务，在培养特技能力的同时注重学生德育教育，将思政课程与专业课程有效结合，并贯穿于听障大学生工作室特技人才培养的全过程，培养德智体美劳全面发展的特技听障人才。

五是突出产教融合、校企合作协同育人原则。听障大学生特技工作室要重视产教融合的办学思想，实施校企合作培养方式，进行协同育人的深层次探索，促进"校政企"三方共用共享、共管共治，从而推动特技工作室建设发展。

六是坚持聋健融合建设原则。在工作室运行过程中要加强聋健融合建设，鼓励特殊教育专业健听生加入工作室教学课堂中学习和实训，给教师当"助教"，为听障大学生当"助学"，学习掌握一项特技，实现聋健融合教育。

第二节 听障大学生创新创业教育提升路径研究

目前,听障大学生就业形势不够乐观,为了解决听障大学生就业质量低、就业形式单一的问题,就必须加强对听障大学生创新创业能力的培养。培养听障大学生的创新创业能力实际上就是提高他们的就业能力,这一方面可以提升这个群体的就业率,另一方面能够适应当今经济社会的发展。为此,高校必须重视听障大学生创新创业教育。

一、我国听障大学生创新创业教育的现状

当今社会,听障大学生的就业情况并不是很乐观,因此,高校培养具有一定创新创业能力的听障人才是至关重要的,才是符合我国应用型高校的人才培养总体目标的,也是符合我国现阶段经济社会的发展需求和趋势的。事实上,在多种因素的影响和困扰下,很多高校在培养听障大学生创新创业能力的工作开展方面实施效果并不是很理想。

(一)高校创新创业教育的发展过程

党的十九大的胜利召开,标志着中国特色社会主义已经进入一个新时代,这是我国发展新的历史方位。新时代我国高校的创新创业教育也要不断进行变革和突破。我国高校用20多年的时间来追赶国外高校70多年的创新创业教育步伐。中国高校创新创业教育要想实现新时代更好地发展,还是面临很多挑战的,当然挑战与机遇是并存的。

国外高校的创新创业教育大体可以划分为三个阶段,第一个阶段是萌芽阶段,时间跨度大概是1917~1970年;第二个阶段是发展阶段,时间跨度大概是1970~2000年;第三个阶段是逐渐成熟阶段,时间为2000年至今。

国内高校创新创业教育始于1997年,大概经历四个发展阶段,第一个阶段是高校自发探索阶段,时间跨度是1997~2002年;第二个阶段是多元探索阶段,时间跨度是2002~2010年;第三个阶段是全面推进阶段,时间跨度是2010~2015年;第四个阶段是国家统一领导下的深入推进阶段,时间为2015年至今。2015年国家提出的"大众创业、万众创新"的双创策略,将创新创业教育视为我国经济增长的新引擎,多个部门陆续发布了相关文件来推进深化改革,我国高校创新创业教育进入了新的历史发展期,但是目前也遇到了一定的发展瓶颈。

(二)高校创新创业人才培养现状

中国大学生创新创业教育晚于国外近50年。近年来,国家和政府为大学生创业出台

了一系列优惠政策，举办了包括中国创翼创业创新大赛、"互联网+"大学生创新创业大赛、"挑战杯"等各种形式的竞赛，开展了丰富多彩的创业活动，取得了一定的成效，提升了大学生创新创业能力，让一些大学生真正实现了自主就业，拓宽了大学生的就业路径，缓解了大学毕业生的就业压力，进而减轻社会负担。国内很多高校对创新创业教育也进行了形式上的拓展和创新，有些高校也引入了创客模式。

创客模式采用的是类似于集群集合的方式对资源进行整合和重构，也类似于采用的众筹项目的形式，对社会各界的精英人士进行招募，比如名牌高校的知名学者教授，各行业的领军人物等，这些精英对于创客这一理念及其发展的趋势有着超乎常人的独到见解。如果在培养创新型人才的过程中拥有这样的智囊团，效果可想而知，可以为我们创新型人才的培养提供莫大的支持和帮助。

早在一些年前，创客教育的理念其实就已经在全球风靡起来。但是那时人们更多的关注的是人工智能，而对于新的创客教育理念似乎缺少应有的关注。后来这个被写进了全国的两会当中，人们开始对这一创新教育的理念进行了重新全面的审视，社会的关注度明显提高。这种创客理念主要是依靠数据信息技术，为人类教育模式的研究提供了一种新的便捷的方式和手段。就好比王旭将 STEY 教育融入了新的创客理念，并采用高科技的互联网移动功能和人工智能所提供的数据采集与结果分析的功能，为人们呈现出了一种可以面向世界以及未来的教育手段和方式。现如今创客这个词在高校中被广泛应用，并且这些新的技术结合创新的教育思想对激发学生的创新能力展现了很强的推动性。创客思想在提高学生的创新能力方面的另一个常用的理念就是不断挑战权威的方式，这种思想并不是要学生不守规则，而是面对陈旧的理论敢于推陈出新，跳出原有的知识框架，大胆想象、大胆尝试、大胆决策。

（三）我国听障大学生创新创业教育现状

目前，高校在听障大学生创新创业能力培养的过程当中，存在着一些问题：首先，一些高校并没有把听障大学生创新创业课程设置好、建设好，尽管在教学计划中有一些双创类课程，但是这部分课程没有较好地进行模块化的设计，由其衍生的课程设置也不够合理。其次，听障大学生创新创业教育的优秀师资非常紧缺。缺少专业的创新创业师资队伍，课程往往由校内其他教师兼职，理论和实践脱节，教学效果不理想。最后，听障大学生群体缺少一定的创新创业意识，据相关统计发现，目前我国高校大学生拥有创业意愿的人数不足就业总数的 10%，听障大学生的比例就更少，甚至一些听障大学生对创新创业的现实意义意识不清，学生往往是被迫参加一些创新创业类的活动，缺乏主观能动的创业意识，这些都使高校在听障大学生的创新创业能力培养方面需要加大力度。

我国现在越来越重视特殊教育，近些年听障学生高考录取人数逐年增多，毕业生的数量自然也会随之增加。但是现在出现一个问题，是值得我们从事听障高等教育的人关注的，就是听障大学生"毕业即失业"的问题。其原因确实有很多，但是我们若能把学生的创新创业能力培养好，可以丰富听障大学生的就业形式，拓展听障大学生的就业岗位，提升听障大学生的就业稳定性，切实提升听障大学生的就业质量和生活质量。培养这个群体学生的创新创业能力，仅仅依靠校内资源和力量是很艰难的，倘若能进行校企合作，联合培养学生这一路径是值得探索，并且具有一定的可行性。

目前，我国多数高校在开展校企合作联合培养高校人才的方面采用的路径主要有以下几种形式：首先，课程设置方面有所创新，在课程设置上引入了相关企业所需的一些必要课程；其次，教学活动方面有所创新，增加了很多实践的机会；最后，有些企业帮助校方建设科技创业园区。无论是哪种途径，都是有一个共同的前提的，就是一定要结合学校目前本身所拥有的资源，来有效推进创新创业人才的培养。在大多数学校，创新创业相关理念不适应时代的发展，甚至落后于当今时代的发展，特别体现在学校的教学制度的制定和教学方法的应用等方面，存在着诸多不理想的方面。另外可以这样讲，我们高校在创新创业人才培养的过程中还有很多方面需要探索和提高，与之对应的课堂教学方法相对陈旧老化，和创新能力培养不适应。较为可怕的是，一些高校在培养创新型人才过程中，忽视了人才培养本身的作用，看上去像是在培养高等教育阶段的附属品一样培养人，对应的创新型效果可想而知。为此，如何在校企合作方面寻求突破，提升创新型人才的培养能力是多数高校亟待解决的问题。

二、我国听障大学生创新创业教育存在的问题

我国听障大学生创新创业教育在实际开展过程中存在几个方面的问题，下面就存在的问题和大家作一下交流。

（一）学生层面存在的问题

目前，在创新创业教育开展方面，听障大学生存在一定的自身影响因素，我们应重视并降低这些影响因素，才能更好地提升听障大学生的创新创业教育的质量，在这部分我们针对听障大学生创新创业教育中学生层面的问题进行一下分析。

听障大学生由于自身的生理障碍，在获取信息、思想表达和社会交往等方面存在一定的障碍，自身的社会适应水平较低。一些听障大学生由于大学之前所受教育的限制，在接

受大学阶段如此繁重的学习任务时表现出较为困难的学习状态。在进行创新创业教育时听障生主动融入性低，多数是是被动参与。听障大学生由于自身语言沟通方面存在的障碍，在组建创新创业团队时，一方面自己很难担任团队核心成员，另一方面又往往融入不到其他团队中，导致创新创业知识往往存在于理论方面，缺少实践机会。个别同学开展了创业实践，但是由于财务管理、人员管理、业务推广等方面的困难很快就终止了实践过程，或者不能取得较好的持续发展效果。一些听障大学生对于创新创业教育理解为就是毕业以后进行创业，认为没有创业计划就不需要接受创新创业方面的教育，不能认识到听障群体接受创新创业教育对个人在创新意识、职业适应能力和岗位胜任力等方面培养的重要性。还有一部分听障大学生具备创业潜质，但是由于家长和社会其他固有思想方面带来的影响，没有树立正确的就业观，认为万一创业了会影响个人和家庭获得的残疾人低保和其他国家福利，进而选择放弃创业甚至放弃就业的规划，而仅仅依赖于国家的照顾。

一些研究表明，很多听障大学毕业生的职业适应能力较差，在职业适应期内听障大学生的离职率较高。很多听障大学生虽然可以认识到职业规划的重要性，但是在职业规划方面的知识不足，进而导致适应能力不足；一些听障大学生虽然拥有自我完善的意识，但是学习能力不强；一些听障大学生对于职业责任的自我评价较高，但是他们的受挫能力较差；一些听障大学生有包容心，但是在人际沟通方面所具备能力和条件缺较差；多数大学毕业生有较强的抱负，但面对就业时却有脆弱的心理表现。

以上是听障大学生自身角度对创新创业教育工作开展方面带来的影响，我们对存在问题能够足够重视并予以解决，针对性地科学有效地开展听障大学生创新创业教育，就能取得明显的教育效果。

（二）家庭层面存在的问题

家庭支持是听障大学生创新创业教育开展是否有效的一个很重要的决定因素，也是真正影响他们后续进行创业实践是否成功的关键因素。听障大学生家庭支持可以分为多个方面，其中主要方面有三点，一是精神方面的家庭支持，二是资金方面的家庭支持，三是劳动力方面的家庭支持。

很多听障大学生家长的教育观念落后，不能对学生开展创业实践提供支持。由于听障大学生自身存在生理障碍，多数家人的精神层面在这些孩子小时候已经受到了很沉重的打击，一些家庭的思想观念落后，认为听障大学生只要能满足日常基本生活即可，对孩子个人能力的提升和扩展不重视，对孩子未来的成长缺少长久的规划，这些因素阻碍了听障大学生个人潜能的积极发展，使一些听障大学生缺少在社会上有效竞争的能力。甚至有很多听障大学生家庭害怕风险，担心自己孩子受到社会歧视的因素，这些家长更喜欢让他们呆在家里。家长落后的教育观影响着孩子的人生观和价值观，导致听障大学生的知识和技能不足，无法满足当今社会的就业需求，更满足不了创业需求。

在资金方面，大部分听障大学生家庭由于孩子的生理缺陷，需要对孩子进行定期康复治疗，花费较多的治疗费用，家庭经济负担很重，所以多数听障大学生的家庭比较贫困。为孩子医治这个障碍已经入不敷出，这些家长往往身体状态也不是很好，但是由于没有钱看病，往往小病时间长了变成了大病，最终花去了昂贵的医疗费用，致使整个家庭陷入了"因病致残，因残致病"的状态。家庭生活困难，往往依靠的是政府救助，对于孩子创业可能需要的资金投入表现出拒绝的态度，不能对孩子进行较好的资金支持。

在劳动力支持层面，有些听障大学生的生理障碍是遗传的，甚至有些家长是多重残疾；有些听障大学生家长的文化水平较低，容易安于现状，缺少为改变现状而努力奋斗的意识；有些家长由于自身受教育水平低而使得社会竞争力弱，自然导致这些家长的社会流动性较大，他们往往都是低收入的打工族，维持家庭支出较为困难，社会地位也较低，很难在听障大学生创业实践方面给予一定的劳动力支持。

（三）学校层面存在的问题

目前，高校比较重视听障大学生教学改革，一些学校也在听障大学生的人才培养中加入了创新创业教育，但是目前多数学校的创新创业教育还是存在着一些问题，要是能把这些问题处理好，听障大学生创新创业教育将会取得明显成效。

听障大学生所在高校在创新创业教育开展方面存在的问题主要有以下4个方面：一是没有完全建立符合听障大学生特点的创新创业教育体系，二是听障大学生缺少创业实践锻炼机会，三是听障大学生创新创业导师严重不足，四是缺少听障大学生校政企协同育人双创平台。

目前多数国内高校的听障大学生创新创业教育都是复制健听大学生创新创业教育模式，尚未建立起针对听障大学生独特的创新创业教育体系。创新创业教育对于听障大学生岗位胜任力的培养、社会的融入、就业形式的多元化等方面起着积极的促进作用，要切实把听障大学生创新创业教育开展好，针对听障群体的特点，探索符合这一群体特点的独特人才培养机制，将听障人才培养与听障群体创业就业需求和就业市场紧密对接，培养出具有一定应用能力的创新型听障大学生。

多数听障大学生所在高校对这一群体开展的创新创业教育仅仅表现在教学环节中的创新创业学分给定上，缺少结合经济社会发展和就业市场的创业实践，甚至开展创新创业活动时由于听障大学生的生理障碍，组织者经常把听障大学生"遗忘"，听障大学生要么没有机会参与这样的活动，要么由于没有针对听障大学生进行详细活动方案的设置，使听障大学生参与也往往是"凑数"，活动并没有很好地对听障大学生的创新创业教育进行有效的指导，也没有进行很好的总结。高校应切实把听障大学生创新创业教育开展好，针对听障群体的特点，重视他们的创业实践活动，去设计活动和组织活动，切实提高残疾大学生的就业和创业能力。

听障大学生创新创业教育的开展是否成功，很大程度上是依赖于创业导师的指导的，而目前多数高校缺少专业的、数量充足的听障大学生创新创业导师。在这些高校中，完成听障大学生正常教学任务就缺少手语好的师资队伍，一些会手语的教师又往往不具备指导听障大学生进行创新创业的能力，导致听障大学生创新创业教育工作很难深入开展。高校应该加大对听障大学生创新创业导师的培养力度。

多数高校缺少听障大学生校政企协同育人双创平台，听障大学生的创新创业教育只是停留在给学生开设一门创新创业课，组织学生参加一些比赛，组织一些创新创业讲座的形式上。高校应该为听障大学生搭建有利于听障大学生自主探究的创新创业训练平台，建立校政企协调育人双创平台，这样才能让听障大学生开展岗位锻炼，为听障群体未来就业和创业以及之后职业能力培养打好基础。

（四）社会层面存在的问题

目前针对残疾人创业和就业国家出台了一些政策，对提升残疾人生活水平起到了积极的促进作用。但是社会层面对于残疾大学生的创新创业教育针对性支持方面还存在一些问题，如果能把这些问题处理好，对残疾大学生这个群体的就业会起到极大的促进作用。残疾大学生实现了自立，提升了就业质量，就会改变很多残疾人家庭的生活质量，就会真正促进共同富裕的实现进程。笔者认为，听障大学生创新创业教育社会层面上主要存在以下问题，一是缺少社会联动的残疾大学生创新创业育人平台，二是针对残疾大学生的创业政策较少，三是缺少残疾大学生职后创业的补给教育支持。

目前，残疾大学生的创新创业教育不能局限在高校内部，而应扩展到社会各界，形成社会广泛关注的特殊群体创业教育良好的氛围。有些活动在开展过程中存在"走过场"的现象，并没有真正发挥残疾大学生创新创业教育的作用。国家以及地方政府近些年出台了一些政策，对于大学生创业起到了积极的作用，但是有些政策尚未建立有效的实施渠道，致使一些政策没有发挥应有的作用，在具体应用实践中没有让优惠措施得到很好的落实，其中在残疾人创业方面问题更为显著。

残疾大学生职后创业的补给教育支持还做得不够，对残疾大学生创业跟踪辅导工作同样做得不够，残疾人是一个弱势群体，由于自身的生理障碍，不能及时有效地和外界沟通，接受新政策、新信息、新技术等方面的能力要比普通人群差很多，针对残疾大学生职后创业要及时引导、指导和帮助。

三、新时代听障大学生创新创业教育的提升路径

（一）重视听障大学生思想政治教育

重视听障大学生思想政治教育，加强听障生心理疏导教育。残疾人是一个特殊的群体，有效开展残疾人思想政治教育工作，可以解决这一群体自信心弱、社会融入能力低的问题。帮助这一群体以积极的心态去面对生活，适应外部环境，较好地对自己的未来进行规划。

首先，高校在开展残疾人思想政治教育时，应为这一特殊群体创建一个融合、和谐、平等、互助的环境，可利用残疾人思想政治教育讲师团等宣讲活动，引导这一特殊群体参与各种融合活动，促进他们良好心态的养成。

其次，各级教育部门、科研部门、残联系统和民政部门等，可以设立残疾人教育扶贫专项项目，思想政治教育科研团队可以对听障大学生思想状况现状、存在问题及原因，深入研究相关政策法规，在开展听障大学生思想政治教育时要充分考虑到与创新创业教育进行有效结合，以此来引导听障大学生主动与社会环境融入，主动与别人沟通交流。

最后，注意针对听障大学生开发符合这一特殊群体的思想政治教育优质资源，用于宣传国家政策、精神以及一些法律知识等，如多开发一些手语版的教育资源，开发思想政治教育方面的规范化课程和一些专题性的微课，开发专题网站和论坛等；此外，还可以利用榜样的力量来进行宣传教育，采取结对子帮扶等策略将思想政治教育多维多角度地融于听障大学生创新创业教育中。

听障大学生思想政治教育的有效开展可以提升听障大学生的社会融合能力，调动他们参与创业实践的主动性，而不是被动参与。用鼓励和欣赏的方式来鼓励听障大学生积极参与创新创业团队活动，让有能力的听障大学生担任团队的核心成员，帮助听障大学生提升自信心，进而引导这一特殊群体建立正确的择业观、就业观和创业观，为职后岗位能力培养起到积极的推动作用。

（二）开展听障大学生家长创新创业协同教育

家庭支持直接影响着听障大学创新创业教育开展的有效性。很多听障大学生家长的

教育观念落后，不能对学生开展创业实践提供有效支持。笔者认为，对听障大学生家长开展创新创业协同教育是非常必要的，也是助残的一个有效方式。首先，对听障大学生家长开展创新创业协同教育可以通过线上形式与线下形式有效结合的方式进行，让听障大学生理解针对他们的创新创业教育的特殊内涵和意义，帮助家长了解社会，发现孩子的创业潜质，从思想上理解和配合学校开展听障大学生创新创业教育活动。其次，可以为听障大学生家长开展创新创业教育辅导班，让家长一方面"作为学生"来接受创新创业知识，另一方面让有能力的家长成为"指导教师"来帮助学校对自己孩子或者其他学生开展创新创业活动。最后，指导开展"家生共创"创业实践联合活动，就是让家长和听障大学生一起进行创业实践，这样的创业实践在听障大学生毕业后更具有可持续性和可发展性，促进创新创业教育活动取得长期实效，不仅能够促进听障大学生就业，还可以带动残疾家庭进行就业，促进共同富裕早日实现。

对听障大学生家长开展创新创业协同教育能够提升整个家庭的教育观念，改变残疾家庭的精神面貌，增进家长和学生的亲子感情，增加家校合作有效性，还可以提升家长的知识和技能，提升听障大学生家长的社会竞争力和社会地位，增加听障家庭的生活收入，减轻国家的负担，促进社会和谐。接受和参与孩子的创新创业协同教育，有利于家长主动对听障大学生创业实践从心理上、资金上、劳动力上多方面提供有效的家庭支持，取得明显的创业成效，真正发挥听障大学生创新创业教育的作用。

（三）构建听障大学生创新创业人才培养体系

高校的听障大学生创新创业教育，不应直接复制健听大学生创新创业教育模式，而应该建立起符合听障大学生特点的创新创业教育体系。多数听障大学生的就业能力欠佳、社会为这一特殊群体提供适合的就业岗位严重不足，针对这一群体的创新创业教育特殊形式的开展，可以有效培养和提升这些听障大学生的职业能力，提升听障毕业生的岗位胜任力，提升想自由职业的残疾大学生的创业能力，可以帮助残疾大学生及其家庭摆脱贫困，提升生活质量。

首先，我们要将听障大学生的专业教育和创新创业教育进行充分融合。对创新创业教育有关课程和活动进行科学合理的设置和规划，将其融入听障大学生人才培养方案的各个学期中，融入听障大学生人才培养的全过程，让听障大学生一方面掌握到专业知识，另一方面结合专业知识更好地理解创新创业这一群体需要具备的素质和知识技能等。在这个过程中，听障大学生批判性思维的建立，逻辑思考能力的形成，领导力的培养，团队合作精神的养成，另外诸如信息素养的培养、创新创业所需金融方面知识能力等都可以通过专创融合得以加强。

其次，要做好听障大学生创业文化的培育环境创建工作。在全社会范围内建设听障大学生创新创业教育环境，对残疾人创业文化进行培育、激励和宣传等，采取不同的政策体系和宣传平台对残疾人创业活动进行激励和展示，让社会各界为残疾人创业各个方面能力培养助力，甚至是和残疾人进行合作创业。有很多听障大学生不是个人独立进行创业活动，所以要注意还要对他们的家人、有关残联系统和社区有关人员也针对性地进行创新创业文化渗透。

最后，要了解听障大学生的身心特点，关注并接受这一群体的个体差异性，对这一群体进行适当的缺陷补偿性教育，善于对听障大学生的创新创业潜能进行开发，要注意融合教育的开展。避免听障大学生接受"隔离教育"，常态化地打造聋健融合的环境，努力创造听障大学生和同龄健听大学生一起接受教育和互动的机会，让听障大学生充分融入健听人群。

此外，要重视专兼职相结合的创新创业师资队伍建设，健听学生的创新创业师资队伍建设问题本身就需要加强，对于残疾人特殊群体的师资队伍建设要在健全人师资队伍建设基础上突出"特"。

（四）建立健全残疾大学生创新创业协同教育保证机制

提升残疾大学生的创新创业教育质量，就需要我们整合社会资源，集结社会多方面的力量共同推动和开展，要构建出一种打破学校、地区、部门的全社会共同参与的残疾大学生创新创业协同教育创新机制。

要完善残疾大学生创新创业教育发展的保障机制，包括宏观层面为残疾大学生创新创业提供的政策是否全面，是否为学生及其家人所熟知，新时代下是否应为残疾大学生创业开发制定一些特殊政策，残疾大学生创新创业教育开展资源开发与保障是否完备，是否有较好的创新创业课程和培育等优质资源做保障。高校应该搭建有利于残疾大学生自主探究的创新创业训练平台，建立校政企协调育人双创平台，组织开展符合残疾大学生特点的创业活动，这样才能让残疾大学生开展岗位锻炼，有效提升听障大学生的就业能力，提升就业质量。

笔者认为，完善全社会共同参与残疾大学生创新创业协同育人机制还应对下面几个方面加以重视。首先，加大对特殊教育优质师资的培养力度，重视引导专业教育教师从事特殊教育工作，落实特殊教育教师特教津贴；其次，创新残疾人教育模式，实施全国特殊教育优秀师资轮岗制度，按国家有关规定开展表彰奖励；再次，发展残疾大学生硕士博士学历教育，加大残疾大学生职业教育和继续教育培育力度，支持残疾大学生从事特殊教育工作；此外，做好残疾人各学段衔接教育和重视补给式教育，对残疾大学生创业就业建立档案库，进行终生跟踪、持续指导，加强残疾人工作单位及其社区文化建设和人文关怀。

第三节　听障大学生工作室制人才培养模式具体实践

残疾大学生目前在社会上的就业不是很乐观，为了提高残疾大学生的创业就业能力，就必须加强残疾大学生创新创业能力的培养，为此如何创新残疾大学生人才培养机制，提升人才培养水平，是我们必须重视的问题。目前国内应用工作室人才培养模式的学校基本上都是针对健全人的，针对残疾人教学应用地少之又少，应用到残疾人教学的部分又往往是理论上的研究，没有实践上的突破。本节中笔者主要以自己所在单位绥化学院为例，对听障大学生工作室制人才培养模式具体实践路径和大家进行交流。

"德育引领　平台支撑　聋健融合　学用创服"工作室制听障大学生高校双创育人模式坚持立德树人根本任务，在特技能力培养同时更加注重学生德育教育；重视听障大学生高校双创育人平台支撑作用，坚持"校市企共同体"协同建设；在工作室运行过程中实现聋健融合教育，提升听障大学生融入社会的能力；"学用创服"工作室创业模式让听障大学生知道为什么学，要学什么，要做什么，要怎么做，全面提升学生就业创业能力和服务社会的能力。

一、提升教师教学能力、重视课堂教学质量

对高校而言，课堂教学质量直接关系着人才的培养质量。对听障大学生课堂来说，课堂教学的有效开展对这个群体创新人才的培养作用更为凸显。实际上，存在诸多影响听障大学生课堂教学质量的因素，比如教师的教育理念是否与创新人才培养相契合、教学目标是否与创新人才培养方案相符合、教师教学内容的把握、教学方法是否符合课程特点、师生互动设计是否有效、教师的教学研究是否深入等。

（一）教育理念不能"以人为本"

教育本身具有一定的时代性，当今的现代教育必须以人为本，在听障大学生教育教学

的全过程中,要突出听障大学生的主体地位,如何去理解、尊重、爱护我们的学生,如何去提升学生和发展学生的精神是我们应关注的重点。可以说教学活动本身是具有一定的目的性,这个活动是对价值有显性的追求的。听障大学生任课教师一定要做到"眼中有生",不能"目中无人",任何课程、任何教师都要把学生作为教学活动实施的出发点,如何培养听障大学生的创新能力应该作为我们教学的核心理念。但是,目前的听障大学生课堂中一些老师在进行课堂教学时做不到这点,经常是以自己为核心,"目中无生",不能有效调动听障大学生学习的积极主动性,不能较好地将学生学习潜能发挥出来,这样的教育理念的后果经常是听障大学生产生一定程度上的厌学情绪,师生关系不好不和谐,教学质量较差,教学效果不好等。

听障大学生这个群体是不同于健听大学生的特殊群体,由于听力障碍这个生理上的缺陷,很多听障大学生在进行语言表达时存在一定的困难,他们的基础知识具有明显的差异性,但是这个群体的学生在直观感受方面较健听学生要强一些。为此,任课教师在组织进行听障大学生教学活动的时候,要时刻以人为本,关注这个特殊群体授课对象在认知上的特点和规律,对听障大学生这一群体进行有针对性的特色教学。同时,应进行教学方法的改革,摒弃传统单一教学手段,提倡多样化的教学手段,结合生活实际,为听障大学生设置一定的问题情境,帮助这些学生轻松直观的参与教学,接受知识。注重听障大学生的实践能力的培养,引导学生主动探究学习,提高听障大学生主动去探索,主动去解决问题的创新能力,真正发展听障大学生的创造性思维,将教学活动开展的积极有效。

承担听障大学生教学任务的教师要从内心走进这个特殊群体的学生,接受他们,教学之中体现出一定的情感关怀,尊重教学对象的感受,尊重他们的选择,始终以这一特殊群体能力培养为主要的教学目标,培养他们具有一定的创新和创造思维,创设出一种平等、和谐的课堂氛围和教育环境,培养出较好的师生关系,这样必定能够实现教学相长的良性效果。

(二)教学目标"重知轻行"

教学目标可谓是我们进行实施教学活动的真正灵魂所在,它是教师进行教学活动的指引方向,能够直接影响我们进行教学的有效程度。然而,一些承担听障大学生教学任务的教师对课程的教学目标缺少较为深入的思考与探索,将教学资料或者所使用教材上标注的"教学要求"全部照搬,这样的教学目标一定是不符合我们授课对象实际需求的,表现出极大的不切实际性。试想如果我们的教师本身对自己的教学目标迷茫,不清晰的话,那么在真正实施教学时会是什么样的效果,必定导致真正的教学活动缺少"灵魂",教师在授课过程中也将迷失"方向"。

有些教师课程设置的教学目标不符合听障大学生特点，呈现出一定的"重知轻行"的倾向，一些教师只是把书本知识的传授作为主要目的，教学单一地采用"讲授——接受"的传统方式，在教学过程中不能针对教学内容进行有效设计，不能对学生能力提升有较高的追求，忽略了对授课对象实践和创新能力的培养。真正有效的教学活动应该跳出只是教师"教"，学生"记"的固有思维圈子，要让听障大学生成为课堂和活动的主角，构建学生"演"，老师"导"的模式，亦或教师去"指导"，学生取"探索和讨论"等多种新创新模式。

倘若教师的教学目标只是直接指向知识本身的学生掌握性上，不在乎学生能力的养成，就会让学生形成考试是学生的终极学习目的，长此以往，我们培养的听障大学生就缺少主动学习的意识，学习依附心理强，导致我们培养的人多数是有知识、欠能力，有文化、欠教养。真正好的教学目标必须重视学生综合能力的提高、实践能力的培养，必须同我们的人才培养目标相一致，促进听障大学生全方面素质的提升，而不是仅仅限制在学生认知方面能力的发展，不应是书本知识本身的传授，而应更多重视我们听障大学生善于解决问题的良好思维方式、较强的心理承受力、较强的意志品质力，以及较好的情感表达和交际能力方面的能力的培养。

听障大学生这个群体的现实就业压力较大，为此我们必须在开展教学活动时，努力开阔听障大学生这个群体的知识视野，培养听障大学生良好的思维能力，自主学习能力，让我们的课堂教学真正实现由知识向能力的转化。着重进行听障大学生的创新创业思维和精神的培养，助力学生提升创业就业素质和能力。

高校在制订培养方案时，明确了专业的培养目标，体现出了学生经过学习后应具备知识和素质以及能力，课程是这些能力的主要支撑，课程的具体教学目标、每部分知识、每节课或者是课程的主要教学环节都应有明确的教学目标，所有大小教学目标的确定都是为了更好地支撑我们的人才培养目标。所有听障大学生任课教师和有关管理者都应参与到听障大学生人才培养方案的制订过程中，明确我们究竟要培养什么样的人，明确所设置课程对听障大学生能力培养的目标和标准的支撑作用，这样才能真正地培养出我们要培养的人才。应重视教师之间的交流作用，互相多听课、看课和评课，主动关注学生对于教学的反馈，不要主观地去掌控课堂，要意识到教研室活动的重要性。

（三）教学内容没有广度和深度

在确定我们的教学内容时一定要抓住教学目标这个主线。应注意教学内容设计的广度和深度的把握。我们传授给学生的知识范围以及信息量是教学内容的广度的体现。由于听障大学生这个群体思维能力较健听生差异性明显，导致部分老师主观上认为学生接受知识能力差，以至于教学内容的信息量设计得不够饱满，知识点明显偏少，这样做是不对的，不仅浪费宝贵的课堂教学时间，还容易损伤听障大学生对于知识的渴望，打击学习积极性。随着教育的发展，我们听障大学生的基础越来越好，接受知识的能力越来越强，他们爱好广泛，思路较为开阔，调研结果表明，大部分听障大学生关注新知识、新技术，对于一些较为前沿的学科信息，甚至是文化动向等有主动关注的欲望，求知欲较强，大多数学生对教师采用"照本宣科"式的不生动教学方式较为反感，为此，如何把握教学内容的广度和深度是值得用心琢磨的。

个别承担听障大学生教学任务的教师在确定教学内容时存在着很多的问题，所选择的教学内容不能有效地与日常生活经验结合，脱离社会实践，不能很好地反映出这个学科的前沿思想，导致教学明显滞后于时代的发展。表现突出的有，一是教师不能用心了解听障大学生的真正学习需求，只注重自己单一科目书本知识的传授，不能将课程进行有效衔接，不能系统地传授学科知识，不能科学合理地对理论环节和实践环节进行规划设计。二是个别教师备课并不是很充分，教师自身视野很不广阔，所确定的教学内容较为烦琐、陈腐和庞杂。有些教师没有投入必要的精力去查阅相关资料，教学内容与社会发展脱节，甚至有些教师除了课堂授课以外对其他学生相关的活动漠不关心，导致教师个人明显不了解相应的教学内容是难以满足社会需求的，缺少对课程、知识的独到见解，教学内容实用性较弱，教学水平不高。部分听障大学生的知识接受能力相对差些，这在制订培养方案时是可以在时间进度安排方面予以考虑的，但我们教师应意识到，教学内容的延展不要仅仅局限在课堂内，应注重课前、课中、课后多环节的有效配合，应对课堂教学进行有效延伸，教学内容进行有效延展。

（四）教学方法单一化

在进行听障大学生的课堂教学活动时，避免采用灌输、填鸭式的一元教学方法。教师首先应多摄取先进的教育理念，多多学习和掌握先进教学方法，必须摒弃一元的单向讲授教学内容的模式，要采取灵活多样的手段让教学活动的开展是多层次、多角度以及多方面的，采用多元多向的学科信息传递方式。教学方法选取是否得当、教学活动的开展是否具有个性化和多样化等特点，都将决定着教学目标是否有效达成，教学效果是否达到预期。听障大学生任课教师要尝试寻求多样形式的变体和教学途径来彰显个性化教学，在进行课堂教学时要依据听障大学生这个群体的特点进行教学活动的开展，这样才能更好地实现预期设计的课程教学目标。

由于听障大学生的生理缺陷，手语成为他们进行交流的第一语言，他们对知识和信息的接受的主要方式就是通过视觉上的摄入，长时间的单一的教学方式会让这个群体的学生产生视觉上的疲劳，长此以往就会容易有一定的厌学情绪。听障大学生的课堂教学应注意加大对这个群体学生进行引导教育以及启发性教育，教师应具备开发听障大学生思考空间的能力，教学过程中注意师生思维上的有效碰撞，与学生进行有效的沟通。课程应设置一定的讨论交流环节，并非是简单的问答环节；设置能够提升学生综合实践能力的项目，让听障大学生适当参与到教师的科研活动中。千万不要制造这样一个常态，就是学生上课的时候就是拼命记笔记，有些比较认真的学生课下或许能互相核对一下笔记，多数学生考试前只是为了通过考试非常机械式地硬背笔记本上的内容，这样考试一旦脱离书本，学生所学知识也随之而去，我们要摒弃这种不利于创新人才培养的教学方式，我们要让教学方法有助于教学探索性，培养听障大学生具有一定的独立性、批判性、应用性及创造性等创新能力。

"翻转课堂"等多种多样的教学法比较适合于听障大学生课堂。运用这种教学方法，教师课前将部分教学内容以及有助于学生学习的相关资料整理，进行提炼，采用网络平台的方式进行作业布置，也可教师自行录制视频并提前将视频发送给学生等方式，这样学生就有充足的课下实践，提前完成老师们所布置的课外应完成的预习作业，这种方式很有效，将教学课堂进行有效延伸，将教学过程进行有效拓展，让学生课前对知识就充满好奇并主动去探索，课堂教学时师生就可以利用更充足的时间去相互交流、研讨和改进，能够将听障大学生课前困惑及时有效地解决，可以真正提升课堂教学的有效性。

（五）课堂师生互动形式化

听障大学生的教学过程一定要是教学相长的师生互动过程，这种互动教师一定要注意考虑到教师和听障大学生之间平等、尊重、自主、开放和多样性等方面。然而，多数听障大学生课堂的情况是"教师讲学生听"，所谓师生互动体现出很大程度上的形式主义，互动程度远远不够，"形式主义"的互动一定达不到实质效果，互动有明显的浅表、形式性和不均衡性等特点。很多教师鉴于诸多原因是有互动意识的，也会在课堂教学中进行和学生之间的互动，但互动内容不能起到给教学效果起到补充的作用，有些互动只是简单问题的回答，并没有对教学难重点知识进行有效互动环节的设计，互动形式浅薄，互动没有达到促进课堂教学的应有效果。此外，有些教师进行互动时缺少互动机会的均等性，经常把互动的有限机会留给有限的几个人，互动缺少机会均等性必将也会导致互动结果也随之缺少一定的均等性，导致那些长期没有参与到互动的学生们被边缘化，知识的接受效果可想而知。

师生互动最主要的目的就是让学生积极参与课堂教学活动中，为此可采取师生共同进行知识探讨、教师进行个别指导等灵活多样的方式进行。听障大学生课堂教学应广泛应用"动"式教学法，适当采用分组合作探究教学模式，这样可以建立和谐密切的良性师生关系。教师要重视听障大学生的教学反馈。教师课下积极主动地与学生进行互动非常必要，教师要适时主动融入学生，走入他们内心深处的世界，这样有利于了解我们的授课对象，便于我们有针对性地进行教学设计，摒弃教学活动局限在"45分钟内"的思想。

（六）教师教学研究不够深入

教师的教学科研水平很大程度上决定了教学水平。教师应该在课堂教学之余积极深入进行听障大学生教育教学相关研究活动。听障大学生教师和管理者要主动性地、批判性地、系统性地对自己教学实践的实施过程进行综合全面的考察，教师若能开展有效的教学总结，并进行一定的教学反思活动，那么这个教师的教学能力一定会是非常好的。

调研表明，目前从事听障大学生教学的教师积极主动进行听障大学生教育教学研究的比例非常少，开展的教育教学的部分研究活动又呈现出很大程度的表面化特点，听障大学生任课教师要不断地对自己教学进行反思和改进。听障大学生任课教师必须具有主动进行教学研究的能力，要增强教师自身的责任感以及道德感，主动严谨地审视自己曾经实施的教学行为，这样才能有效改进和提高教学相关的实践能力，有助于真正提升听障大学生教学质量。另外需要注意的是，进行听障大学生教学反思应该是科学的行为，需要同听障大学生的培养方案、教学大纲、教学进度、考核方案、教学相关资源配置、教学方法及模式的探索和改革等方面相结合，保证听障大学生课堂教学系列活动的开展具有有效性，培养听障大学生主动学习能力，为学生营造好的学习氛围，体现出教师独有的职业魅力。应该针对听障大学生教学和科研现实情况，组建跨学科的教学、科研团队，针对听障大学生心理健康、思想政治教育和教育教学改革相关问题进行深入有效的研究，有效提升听障大学生的创新方面的实践能力。

二、聚焦听障教学难题、创新人才培养机制

（一）创新听障大学生人才培养机制

听障大学生创新人才培养机制就是要在原有人才培养模式的基础上进行创新，针对听障大学生的特点制订人才培养方案，包括培养目标和规格的定位、教学计划的制订、课程建设、考核改革以及实践环节的设计等；提高听障大学生实践创新能力，以专业能力技能为核心，以专长、特殊职业技能为突破，突出个性化培养，让每个学生学生有所长；完善

残疾大学生实践育人的有效制度保障等，利用好国家相应的政策法规，建议学校出台相关支持政策等。

笔者认为，听障大学生人才培养可以从以下几个方面进行重点创新实践：

1. 模式创新：提出并实践"工作室制听障生培养"模式

笔者团队基于多年听障人才培养经验和其他聋人高校人才培养调研情况，首次提出了"工作室制听障生培养"模式，并对该模式进行了具体实践。"工作室制听障生培养"模式是针对听障生生理和心理特点，结合专业性质，建设数量充足特色特技工作室，在听障生人才培养方案中专门设计出一个特技能力培养模块，每个工作室开发几门特技能力培养课程，培养学生的一技之长。全体听障生从大一下学期开始到大三结束，在自己自主选择的特技工作室接受特技能力培养，特技课程学分占总学分的30%左右，将创新创业课程和职业指导教学融入每个特技工作室中开展，每个工作室每个年级学生数为5~10人。工作室制听障生培养重视听障生"德学用创服"综合能力的培养，每名听障生都配备思政导师、心理疏导老师、特技导师、职业生涯规划和创业导师，每个特技工作室教师团队为3~5人，指导学生"边学边创"、快乐成长。

2. 方法创新：探索"互联网＋聋健融合"理念、以学生为中心的教学方法

针对听障生的特点，打造"互联网＋聋健融合"平台，开发丰富的手语教学资源，开展丰富的聋健融合教学活动，不同课程采取不同的教学方法，推动聋健融合大环境构建。学生通过参加活动、比赛，和教师一起开展创业实践和社会服务来提升融入社会的能力，一方面有利于听障生积极心理品质的形成，提升学生的就业创业能力，另一方面也让社会各界人士了解残疾群体，塑造积极的残疾社会观，有利于集聚社会力量为残疾群体提供更多的就业机会。

3. 机制创新：探索一套社会协同联动的校政企残疾大学生合作育人机制

联合政府、残联、其他高校、企事业单位等建立合作共建，一方面整合了社会多方面的资源，为残疾大学生人才培养助力，另一方面使残疾人才培养能够对接市场需求，真正提升残疾大学生毕业后岗位胜任力和服务社会的能力，另外，能够最大限度地实现教育公平，让更多残疾大学生有人生出彩的机会。

（二）听障大学生工作室制育人模式解决主要问题

1. 解决听障大学生技能培养不突出问题

绥化学院以习近平新时代中国特色社会主义思想为指导，全面贯彻党的教育方针，落

实立德树人根本任务，深化应用型人才培养模式改革，坚持以学生为本、面向人人、人人成才的培养理念为根本，以创新创业工作室为依托，以创新听障大学生人才培养机制为重点，以听障大学生创业就业为导向，以听障大学生专业能力培养为基础，以听障大学生专长、特色职业技能为突破，让听障大学生拥有一技之长，思想政治教育、职业道德贯穿全过程，将人才培养与听障大学生就业市场需求紧密对接，与新时代经济社会发展相适应，构建听障大学生"专业+特技+创业"工作室制人才培养模式。

2. 解决听障大学生学习生活不丰富问题

绥化学院听障大学生人才培养过程中，推行"特殊、特色、特技"三位一体教育模式。针对听障大学生身心特点，创新听障大学生培养机制，开设粮食镶嵌画、剪纸和舞蹈等特色选修课，并将其打造成精品课程，让听障大学生在过程中愉悦身心、提升自信，增添一块就业的"敲门砖"。

3. 解决听障大学生就业形式单一质量低问题

听障大学生就业市场不乐观，团队注重培养听障大学生创新思维的培养，挖掘听障大学生创业潜能，提升听障大学生创新创业的素质和能力。专业教师指导听障大学生完成国家级等各类大创项目，指导听障大学生参加各级各类比赛，对大创项目进行孵化培育，指导在籍学生创办创业工作室。

三、注重四位一体建设、构建融合教育模式

听障大学生高校双创育人模式结合听障大学生生理和心理特点，通过组建听障大学生特技工作室，实现"基于工作过程导向"的教学方法。学生在通过企业角色分工体验，让理论与实践真正结合起来，以职业技能为核心，真正建立有效的听障大学生实习和实训平台，切实提升听障大学生的创新创业能力，在工作室的组建和运营全过程中让听障大学生发现实际问题，教师根据这个过程来持续改进自己的教学设计和实施方案。该模式依托听障大学生特技工作室优势平台，以专业技能所需的能力为目标，以听障大学生就业创业能力为导向，注重"德育引领 平台支撑 聋健融合 学用创服"四位一体建设，全面构建融合教育模式，对提升听障大学生的创新创业能力，提高听障大学生的职业技能具有十分重要的意义。

（一）突出德育引领 坚持德育智育并举

工作室制听障大学生高校双创育人模式应坚持立德树人根本任务，在学生能力培养同时更加注重学生德育教育，将思政课程与课程思政贯穿工作室人才培养全过程。全面开展

课程思政教学，注重学生融入社会能力、完善人格形成。组建残疾人高等教育课程思政建设教学团队，每名听障生都配备思政导师、心理健康指导师、特技导师、职业生涯规划和创业导师。打造"爱心、耐心、热心、责任心、恒心"五心团队，教师工作采取"落在听障专业，落在教研室，落在工作室，落在各个课堂，落在学生社团"五落维度，注重听障生"德学用创服"综合能力培养。

（二）重视平台支撑 实施校政企协同育人

工作室双创育人培养模式要坚持"校政企共同体"协同建设，促进"校政企"三方共用共享、共管共治，从而推动特技工作室建设发展。也可与教育厅局部门、残联系统共建。

依托学校省高等教育学会和教育学会省特殊教育专业委员会理事长单位、省特殊教育学术交流基地、校特殊教育研究中心开展教学科研活动，注重对外交流合作。

团队充分利用绥化市和绥化学院共建电子商务创新产业园，黑龙江省教育厅、黑龙江省残疾人联合会和绥化学院三方共建特殊教育学院的平台，与兄弟院校开展残疾人共同体项目，与其他省市残联开展双创合作，与省市电视台、医院、文旅部门开展合作，坚持"校政企共同体"协同建设，推动特技工作室建设发展。

（三）加强聋健融合 形成融合互助环境

工作室教学中让听障大学生与同龄健听大学生一起在班级接受教育，促使听障大学生适应高校学习生活，发挥潜能，获得最大的发展机会和空间，促进身心全面发展，以实现人生价值的最大化。促进听障大学生综合素质和社会适应能力的提升，使他们毕业后更容易融入社会，更受用人单位的欢迎，以达到回归主流社会的目的。通过建立"1+1志愿者服务队"和"聋听无障碍沟通工作室"全力做好聋健融合工作。在工作室运行过程中加强聋健融合建设，鼓励特殊教育专业健听大学生加入工作室教学课堂中学习和实训，给老师当"助教"，为听障大学生当"助学"，学习掌握一项特技，实现聋健融合教育。学校每年均组织开展校内手语培训班，授课教师全部"手语口语"同步教学。

（四）落实学用创服 突出就业创业导向

"学用创服"中"学"是让学生学到一技之长，"用"是培养听障大学生为应用型人才，"创"是通过特技工作室来提升学生创业能力，"服"是听障大学生利用所学知识和技能来主动提升个人和团队服务社会的能力。"学用创服"工作室创业模式让听障大学生知道为什么学，要学什么，要做什么，要怎么做，全面提升听障大学生的创业就业能力，提升这一特殊群体服务社会的能力。该校结合听障大学生特点，依托听障大学生特技工作室优势平台，以专业技能所需的能力为目标，以听障大学生创业就业能力为导向，对听障大学生工作室"学用创服"创业模式进行深入系统的研究。组建专门教师团队指导工作室听障生进行创业实践和社会服务。注重听障生"学用创服"综合能力培养，让学生拥有一技之长，提升听障大学生创业就业竞争力。

四、强化联动机制建设、保障模式有效实施

（一）建立听障大学生工作室制人才培养制度

切实保障听障大学生"专业+特技+创业"工作室制人才培养模式贯彻落实，在实施计划、校市企共建、培养方案修订、课程体系建设、课程内容整合、教学大纲修订、实践教学开展、实习基地培育和建设、毕业设计管理、教学模式改革和创新、教学方法改革、师资队伍和团队的建设、评价机制建设等方面整章建制，比如《听障大学生工作室制人才培养方案修订指导意见》《听障大学生人才培养工作室管理办法》《听障大学生特技工作室制师资队伍建设方案》等制度。

（二）建立听障大学生特技工作室运行管理制度

切实保障听障大学生特技工作室有效运行，在工作室遴选、工作室运行管理、指导教师和学生分类管理、设备管理和更新、安全保障和管理、文化环境创建等方面健全管理制度，比如《听障大学生工作室选驻制度》《听障大学生特技工作室导师管理办法》《听障大学生特技工作室学生管理办法》《听障大学生特技工作室运行管理办法》等制度；将竞争机制引入到特技工作室建设中，不断提高建设质量与水平，比如《听障大学生工作室考核和奖励实施办法》《听障大学生特技工作室准入、退出制度》等制度。

（三）组建专业研究团队 提升特教师资水平

学校鼓励并支持特教教师外出学习和交流，每年召开一次校级听障大学生教师教学研讨会，提高特教师资队伍的整体专业水平。突出特殊教育教师职业道德素养培养，将"爱心、耐心、热心、责任心、恒心"贯穿育人全过程；构建"专业+特殊教育"独特知识结构；打造"教、创、研"三位一体的"双师结构"教学团队。将"残疾大学生创新创业教育教学改革创新团队"打造为校级优秀教学改革科研创新团队，团队在听障大学生工作室教学中形成系列缺陷补偿教学法，开发听障大学生线上线下精品课程，加强教学研究，强化实践成果创新，聚焦特教前沿，注重理论成果创新。

（四）健全组织机构建设 加强组织领导管理

成立听障大学生工作室制人才培养工作指导委员会，委员会具体负责统筹协调工作室制落实全局性工作，全面指导工作室建设和运营工作，对重大问题的决策以及对相关学院和部门的协同统筹工作等。学校成立委员会办公室，各学院成立工作室制领导小组，组长负责本学院工作室制的全面建设和管理工作，工作室管理为带头人负责制。指导委员会加强对各学院工作室管理、运营和教学等多方面工作，进行具体常态化的业务指导以及各方面的沟通和协调。学校每年对各学院工作室及带头人、工作领导小组进行考核，成绩计入年终考评的一部分。对工作实效强的领导小组予以表彰，对其所建设的工作室进行后期重点资助建设；对工作效果不好的领导小组进行批评，责令其领导小组成员进行调整，所建设的工作室进行整改或者撤销。

结合听障大学生理和心理特点，依托听障大学生特技工作室优势平台，以专业技能所需的能力为目标，以聋人就业创业能力为导向，对"德育引领 平台支撑 聋健融合 学用创服"工作室制听障大学生高校双创育人模式进行创新性探索实践与理论研究，能够培育出一定的理论和实践研究成果，之后可将成果进行应用推广，促进残疾人高等教育发展。

参考文献

[1] 高飞. 关于聋人大学生思想特点及教育管理对策的思考 [J]. 现代特殊教育（高教），2016，22（12）：4-6.

[2] 白瑞霞. 聋人大学生汉语学习困难因素探析 [J]. 绥化学院学报，2014，15（1）：42-45.

[3] 宋志强. 残疾大学生思想政治教育研究 [D]. 北京：中共中央党校，2009.

[4] 牟洋. 聋人大学毕业生职业适应个案研究 [D]. 大连：辽宁师范大学，2018.

[5] 王姗姗，韩梅，韩同振. 以就业为导向的聋人高等教育人才培养模式研究 [J]. 绥化学院学报，2016，36（1）：54-57.

[6] 宋宇翔. 校政企园协同培养应用型本科创新创业型人才探索——以广东培正学院为例 [J]. 当代教育实践与教学研究，2020，12（1）：161-236.

[7] 叶静漪，苏晖阳. 新时代我国残疾人社会融合问题研究 [J]. 人口与发展，2021，27（1）：50-51.

[8] 麻一青，孙颖. 残疾人高等教育现状及发展对策 [J]. 中国特殊教育，2012，25（7）：19-24.

[9] 黄惠娟. 融合教育背景下视障大学生创新创业能力培养的启示 [J]. 文教资料，2016，12（33）：130-176.

[10] 李冬梅，楚洪波. 视障大学生创新创业能力的制约因素及对策研究 [J]. 长春大学学报，2016，26（1）：116-119.

[11] 杨萍，顾丽霞. 视障大学生创新创业能力的制约因素及对策分析 [J]. 中国多媒体与网络教学学报（中旬刊），2018，15（11）：58-59.

[12] 张龙. 大学生创新创业能力的制约因素及对策研究 [J]. 才智，2019，12（16）：15-20.

[13] 尚晓丽，田国忠，孙威."工作室制"聋人高校双创育人模式研究[J].绥化学院学报，2022，42（1）：1-3.

[14] 彭希宁.大学生创新创业教育与专业教育融合发展策略探析[J].科教文汇，2022，19（7）：27-29.

[15] 廖卢琴."以人为本"理念下提升高校思政工作实效性研究[J].教育教学论坛，2021，31（40）：42-45.

[16] 游波.高校人才培养与育人机制改革创新研究[J].教育信息化论坛，2021，22（5）：86-87.

[17] 何谋海."双创"战略背景下人才培养机制改革探索[J].创新创业理论研究与实践，2020，3（8）：4-6.

[18] 徐永海，曾燕彬，黄健发.开展特殊教育宣导，构建普通学校融合教育环境[J].广东教育（综合版），2022，16（1）：31-32.

[19] 李霞妹.先进典型教育：融合教育环境下高校思政教育方法探究——以南京特殊教育师范学院为例[J].文教资料，2021，27（26）：86-89.

[20] 傅王倩.融合教育环境下美国特殊教育教师资格认证的制度设计与启示——以加州为例[J].外国中小学教育，2018，12（2）：63-71.

[21] 朱玉飞.盲人大学生学校环境融合的"壁垒"与"突围"——以南京特殊教育师范学院为例[J].现代特殊教育，2018，14（2）：17-21.

[22] 付文.校企协同育人平台的构建与实践[J].化工设计通讯，2021，47（7）：112-113.

[23] 王胜洲.校企协同育人平台构建与运行机制研究[J].黑龙江教师发展学院学报，2020，39（10）：144-147.

[24] 董纯才.中国大百科全书：教育卷[M].北京：中国大百科全书出版，1985.

[25] 顾明远.教育大辞典：增订合编本（上）[M].上海：上海教育出版社，1998.

[26] 中共中央、国务院印发《关于加强和改进新形势下高校思想政治工作的意见》[EB/OL].（2017-02-27）.http://www.gov.cn/xinwen/2017/02/27/content_5182502.htm.

[27] 中共中央宣传部 教育部关于印发《新时代学校思想政治理论课改革创新实施方案》的通知.[EB/OL].（2020-01-01）.http://www.gov.cn/zhengce/zhengceku/2021-01/01/content_5576046.htm.

[28] 孙俊三，雷小波.教育原理[M].长沙：湖南教育出版社，2007.

[29] 中共中央办公厅 国务院办公厅印发《关于深化教育体制机制改革的意见》[EB/OL].（2019-09-24）.http://www.gov.cn/xinwen/2017-09/24/content_5227267.htm.

[30] 中共中央办公厅 国务院办公厅印发《关于全面加强和改进新时代学校体育工作的意见》[EB/OL].（2020-10-15）.http://www.gov.cn/xinwen/2020-10/15/content_5551609.htm.

[31] 中共中央办公厅 国务院办公厅印发《关于全面加强和改进新时代学校美育工作的意见》[EB/OL].（2020-10-15）.http://www.gov.cn/zhengce/2020-10/15/content_5551609.htm.

[32] 教育部关于切实加强新时代高等学校美育工作的意见[EB/OL].（2019-04-11）.http://www.moe.gov.cn/srcsite/A17/moe_794/moe_624/201904/t20190411_377523.html.

[33] 教育部关于印发《大中小学劳动教育指导纲要（试行）》的通知[EB/OL].（2020-07-15）.http://www.gov.cn/zhengce/zhengceku/2020-07/15/content_5526949.htm.

[34] 马克思.1844年经济学哲学手稿[M].北京：人民出版社，1985.

[35] 庄子.庄子全书[M].北京：中国华侨出版社，2013.

[36] 董国强."德育为先"理念及有效途径探究[J].思想教育研究，2010（12）：71-80.

[37] 2021年全国教育事业统计主要结果[EB/OL].（2022-03-01）.http://www.moe.gov.cn/jyb_xwfb/gzdt_gzdt/s5987/202203/t20220301_603262.html.

[38] 残疾考生上大学人数逐年增加[EB/OL].（2020-10-29）.http://www.moe.gov.cn/jyb_xwfb/s5147/202010/t20201029_497199.html.

[39] 1.4万名大学生志愿者很出彩[N].北京晚报.2022-02-08（9）.

[40] 全球GDP总量达74万亿美元 各国占比排行榜公布[EB/OL].（2017-02-24）.https://finance.ifeng.com/a/20170224/15214241_0.shtml.

[41] 卢梭.社会契约论[M].商务印书馆，1997.

[42] 吴潜涛，徐艳国.建党90年来高校德育发展的历史轨迹[M].北京：高等教育出版社，2012.

[43] 顾海良.高校思想政治教育导论[M].武汉：武汉大学出版社，2006.

[44] 沈壮海.中国大学生思想政治教育发展报告[M].北京：北京师范大学出版社，2015.

[45] 颜叶芳.德智体美劳"五育"：从分裂到融合[D].长沙：湖南师范大学，2019.

[46] 孙树彪.高等教育内涵式发展的"立德树人"研究[D].长春：吉林大学，2019.

[47] 郑永廷.论社会意识形态与思想政治教育的内在联系[J].中国高校社会科学.

[48] 杨冬.大学创新创业教育课程建设的元假设、内在逻辑与系统方略[J].当代教育论坛，2020，2（3）：1-14.

[49] 钟美，段子萍．基于学科竞赛的大学生创新创业能力研究——以西南林业大学会计学院为例[J]．现代商贸工业，2022，43（9）:110-111．

[50] 邹秀琦，黄鑫云．"三创"背景下高校创新创业教育生态系统的构建与实践[J]．佳木斯职业学院学报，2022，38（4）:107-109．

[51] 李惠瑨，范文娟，李巧鸣．教育生态理论视域下创新创业教育生态环境研究[J]．太原城市职业技术学院学报，2022（3）:121-123．

[52] 郑艳玲，刘晓燕，周常宝，等．大学生创新创业激励策略分析——以郑航为例[J]．科技风，2022（9）:37-39．

[53] 杨维明，熊琳，孙斌，等．大数据时代信息类专业创新创业教育改革的探索与实践研究[J]．工业和信息化教育，2022（3）:18-21．

[54] 姚娇娜．"六稳六保"形势下大学生创新创业管理体系的构建——评《大学生创新创业》[J]．商业经济研究，2022（6）:190-193．

[55] 王欢．基于创新创业的西方经济学实践教学探索[J]．郑州铁路职业技术学院学报，2022，34（1）:67-70．

[56] 刘俊燕，路美弄．创新创业教育与人力资源管理专业课教育融合对大学生就业能力的影响研究[J]．现代农村科技，2022（3）:82-84．

[57] 施开波．新工科背景下的创新创业课程体系建设——以成都大学为例[J]．现代商贸工业，2022，43（8）:100-101．

[58] 祁豆豆．上交所：支持创新创业助推实体经济[J]．上海商业，2022（3）:4-10．

[59] 陈芳．"互联网+"背景下大学生计算机创新创业大赛人才培养模式研究[J]．办公自动化，2022，27（6）:12-15．

[60] 苏克治，宋丹，赵哲．大学创新创业教育的逻辑构成、现实困阻与长效机制[J]．现代教育管理，2022（3）:40-47．

[61] 尹志杰．我国高校创新创业教育可持续发展的路径研究[J]．林区教学，2022，（3）:38-41．

[62] 许为宾．高校劳动教育与创新创业教育融合发展研究[J]．教育文化论坛，2022，14（2）:62-67．

[63] 张瑞，殷飞，梁丽青．创新创业市场化专业化发展问题的对策建议[J]．现代企业，2022（3）:85-86．

[64] 梁健屏．基于产教融合的跨境电商创新创业孵化基地建设探讨[J]．老字号品牌营销，2022（5）:36-38．

[65] 李安然,肖友平.基于"KSAOs"模型的大学生创新创业能力协同体系构建[J].中国大学生就业,2022（5）:36-42.

[66] 何庆江,雷祺,吴学兰.基于政策梳理的高校创新创业教育问题研究[J].黑龙江高教研究,2022,40（3）:133-138.

[67] 张年,刘燕.地方高校新工科创新创业实践平台建设与探索[J].科技与创新,2022,（5）:130-132.

[68] 郭册,姜孟珂,吕航,等.人力资本视角下高职学生创新创业能力培养研究[J].经济师,2022（3）:149-150.

[69] 葛茂奎,张然,许春蕾,等.基于协同育人视角下创新创业教育课程与实践体系研究[J].经济师,2022（3）:154-155,157.

[70] 张小红,李铉美.双创背景下应用型高校大学生创新创业能力培养研究[J].黑龙江科学,2022,13（3）:56-57.

[71] 邓晓旭.基于岗位胜任能力培养的基础会计学教学方法改革探析[J].陕西教育(高教),2019,5（3）:21-22.

[72] 任维燕.积极心理学在高职院校就业指导中的应用研究[J].南方职业教育学刊,2016,6（5）:68-72.

[73] 郭爱鸽.聋人大学生心理健康教育的现状与思考[J].开封教育学院学报,2015,35（3）:173-174.

[74] 李国敏.听障大学生坚韧性人格的现状调查及教育对策研究——基于积极心理学的视角[J].2021,10（18）:14-19.

[75] 新时期残疾人高等教育"双创"能力培养问题研究[J].长春大学学报,2020,30（7）:108-111.

[76] 浅谈高校残健融合下听障大学生的创新创业教育——以福州职业技术学院听障大学生为例[J].太原城市职业技术学院学报,2018,8（11）:183-185.

[77] 韩冠爽,吴术豪,黄兆信.新时代大学生创新创业教育发展路径研究[J].教育理论与实践,2018,38（21）:16-18.

[78] 施永川,等.大学生创业教育面临的困境与对策[J].教育发展研究,2010,30(21):71-75.

[79] 陈军.思想政治工作在残疾人就业工作匹配运用研究[J].现代交际,2019（14）:232-235.

[80] 黄扬杰.新时代高校创业教育师资队伍建设实证研究[M].北京：中国社会科学出

版社，2018.

[81] 徐旭，等.创新创业教育[M].北京：经济管理出版社，2018.

[82] 黄兆信，等.岗位创业教育论[M].北京：中国社会科学出版社，2020.

[83] 黄兆信，等.新生代创业教育论[M].北京：中国社会科学出版社，2018.

[84] 黄兆信，等.中国高校创新创业教育质量评价研究[M].北京：人民出版社，2020.

[85] 黄兆信，等.众创时代高校创业教育新探索[M].北京：中国社会科学出版社，2016.

[86] 卓泽林.美国高校全校性创业教育实证研究[M].北京：中国社会科学出版社，2019.

[87] 施永川.美国高校创业教育教学模式研究[M].上海：上海交通大学出版社，2020.